普通高等教育市场营销专业精品教材

市场调查与预测

第3版

石冬冬　林红菱　黄嘉涛　张德鹏　编

机械工业出版社

随着市场竞争的加剧，企业所面临的内外环境日趋复杂化，企业经营决策必须以充分的市场信息为基础，因而规范的市场调查与预测成为企业一项重要的营销职能。它为企业提供所需的决策信息，是企业营销中一项目的性、实践性很强的活动。

本书在吸收国外市场调查与预测理论和实践的基础上，注重结合我国企业的实践经验，系统地介绍了市场调查与预测的基本理论与方法。本书强调理论部分以够用为度，突出实际操作环节，注重对实际工作能力的培养，具有较强的实用性。

本书可作为高等院校市场营销类、经济管理类等相关专业的教材，也可作为企业岗位培训、成人教育、自学考试用书，并可供企业相关人员参考。

图书在版编目（CIP）数据

市场调查与预测 / 石冬冬等编. -- 3 版. -- 北京 : 机械工业出版社，2024. 12(2026. 2 重印). --（普通高等教育市场营销专业精品教材）. -- ISBN 978-7-111-77524-9

Ⅰ. F713. 52

中国国家版本馆 CIP 数据核字第 2025XM0874号

机械工业出版社（北京市百万庄大街 22 号　邮政编码 100037）

策划编辑：邢小兵　　　　责任编辑：邢小兵

责任校对：梁　园　张　薇　　封面设计：陈　沛

责任印制：邓　博

北京华宇信诺印刷有限公司印刷

2026 年 2 月第 3 版第 2 次印刷

184mm×260mm・15.5 印张・369 千字

标准书号：ISBN 978-7-111-77524-9

定价：49.00 元

电话服务　　　　　　　网络服务

客服电话：010-88361066　　机　工　官　网：www.cmpbook.com

　　　　　010-88379833　　机　工　官　博：weibo.com/cmp1952

　　　　　010-68326294　　金　书　网：www.golden-book.com

封底无防伪标均为盗版　　机工教育服务网：www.cmpedu.com

前言

市场调查与预测，亦称为市场研究，是当代信息咨询领域的核心组成部分，属于第三产业中高效运用智力资源服务于客户的智力密集型产业。在信息化、全球化加速发展的今天，发达且活跃的市场研究行业不仅是社会经济繁荣的基石，更是衡量社会文明进步与科技应用水平的重要标尺。

在当前的数字化时代，全球的咨询业已迅速发展成为年业务额高达数千亿美元、年增长率持续攀升的庞大行业，远超全球平均经济增长率。市场研究机构如雨后春笋般涌现，其中跨国市场研究公司如尼尔森（Nielsen）等，更是凭借其强大的全球市场覆盖和深度的数据分析能力，为全球众多国家和地区的企业提供市场动态、消费者洞察、传统与新兴媒体监测等全方位的分析服务。客户依靠这些专业的市场研究机构，能够更精准地理解竞争环境，发掘新的市场机遇，从而提升其市场策略和销售行动的成效与利润。

我国的市场研究行业起步于 20 世纪 80 年代，伴随着市场经济的确立而逐步发展壮大。随着我国社会主义市场经济体系的不断完善，市场竞争态势日益复杂多变，企业如何借助市场调查与预测手段，精准、迅速地把握市场动态与发展趋势，制定出符合市场实际需求的营销策略或企业决策，已成为关乎其生存与发展的关键因素。因此，市场调查与预测在我国受到了前所未有的重视，市场研究行业也随之迎来了快速发展的春天，其业务增长率更是领跑全球市场研究行业的平均水平。

然而，与西方发达国家相比，我国的市场研究行业起步较晚，经验积累相对有限。尤其是在大数据、人工智能等新技术不断涌现的今天，专业市场研究人才的短缺问题更加凸显。因此，对市场研究人才的培养和引进受到了教育部门和企业界的高度重视。目前，在大部分高等院校中，市场调查与预测已成为经济类、管理类、统计类等相关专业的核心课程或必修课程之一，旨在培养更多具备现代市场研究技能的高素质人才。

《市场调查与预测》一书自第 1 版出版以来，便以其系统的知识体系、实用的操作指南和丰富的案例资源，成为众多高校相关专业本科生、硕士研究生、MBA 学员以及市场调研从业者和相关管理人员的重要参考教材。随着社会经济与科学技术的飞速发展，特别是互联网、大数据、人工智能等新技术的广泛应用，市场调查与预测的技术和方法也在不断更新和升级。因此，本书在继承第 1 版和第 2 版精髓的基础上，根据市场研究行业的最新发展情况，对内容进行了精心修订。在不改变原有结构框架的前提下，本书去芜存菁，删除了一些与现代社会发展不相适的旧内容，新增了行业发展过程中出现的新知识、新技术、新方法，对部分案例和自测题进行了更新替换，并加入了一些反映当前时代特点的新材料和新观点。

本书的编者均具有丰富的理论教学、研究与实践工作经验，他们曾在大型市场调查研究公司任职或兼职，现从事相关课程教学工作及研究工作。具体分工为：第一章由张德鹏编写，第二章、第三章、第八章由林红菱编写，第九章、第十章、第十一章由黄嘉涛编写，第四章、第五章、第六章、第七章由石冬冬编写。

本书以市场研究活动的基本流程为主线，按照教学规律安排教学内容，既强调理论的系统性和完整性，又注重实践的针对性和可操作性。本书将理论与实践有机融合，在介绍和论述基本概念、重要理论和关键知识点的同时，还注重实用工具的掌握与运用。此外，本书还突出了实际调研项目的重要性。书中引用的案例大多是编者结合自身实践和教学需要编写的，这些案例将完整的调研过程分解后穿插在各章中，有助于读者对理论知识的深入理解和实际操作技能的掌握。在内容上，每章都安排有学习目标、本章小结、重要概念、自测题等栏目，便于读者把握各章节的主要内容、知识点和实践技能及相关背景，随时检查学习成果。

本书由两部分构成：第一部分为市场调查（第一章至第七章），系统地介绍了市场调查的基本知识、市场调查方案的制订、市场调查的方法、抽样设计、问卷设计的技术、市场调查资料的整理与分析以及市场调查报告的撰写；第二部分为市场预测（第八章至第十一章），结合实例综合介绍了判断分析预测法、时间序列预测法和因果分析预测法等市场预测方法。为了便于教学和实践操作，凡选用本书作为教材的教师均可登录机械工业出版社教育服务网（www.cmpedu.com）或加入 QQ 群（726174087）免费索取助教课件。

本书是面向高等院校市场营销专业的一本具有较强系统性、新颖性、应用性和可读性的教材，也可供相关专业师生选用和实际工作者作为参考。我们希望通过本书的修订和更新，能够更好地迎合当前市场研究行业的发展要求，为读者提供更优质、更实用的学习资源和参考工具。当然，由于编者水平有限，书中难免存在错误和不足之处，恳请广大读者批评指正。

编　者

目 录

第一章 市场调查概述

本章学习目标

- 掌握市场调查的含义及内容
- 了解市场调查行业的发展
- 了解市场调查的流程
- 懂得市场调查的职业道德规范
- 懂得如何选择市场调查机构

第一节 市场调查的基本概念

一、市场调查的含义

市场调查也称市场营销调研、市场调研或市场研究。市场调查在我国是一门新兴的学科，由于市场环境始终处于不断发展之中，市场也随之不断发展，加上研究的角度及认识的不同，因此人们对市场调查有理解上的差异。

一种观点是把市场调查理解为对市场的调查研究，这种观点又分为狭义和广义两种。狭义的市场调查是指把市场理解为商品销售的对象，即顾客的集合，市场调查就是对顾客的调查研究。显然，这基本上相当于对消费者及其行为的研究。广义的市场调查是指把市场理解为商品交换关系的总和，即认为市场是一个由各种市场要素构成的有结构、有功能的体系。

另一种观点是把市场调查理解为市场营销调查。目前，国内外越来越多的学者倾向于采用这种定义。这种观点认为，市场调查是市场营销的一个重要组成部分，是整个市场营销活动的第一步。对市场的研究是研究市场营销的主要手段。关于市场营销调查的定义，各家说法不一，较为重要的有如下几种。

美国的纳雷希·K. 马尔霍特拉（Naresh K. Malhotra）教授在《市场调研》一书中对市场营销调查所下的定义为：市场营销调查是指系统地、客观地甄别、选择、分析和传递信息，以解决市场营销中的问题，捕捉商机，达到改进市场决策的目的。

美国的布鲁内尔（Brunel）教授认为，市场营销调查是指系统、公正地收集、分析与营销问题有关的数据，对所面临的问题制订满意的解决方法，推动企业实现其经营目标。

美国市场营销协会对市场营销调查的定义是：市场营销调查是指一种通过信息将消费

者、顾客和公众与营销者联系起来的职能。这些信息用于识别和确定市场营销中的机会与问题，产生、提炼和评估营销活动，监督营销绩效，改进人们对营销过程的理解。市场营销调查明确了解决这些问题所需要的信息，设计了收集信息的方法，管理并实施信息收集过程，分析结果，最后探讨所得出的结论及该结论具有的意义。

我国台湾省的黄深勋教授的《行销研究》则认为，市场营销调查是指以科学的方法，有系统、有计划、有组织地收集、调查、记录、整理、分析有关产品、劳务及市场等信息，客观地进行测定及评价，发现各种事实，用以协助解决有关营销的问题，并作为各种营销决策的依据。

综上所述，本书中的市场调查是指系统、客观、科学地设计、收集、分析和报告与企业特定营销问题有关的信息的活动。

从市场调查的定义可知，市场调查是为企业解决所面临的市场营销问题服务的，它为企业的决策者提供所需的决策信息，是企业营销中一项目的性很强的活动，是企业的重要营销职能之一。同时，市场调查是一项系统性很强的工作，它根据企业所要解决的营销问题，通过设计调查计划，按照调查计划的要求去收集相关的信息，并对收集到的信息进行分析处理，最后向相关的决策部门提供调查报告。

二、市场调查的类型

市场调查按照不同的分类标准可划分为多种类型，而不同类型的市场调查则具有不同的特点和要求。研究市场调查的分类，有利于根据不同类型的市场调查的特点，明确调查的具体内容，制订相应的市场调查方案。

1. 按调查的目的分类

（1）探测性调查。探测性调查是指当市场情况不十分明了时，为发现问题，找出问题的症结，明确进一步深入调查的具体内容和重点而进行的非正式的调查。例如，某企业拟投资开设一家新的综合商店，首先可做探测性调查，从需求大小、顾客流量、交通运输条件和投资效益等方面初步论证其可行性。如果可行，则可做进一步的深入、细致的正式调查。

探测性调查不如正式调查那么严密、详细，一般不制订详细的调查方案，尽量节省时间，以求迅速发现问题。它主要利用现成的历史资料、业务资料和核算资料，或者政府公布的统计数据、长远规划和学术机构的研究报告等现有的二手资料进行研究，或者邀请熟悉业务活动的专家、学者和专业人员对市场有关问题做初步的研究。

探测性调查的目的在于发现想法和洞察问题，常常用于调查方案设计的事前阶段。用小样本观察，不一定强调样本的代表性，数据的分析主要是定性的，调查的结果一般只是试探性的、暂时的，以帮助调查者认识和理解所面对的问题，为进一步的正式调查研究做好准备。

（2）描述性调查。描述性调查是指对需要调查的客观现象的有关方面进行事实资料的收集、整理和分析的正式调查。它要解决的问题是说明“是什么”，而不是“为什么”。它主要描述调查现象的各种数量表现和有关情况，为市场研究提供基本资料。例如，消费者需求描述调查，主要是收集有关消费者收入、支出、商品需求量、需求倾向等方面的基本情况。

描述性调查与探测性调查相比，要求应有详细的调查方案，要进行实地调查；要求掌握第一手原始资料和二手资料，尽量将问题的来龙去脉、相关因素描述清楚；要求系统地收集、记录、整理有关数据和有关情况，为进一步的市场研究提供市场信息。

描述性调查具有 6 个要素（5W1H），即为何调查（Why），向谁调查（Who），从调查对象中获取什么信息（What），获取调查对象何时的信息（When），在何地获取调查对象的信息（Where），以及以什么方式、方法获取信息（How）。

描述性调查的目的在于描述总体的特征和问题。描述性调查假设调查者事先已对问题有较多相关的知识，并能够事先拟订正在规划和结构化的调查方案。描述性调查一般采用大样本概率抽样调查的方法，调查结果是结论性的、正式的。

（3）因果关系调查。因果关系调查又称相关性调查，是指为了探测有关现象或市场变量之间的因果关系而进行的市场调查。它所回答的问题是“为什么”，其目的在于找出事物变化的原因和现象间的相互关系，找出影响事物变化的关键因素。例如，要想知道在价格与销售量、广告与销售量的关系中哪个因素起主导作用，就需要采用因果关系调查。

因果关系调查可从一定的因果式问题出发，探求其影响因素和原因，也可先摸清影响事物变化的各种原因，然后综合、推断事物变化的结果。通常把表示原因的变量称为自变量，把表示结果的变量称为因变量。在自变量中，有的是企业可以控制的内生变量，如企业的人、财、物等；有的是企业不可控制的外生变量，如反映市场环境的各种变量等。

因果性调查的目的在于找出市场变量之间的因果关系，既可运用描述性调查资料进行因果关系分析，也可收集各种变量的现成资料，并运用一定的方法进行综合分析、推理判断，在诸多的联系中揭示市场现象之间的因果关系。

（4）预测性调查。预测性调查是指为了预测市场供求变化趋势或企业生产经营前景而进行的具有推断性的调查。它所回答的问题是“未来市场前景如何”，其目的在于掌握未来市场的发展趋势，为经营管理决策和市场营销决策提供依据。例如，消费者购买意向调查、宏观市场运行态势调查、农村秋后旺季市场走势调查和服装需求趋势调查等，都是带有预测性的市场调查。

预测性调查可以充分利用描述性调查和因果关系调查的现成资料，但预测性调查要求收集到的信息要符合预测市场发展趋势的要求，不仅要有市场的现实信息，更要有市场未来发展变化的信息，如新情况、新问题、新动态等方面的信息。

上述四种类型的调查设计并不是绝对相互独立的。有些调查项目需要涉及一种以上研究类型的方案设计。如何将不同类型的方案结合在一起，完全取决于调查问题的性质。市场调查类型的选择和设计的一般原则有如下几点。

1）如果对调查问题的情况几乎一无所知，那么调查研究就要从探测性调查开始。例如，要对调查问题做更准确的界定，确定备选的行动路线，设计调查问题或理论假设，或者要将关键的变量分成自变量或因变量等均应采用探测性调查。

2）在整个研究方案设计的框架中，探测性调查是最初的步骤。在大多数情况下，调研者还应继续进行描述性调查或因果关系调查。但有时探测性调查也可以跟随在描述性调查或因果关系调查之后进行。例如，当描述性调查或因果关系调查的结果让管理决策者很难理解时，利用探测性调查可以提供更深入的认识，从而帮助其理解调查的结果。

3）并不是每一个方案的设计都要从探测性调查开始。是否采用探测性调查取决于调查问题定义的准确程度，以及调研者对处理问题途径的把握程度。例如，每年都要进行的消费者满意度调查就不再需要由探测性调查开始。

4）预测性调查是以描述性调查和因果关系调查为基础的，是描述性调查或因果关系调查的进一步深化和拓展。

2. 按调查的内容分类

根据调查的内容不同，市场调查可分为定性调查与定量调查。

（1）定性调查。定性调查是指根据性质和内容对市场进行调查，如对市场环境、政治经济环境，以及来自消费者各个方面的反映等进行定性分析，为企业的营销决策提供可靠依据。

（2）定量调查。定量调查主要是指收集和了解有关市场变化的各种数据并进行量化或模型分析，预测潜在的需求量和商品销售的变化趋势。

3. 按调查的方法分类

按调查方法的不同，市场调查可分为文案调查和实地调查。

（1）文案调查。文案调查是指利用市场调查机构内部和外部现有的各种信息对调查内容进行分析研究。文案调查具有简单、快速、节省调查经费等特点，尤其是用于对历史资料和现状的了解时，它既可作为一种独立的方法来运用，也可作为实地调查的补充。

（2）实地调查。实地调查是指调研者自身收集第一手市场资料的方法，包括焦点小组访谈法、深度访谈法、询问调查法、观察调查法及实验调查法等。实地调查在借助科学研究方法的基础上，能够得到比较真实的资料和信息。

三、市场调查的内容

市场调查的内容十分广泛，凡是直接或间接影响企业市场经营活动的资料，都应该收集、整理；凡是有关企业经营活动的信息都有调查的必要。但是，由于每次调查的目的不同，其具体内容也不完全一样，而且受调查时间、经费等因素的制约，一次调查活动无法包括所有方面，只能有所侧重。

1. 市场环境调查

市场环境调查是指从宏观上调查和把握企业运营的外部因素。对企业而言，市场环境调查的内容基本上属于不可控的因素，包括政治、经济、社会文化、科学技术等，这些因素都对市场有着直接的影响，形成一定历史条件下的市场环境。市场环境调查主要把握环境因素能给企业运营带来的机会或威胁。市场环境调查的内容大致有以下几个方面。

（1）政治环境调查。政治环境主要包括国家的政治制度、方针政策、重大决议、重要改革举措、对外政策、国家或地区间的政治关系、国有化和私有化政策、政治与社会是否稳定等。对于内向型企业，把握政治环境主要是了解本国政府政治经济的发展战略、方针、政策和具体的行业政策、规定等，包括生产力布局、产业政策优化与调整、财政、信贷、税收、价格等方面，还应了解有关省市或地区的一些具体政策和措施等，如产业转移政策及相关的优惠政策。对于外向型企业，除了要了解国内的政治环境因素外，还应了解国际政治环境的有关内容，如国家之间的政治关系、政党体制、政府政策及稳定性等。

（2）经济环境调查。经济环境主要是指一定时期内社会生产的规模、动态、生产、流通、分配和消费的总体状况，如宏观经济运行态势、产业结构及其调整、市场总需求与总供给、货币流通和物价总水平等。通过对这些因素的调查分析，可以判断出一个国家或地区的市场规模、发展潜力、需求结构与特点等信息，有助于企业了解一个国家或地区的市场结构、市场容量及其发展趋势等。

（3）社会文化环境调查。社会文化环境主要是指消费者的文化水平、社会教育水平、民族与宗教状况、社会价值观念及社会物质文化水平等。

消费者的文化水平和社会教育水平是影响消费水平和消费结构的重要因素。一般来说，不同社会教育水平下、不同文化程度的消费者，具有不同的消费观念和消费结构。随着社会教育水平和消费者文化水平的健康发展，消费者对市场中商品的鉴别能力会有所提高，理性购买程度会越来越高，消费结构也会日趋合理化。消费者的文化水平和受教育程度的差异反映在市场上，主要是消费结构、层次的区别。

民族与宗教状况也是对市场产生重要影响的社会文化因素。我国的少数民族人口虽然只占总人口的8%～9%，但由于各民族有着自己的传统民俗，也具有相对集中的生活地域，因而形成了独特的消费需求。宗教信仰对消费的影响也是如此。

不同国家或地区的人民，不同的社会文化，分别代表不同的生活模式，人们对同一产品可能持不同的态度。因此，社会文化因素会直接或间接地影响企业产品的设计、包装，以及产品被接受的程度、信息的传递方法、分销与推广的措施等。此外，人们的消费方式、满足需要与欲望的考虑顺序，以及满足自我的方式等也都是以文化为基础的。文化形成并支配着人们的生活习惯。因此，商界中有一条定律：重视文化分析者成功，忽略文化分析者失败。为了提高客户的满意度与忠诚度，企业必须重视对有关社会文化环境因素的调查与分析。

（4）科学技术环境调查。科学技术环境主要是指国内外科学技术的发展动态，新技术、新材料、新产品、新能源的发展状况，国际和地区间科技成果交流、扩散和转让情况，以及产品技术标准等。新技术作为一种“创造性的毁灭力量”，不断给企业原有的经营活动带来威胁，同时又创造出大量新的市场机会。现代科学技术从开发到应用的时间大大缩短，导致产品更新换代速度加快，产品的生命周期越来越短。

为了应对日趋激烈的国内、国际市场竞争，有效地满足消费者的需求，企业必须对新技术、新工艺、新材料的发展趋势和发展速度，新产品的技术现状、发展趋势和对市场可能产生的影响，国内外新产品的发展情况，以及引进、改造生产的条件等所有技术环境的因素进行大量、细致的调查，这样才能不断以更新的技术、更优的产品抢占新的、更广阔的市场，巩固原有的市场。

2. 市场需求调查

市场需求是指一定时期、一定市场范围内有货币支付能力的购买商品（或服务）的总量，又称市场潜力。市场需求的大小决定着市场规模的大小，对企业投资决策、资源配置和战略研发具有直接的重要影响。市场需求调查的内容包括市场需求量、需求结构、消费动机与行为、市场需求变动因素研究等。

（1）市场需求量调查。市场需求总量的测定可以就市场上全部商品、某类商品或某种商品分别进行测定。市场全部商品需求总额的测定由于涉及的范围大、要素多、难度大，一般不予测定；就某类商品或某种商品而言，其市场需求量的测定需要考虑人口数量（或用户数量）、人均（户均）购买量和其他需求量三个要素。市场需求量的决定模型为

$$市场需求量=人口数量（用户数量）\times人均（户均）购买量+其他需求量$$

1）人口数量或用户数量是计算需求量的基础变量。一般来讲，人口或用户数量多，市场规模就大，对商品的需求也必然增大。在分析时，既要考虑现有人口的多少，还要考虑人口的自然增长率；既要考虑人口总量，也要考虑人口的类型和结构。因为某些商品可能只涉及部分人群的需要，如香烟、妇女用品、儿童用品等。对某些生产设备而言，市场需求量的测定应重点考虑用户数量的多少及其变动。

2）市场需求量的大小除了受人口数量或用户数量多少的影响外，还受到消费者购买力的影响。在人口数量或用户数量一定的条件下，市场需求量与购买力成正比。在分析消费者的购买力时，主要考虑消费者的收入水平与变化、需求支出水平与方向及储蓄状况等。消费者的购买力通常可通过人均或户均购买量来度量，即利用历史统计数据或抽样调查资料进行测定，测定时应考虑人均（户均）购买量的发展变化趋势和规律。

3）市场需求量的测定，除了考虑居民的消费需求外，还应考虑企事业单位、机关团体的需求，以及出口需求与流动人口需求等。

（2）需求结构调查。需求结构是指消费者将其可支配收入用于不同类别商品（或服务）支出的比重，它决定着消费者的需求投向或消费投向。需求结构调查通常可利用居民家庭购买商品支出的分类数据，了解消费者的需求结构和品种需求结构。

（3）消费动机与行为调查。消费动机是指为了满足一定的需要，引起人们购买行为的愿望、意向、目的和预期。购买行为则是指消费者买什么、在哪里买、由谁买、何时买等行为。消费者的购买动机与行为调查是市场需求调查的深化，是有效营销的奠基石。

（4）市场需求变动因素研究。市场需求是一个动态的概念，无论是需求总量还是需求结构，总是发展变化的。了解影响市场需求变化的因素，有利于把握市场需求变化的趋势和规律，正确测度市场需求结构。影响市场需求变化的因素很多，通常有经济总量及其增长率，宏观政治经济环境变化，居民货币收入与储蓄的变化，物价总水平的变动，固定资产投资的拉动，以及货币流通与货币政策、产业政策等。

四、市场调查的作用

企业面临的市场环境是动态变化的，为了适应这种变化，企业必须依靠市场调查。通过市场调查，企业可以获得各种与企业的市场营销决策相关的信息；通过对这些信息资料的客观描述和分析，企业能够实事求是地评价自己的营销状况，及时发现和抓住市场机会，进行正确的决策。因此，目前国内外成功的企业无不将市场调查放在企业营销的突出位置。

市场调查在企业市场营销中的作用，主要是通过向企业的决策者提供便于决策的信息体现出来的（见图1-1）。其具体作用表现在以下几个方面。

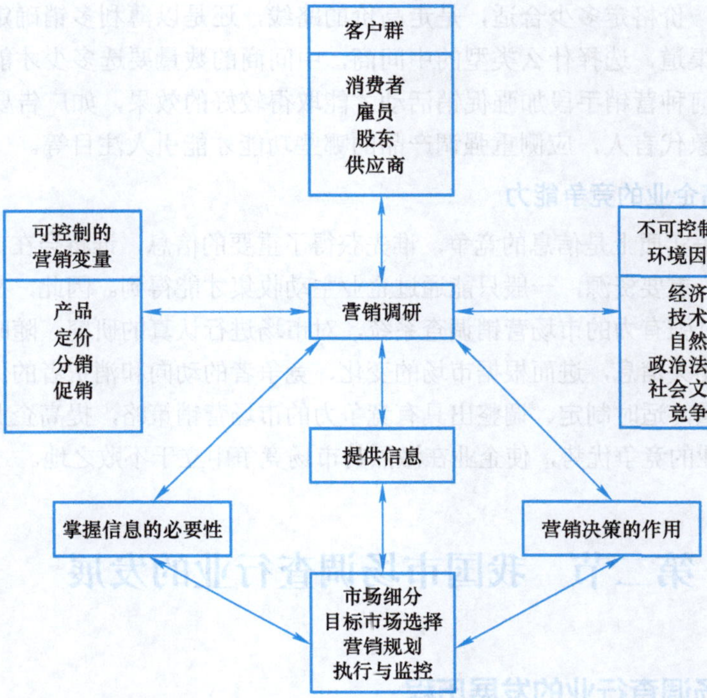

图 1-1 市场调查的作用

1. 有利于企业发现市场营销机会

随着经济的发展、社会的进步，人们的观念及需求也在不断地发生变化，变化就意味着有新的市场机会。市场营销机会与市场营销环境的变化是密切相关的，市场调查是探索新的市场营销机会的基本工具。市场调查可以使企业随时掌握市场营销环境的变化，并积极、主动地适应这种变化，从中寻找到企业的市场营销机会，为企业带来新的发展机遇。市场营销机会往往稍纵即逝，它只会被那些高度重视并坚持不懈地进行市场调查的企业所把握。那些不重视市场调查、无视市场营销环境变化的企业，必将处处被动，其发展将会面临很大的风险，最终难逃被市场淘汰的命运。

2. 有利于企业制定正确的市场营销战略

市场营销战略是关于企业长远发展的纲领，是为了使企业适应未来环境的变化而制定的、有长远目标的企业整体规划，是关系到企业未来发展的长期计划。企业只有制定正确的市场营销战略，才能在竞争中立于不败之地，才能生存和发展。要制定出正确的市场营销战略，就必须全面掌握市场环境与客户需求变化的信息，而这些信息必须通过市场调查才能获得。为战略决策提供有效的信息资料，是市场调查最根本的任务，也是市场调查存在的理由。没有市场调查信息，管理者很难制定完善的营销战略决策，即使勉强制定出来，其结果也往往是代价高昂的失败。

3. 有利于企业优化市场营销组合

企业可以通过市场调查，充分掌握目标市场消费者的需求特点，把握市场消费趋势。市场调查可帮助企业分析开发什么样的产品才能吸引消费者，包括产品的造型、体积、花色、品牌和包装等；价格定多少合适，是走高价的路线，还是以薄利多销确定合适的价格；应设计怎样的营销渠道，选择什么类型的中间商，中间商的数量要选多少才能让消费者购买时觉得方便；运用何种营销手段加强促销活动才能取得较好的效果，如广告要选择怎样的媒体，选用谁担任形象代言人，应侧重强调产品的哪些功能才能引人注目等。

4. 有利于提高企业的竞争能力

现代市场的竞争实质上是信息的竞争，谁先获得了重要的信息，谁将会在市场竞争中立于不败之地。信息这一重要资源，一般只能通过企业主动收集才能得到。因此，在激烈的市场竞争中，企业必须通过强有力的市场营销调查系统，对市场进行认真的研究，随时掌握竞争者的各种信息和其他的相关信息，进而根据市场的变化、竞争者的动向和消费者的偏好，不断地提高产品和服务的质量，适时制定、调整出具有竞争力的市场营销策略，提高企业的应变能力和适应能力，确立企业的竞争优势，使企业在激烈的市场竞争中立于不败之地。

第二节　我国市场调查行业的发展

一、我国市场调查行业的发展历程

1. 起步阶段（1984—1991年）

我国的市场调查行业始于1984年。1984年，北京环亚市场研究社（PAMR）成立，标志着我国最早的市场研究专业机构的成立。1988年7月1日，广州市场研究公司（GMR）成立，作为我国首家市场研究公司，是我国市场调查行业发展的开端。

在20世纪80年代中期至末期，我国市场研究行业的主要商业客户为外资企业。改革开放初期，大量外资品牌进入我国市场。面对我国这个新市场，外资企业亟待进行市场和消费者研究，因此促进了我国最早一批市场研究机构的诞生。

这一时期，市场研究公司不仅为外资企业提供了深入的市场洞察，还帮助它们制定了有效的市场策略，从而在我国市场取得了初步的成功。例如，宝洁公司初入我国时，在广州与当地肥皂厂合资建立了广州宝洁公司，并通过详尽的市场研究，包括座谈会、入户访问、产品测试、广告测试等，成功地将海飞丝洗发水定位为高端洗护品牌。这一策略的成功，不仅为宝洁公司在我国市场的长期发展奠定了坚实的基础，也为我国市场研究行业的发展树立了典范。

2. 快速成长阶段（1992—1997年）

20世纪90年代是我国市场调查行业快速成长的阶段。据《中国经营报》报道，1998年，全国市场调查公司有800多家，营业额6亿至8亿元。

1992年，市场调查行业迎来井喷式发展。这一年，原广州市场研究公司的主体与亚太研究公司合并，成立广州亚太市场研究公司；北京华通人商用信息有限公司成立，前身是国家统计局中国统计信息咨询中心下属单位；赛诺市场研究公司在北京成立，前身为国家统计局“中国市场调查研究中心”；上海大正市场研究有限公司、广州尼尔森市场研究有限公司、零点研究咨询集团、北京慧聪国际资讯公司、新华信国际信息咨询（北京）有限公司等公司纷纷成立。

1993 年，外资市场研究企业开始在我国大规模投资。1993 年，当时全球最大的市场研究公司之一的 GfK 集团进入我国；1994 年，AC 尼尔森收购广州亚太市场研究公司；1995 年，央视市场研究股份有限公司（CTR）在北京成立，这是我国国际电视总公司和世界领先的市场研究集团 TNS 共同组建的股份制合资企业；1997 年，华南国际市场研究有限公司成立，它是华南市场研究有限公司与国际市场研究集团（RI）成立的合资企业。

在该时期，我国市场调研领域的主要服务对象为快速消费品与家用电器行业，这些行业正处于迅猛发展阶段。以宝洁公司为例，其在我国市场经营规模的快速扩张伴随着市场研究投资的显著增加。对于市场调研行业而言，宝洁公司不仅扮演着需求方的角色，同时也提供了研究能力的支持。宝洁公司对其市场调研代理商实施了严格的筛选程序和系统的专业培训，有效提升了代理商在市场研究领域的专业技能。随着宝洁公司内部市场研究部门规模的持续扩大，其培养的大量专业人员最终转入本土企业的市场部门或市场研究机构，这一过程显著推动了市场调研行业整体的进步。

3．成熟阶段（1998—2010 年）

1997 年亚洲金融危机过后，我国经济迎来产业结构和消费需求升级。汽车、房地产、金融、PC 互联网等新兴产业崛起，推动市场调查行业的大规模收购兼并。市场调查公司由全面覆盖市场转入聚焦细分市场，进入专业化发展的成熟阶段。

（1）成立行业协会。1998 年，业内百余家市场研究机构联合发起召开首次行业会议，成立全国市场研究协会筹备委员会。2001 年，正式成立“中国信息协会市场研究业分会”（CMRA）。

（2）收购兼并。2000 年，益普索（IPSOS）收购北京丰凯兴、华联信、大通等本土公司；2011 年收购思纬（Synovate），此后成为我国规模最大的市场研究公司之一。2006 年，Millward Brown 收购北京华通现代。2007 年，GfK 全资收购中怡康和赛诺公司。2009 年，日本英德知（INTAGE）集团公司在我国的子公司收购了上海联恒市场研究有限公司。

（3）市场细分。在客户结构变化的推动下，市场调查公司转入行业、研究类型或研究方法等专业细分市场。1998 年，简博市场研究有限公司（CBR）成立，专注汽车行业的专项研究。2000 年，易观国际（Analysys International）成立，提供互联网产品、服务解决方案。2002 年，艾瑞咨询（iResearch）在上海成立，提供 iUser Tracker（网民行为连续研究系统）、iAd Tracker（网络广告监测分析系统）、iUser Survey（网络用户调研分析服务）以及 iData Center（网络行业研究数据中心）等服务。2004 年，北京数字 100 市场咨询有限公司成立，自行开发 Survey Cool 在线调查系统和 Assured Sample 在线样本库抽样。

（4）客户结构变化。随着 21 世纪的到来，汽车与房地产逐渐成为消费市场的新兴热点。据中国汽车工业协会统计数据显示，自 1997 年起的十年间，我国轿车销量的年均增长率高达 28%，表现出显著的增长趋势。国家统计局的数据显示，1998 年，我国商品房销售面积首次突破 1 亿平方米大关，同比增长率达到了 38%。在接下来的十年中，该行业的年均增长率也保持在 25% 的高位，显示出强劲的发展势头。

进入 21 世纪后，我国互联网行业蓬勃发展。至 2005 年，我国网民数量已突破 1 亿大关，新浪、网易、搜狐等多家我国互联网公司相继在海外市场成功上市。2009年，我国网民数量达到3.84亿。

市场调查行业的服务对象逐渐从快速消费品领域转向汽车、房地产、金融以及PC互联网等新兴行业。

4. 转型阶段（2011至今）

依据中国互联网络信息中心（CNNIC）发布的《第29次中国互联网络发展状况统计报告》，截至2011年12月底，我国网民数量已逾越5亿大关，其中手机网民规模达到3.56亿，同比增长率达到17.5%。根据工业和信息化部电信研究院的数据，2011年我国移动智能手机的出货量达到1.18亿部，同比增长率高达175%。移动互联网的迅猛发展，对市场调查行业的盈利模式产生了根本性的影响；大数据技术的应用，也使得市场调查公司的客户群体自身获得了直接获取数据的能力。在此背景下，市场调查行业正面临着转型的必然趋势。

（1）数字化转型。市场调研机构的数字化转型主要体现在数据采集、数据录入、数据分析以及市场研究技术四个维度。自2000年起，问卷平台的蓬勃发展导致网络调查法逐渐取代了街头拦截访问、电话访问、邮寄问卷等传统调查手段，成为主流的调研方式。这一变革使得传统问卷录入工作变得多余，显著提升了市场调研的效率。同时，数据分析与报告编制等传统工作流程亦可通过在线平台实现自动化与可视化。在市场研究技术方面，数字化转型表现为神经营销技术的运用，如脑电图、眼动追踪、皮肤电反应等用户偏好测试；以及人工智能技术的应用，例如利用AI进行开放式文本分析和语音识别技术在售后用户体验诊断中的实际应用。

2008年，HCR慧聪研究转型成立HCR慧辰资讯，提供数据分析服务。2008年，拓比（Tobii）进入我国，主导我国眼动仪市场。2008年，众言科技成立，专注于在线问卷平台。2014年，云思科技（CloudXink）成立，提供可视化技术、大数据技术以及AI技术服务。

（2）由C端业务转向B端业务。在2014年，国务院在检查政策执行情况的同时，首次采用了第三方评估的方式，这一年也是第三方评估的起始年。所谓第三方评估，简而言之，就是借助独立的调查评估机构来监督和评估政府的工作绩效，这从根本上打破了政府以往“自我评价”的传统模式。

政府政务第三方评估的普及，恰好满足了市场调研行业向企业端（B端）转型的迫切需求，因此，公共部门很快成为众多市场研究机构的主要客户。

（3）由行业研究转向用户研究。自2015年起，移动互联网进入成熟期，手机网民年增长率降至10%，获客成本升至200元/人。互联网行业转向存量用户运营，流量思维转向用户思维。用户思维的普及导致对用户研究和运营人才的需求增加，传统市场调研公司人才转入互联网公司从事用户研究。互联网公司的用户研究以项目为核心、以营销为导向，适应敏捷开发，研究质量要求高，汇报更接近决策层。

二、我国市场调查行业的发展趋势

1. 创新研究方法与技术

在未来的市场调查领域，研究方法与技术的创新成为核心关注点。具体而言，涉及的领域包括大数据与小数据的整合、调研平台化趋势、可视化分析技术、研究流程的自动化、敏捷调研方法、线上社区研究、脑电波技术、眼动追踪技术、区块链技术应用以及机器学习技术等。大数据分析与人工智能技术预计将转变为市场研究的关键工具，以适应市场竞争的加剧和客户需求的多样化。此外，企业在运用这些技术的同时，必须重视数据安全性和个人信息保护的法律合规性问题。

2. 服务本土企业出海

我国品牌出海成为新趋势，市场研究需求增加，海外项目呈现快速增长趋势。市场调查公司可以为我国本土企业提供一系列服务，帮助他们成功出海。首先，市场调查公司会进行目标市场的深入研究，包括市场规模、消费者行为、竞争对手分析等，为本土企业提供详尽的市场数据和洞察。其次，他们还会提供定制化的市场进入策略，包括产品定位、价格策略、渠道选择等，确保本土企业能够根据当地市场特点制订合适的商业计划。此外，市场调查公司还会协助本土企业进行品牌本地化，包括语言翻译、文化适应性调整等，以更好地融入目标市场。最后，他们还会提供持续的市场监测服务，帮助本土企业跟踪市场动态，及时调整策略，确保长期竞争力。

3. 深耕成熟产业的细分领域

进入 21 世纪 20 年代，房地产、汽车、智能手机等行业发展进入瓶颈期，增速放缓。根据中国互联网信息中心（CNNIC）的数据，截至 2021 年 12 月，我国网民规模达到 10.32 亿，互联网普及率达到 73.0%，我国网民使用手机上网的比例达到 99.7%。在存量经济的背景下，成熟产业的细分领域仍有增量空间。以汽车行业里的新能源汽车为例，根据工信部数据，2021 年新能源汽车销量 352.1 万辆，同比增长 1.6 倍。

4. 由市场研究转向数据洞察

市场调查行业未来将由市场研究（Marketing Research）转向数据洞察（Data Insight），进而应用于除营销之外的更多决策场景。数据驱动决策正变得普遍，大数据虽快速易得却难以解读，导致决策者更依赖于结构化小数据和深度数据以理解用户挑战，建立数据与决策间的同理心桥梁。同时，年轻化的决策层，倾向于数据驱动的决策，强调数据支持和闭环管理。这些年轻决策者将推动我国从制造向创造的转变。

第三节 市场调查机构的选择

一、市场调查机构的类型

市场调查机构是指受企业委托，专门从事市场调查的单位或部门，如盖洛特市场研究有限公司。

国内市场调查机构主要分为两类：一类集中于政府信息统计部门、高校调查研究中心、科研单位的研究中心；另一类是专业的市场调查公司，大致分为综合性的市场调查公司、咨询公司和其他调查公司。比较著名的有以下几家，他们在各自的领域各有所长。

拓展阅读

全球市场调查公司排名

调查数据显示，2023 年全球市场调查行业从近 1 300 亿美元增长到 1 420 亿美元，增长率超 9%。2023 年全球市场调查公司排名见表 1-1。

表 1-1 2023 年全球市场调查公司排名

（单位：百万美元）

排名	公司名称	细分领域	营业额
1	Gartner	行业报告、研究	5 907
2	IQVIA	市场研究	5 616
3	Salesforce	数据分析	4 912
4	Adobe	数据分析	4 893
5	Nielsen	市场研究	3 500
6	Kantar	市场研究	2 980
7	Ipsos	市场研究	2 585
8	CoStar Group	行业报告、研究	2 455
9	Circana (IRI+NPD)	市场研究	2 344
10	S&P Global (IHS Markit)	行业报告、研究	2 226

专门从事市场调查业务的专业市场调查公司，是市场调查行业最重要的组成部分。随着行业的不断发展，专业市场调查公司的分工越来越细，定位越来越准确，专业优势也越来越强。这类公司理所当然成为本书研究的重点。一般来讲，除非特别指明，专业市场调查机构指的就是这一类市场调查公司。

（1）综合性的市场调查公司。许多国际著名的市场调查公司都是综合性的市场调查公司。如，尼尔森公司拥有大量的市场调查专业人才和完善的市场调查运作机制，可以承接各种行业、各种产品甚至政府、社会等的各种类型的调查项目。它们还定期发布多种数据资料，这些资料有的可以作为商业资料进行交换，有的则供大众使用。

拓展阅读

尼尔森公司

尼尔森（Nielsen）公司是领导全球的市场研究公司，在全球超过 100 个国家和地区提供市场动态、消费者行为、传统和新兴媒体监测及分析。1923 年，现代市场研究行业的奠基人之一，阿瑟·查尔斯·尼尔森创建了 AC 尼尔森公司（后更名为尼尔森公司），并发明了“尼尔森收视率统计”，用于测算电视收视率。

尼尔森公司于 1992 年开始在我国开展零售研究。目前，尼尔森公司的零售研究已覆盖全球主要城市的众多类非耐用消费品，定期为客户提供有关产品在各地的零售情况报告。

（2）咨询公司。咨询公司一般由资深的专家、学者和有丰富实践经验的人员组成，为企业提供指导性建议，即充当顾问的作用。这类公司在为委托方进行咨询时，也要进行市场调查，对企业的咨询目标进行可行性分析。当然，他们也可接受企业或单位的委托，代理或参与调查设计和具体的调查工作。咨询公司与专业市场调查公司相比有很多差异性，咨询公司层次相对较高，人员的组成主要以咨询顾问人员为主，不像调查公司以调研人员为主。他们的调查也多为定性调查，主要以自身的经验和能力来提供咨询，目的是更好地指导委托企业的经营实践。

（3）行业性的市场调查公司。有许多市场调查公司从确立核心优势的角度出发，定位于以某一行业作为自己的调查范围，在该行业中建立相对完善、高效的信息收集网络，专门为该行业中的经营企业提供信息服务。例如：在医药行业，全球著名的新加坡亚太医药情报研究机构和地区性的上海医药情报研究所；我国家电行业的赛诺市场研究公司、中怡康市场研究公司等。这些行业性的市场调查公司一般为行业中的企业提供服务，都能定期提供该行业比较全面、准确的信息资料。

（4）功能专一的市场调查公司。许多中小型的市场调查公司无法为客户提供全方位的服务，他们往往将自身的核心优势定位在某一项专一的调查功能上，于是便出现了现场数据收集公司、市场细分专业公司、数据输入公司等类型的市场调查公司。

（5）广告公司的调查机构。不能把所有的广告公司都认为是市场调查专业机构，因为许多广告公司不存在市场调查的机构。但对许多大型的广告公司来说，要为客户提供更为有效的服务，必须对客户的营销环境和市场状况进行全面的研究。所以，广告公司内部设立专门的市场调查机构是必不可少的，只是其主要执行与广告相关的调查工作。

二、选择市场调查机构的步骤

1. 初步选择

市场调查机构在所承办的调查类型方面和所能提供的服务性质方面不相同，在各个方面都很擅长的机构是很少的。因此，企业在选择市场调查机构时，必须对目标市场调查机构进行多方位的了解。对市场调查机构的选择一般分为两步。

第一步，选择候选的市场调查公司。企业利用各种手段收集现有市场调查公司的信息，依据企业的标准，从中选出最符合条件的几个重点的市场调查公司。

第二步，与候选的市场调查公司进行接触。企业与市场调查公司接触的方式有两种：①用电话、传真或电子邮件等方式与市场调查公司联系，如果企业经常做市场调查，对于这些调查公司的背景和实力比较熟悉，市场调查公司对这些企业的需求也比较了解，用这种方法比较好；②登门拜访，如果企业不经常做市场调查，或是企业想换一家调查公司，登门拜访可以了解市场调查公司的规模（人员数量、办公室的面积及档次、办公设施等），与公司职员的面谈可以了解他们的专业素质、行业的经验、统计方面的知识等情况，甚至可以了解到一些更加微妙的信息，以取得一个整体的印象。

通过初步接触，企业要获得的信息主要有以下几种。

（1）市场调查机构的声誉。这是一个比较软性的标准。例如：在同行中的声誉，哪些方面比较突出，突出的方面是否是企业所需要的；在勇于创新，运用新技术、新方法上及坚持原则方面的声誉；在职业道德上的表现，如为客户保守秘密、不弄虚作假等。

（2）市场调查机构专业人员的业务能力和素质水平。例如：公司管理人员的资历、实践经验和学识水平；承接代办过的业务数量、质量；委托企业的满意程度；是否发生过其他方面的法律纠纷；公司业务情况的发展前景和规划；有哪些方面的专业调查人员，调查的经验如何；调查技术有无新的突破和发展。

（3）市场调查机构的资历。例如：公司成立的时间，开展调查和咨询业务时间的长短；主要职员的任职期长短；承接项目的范围和特点，是否有所擅长；客户对象主要有哪些，主要目标客户的类型。

（4）市场调查机构的营业方式与财力。例如：公司采用什么方式来吸引客户，招揽业务的难易程度；公司的营业项目分类和估价是否详细和准确；公司承接业务的收费估价是否合理；常用的支付条件；公司的资金信用状况及经费保证程度。

（5）市场调查机构的工作设施状况。例如：工作人员的数量，特约研究人员的配置情况；办公室设备是否现代化；统计、汇总资料采用的是什么软件程序；外勤服务情况。

（6）市场调查专业机构对委托人调查项目的适应性。例如：在同类项目方面的经验；在特定领域方面的专长；受派担任本项目的工作人员的适应情况。

2. 安排会晤，比较选择

在会晤中，双方可以比较深入地讨论委托企业的调查需求，探索这些需求的方法。市场调查机构与企业之间经过深入沟通，需清楚地了解委托企业的以下情况。

（1）充分的企业背景材料。

（2）企业调查的目的，即说明是什么问题促使他们考虑要进行调查。

（3）企业需要什么样的数据，即说明解决问题所需信息的类型。

（4）企业调查结果的应用，即说明依据调查的结果可能要做出的决策、选择或行动。

（5）在考虑潜在危险或花费的基础上，估计所获信息的价值。

（6）企业要求项目完成的时间要求及可能提供经费的一般水平。

初步会晤以后，企业会要求市场调查专业机构提出书面的调查计划书，通过对调查计划书的比较分析，进一步了解各市场调查专业机构的项目适应性。

3. 签订代理合约

企业与市场调查公司双方的关系实际上就是一种商业买卖关系。为了使双方的利益能得到有效的保障，双方必须签订代理合约来明确双方应承担的义务、责任和享有的权利。代理合约一般应包括以下几个方面的内容。

（1）确认市场调查计划书。市场调查计划书是市场调查公司与委托企业之间签订合同或协议的关键部分。由于市场调查计划书已经对调查主题、调查背景、调查目的、调查内容、调查范围、调查对象、收集资料方式与方法、抽样设计、数据处理、经费预算、调查组织及人员、调查时间及进度等内容进行了明确的界定，并已经得到双方的认可，因而要写在合约中，避免或减少后期出现误解（市场调查计划书的撰写将在第二章详细讨论）。

（2）预算。调查费用预算必须明确。调查公司根据项目所需，预估各项费用支出，并向企业提出应付的款项和数额，在双方同意后，写入合约中；也可以是企业提供数额，调查公司认为在此数额范围内完成调查是可行的而接受委托，在合约中写明应付数额。另外，要尽量避免“按日结付”的预算方法，即调查公司每日开支多少，委托企业支付多少的做法，这对委托企业是极为不利的。预算中还可以注明对于超过预算的追加款项的处理办法，一般企业可接受的追加款项在 10% 以内。

（3）付款条件。根据调查费用的预算，必然牵涉付款方式的问题。通常情况下，采用分期付款的办法，即随着调查的展开和完成的情况分批支付，待调查全部结束时结清余款。如果代理双方有过多次合作，信任程度较高，也可以采用事先付款和事后付款的方式。若是牵涉两个国家的国际市场的调查项目，双方还必须确定付款的货币种类及汇率结算等问题。

（4）人员配备。调查公司指派的全体调查人员的名单及各自应负的职责在合约中应明确规定。这既有利于委托单位对调查项目的完成情况进行了解，也有利于调查机构对承担每一项工作的职员的工作情况进行指导和监督。若市场调查专业机构将其中的部分项目再分包给其他调查公司，也必须将人员的配备情况列明，并且由此产生的一切费用必须由市场调查机构承担，委托企业无须另做偿付。

（5）期限。调查项目执行的时间和完成的期限，以及各个阶段的工作进程的期限必须在合约中规定。只有按时完成调查项目，才能保证调查结果的时效性。对超时未能完成调查任务的处理办法也应同时注明，超期违约的调查公司必须在结算费用时扣除一定的金额。同时，对于完成调查的项目而迟迟不予项目验收的企业，也必须进行相应的制约。

（6）临时性报告及最终报告要求。如果企业希望调查公司在执行合约的过程中介绍调查项目的工作进展情况和已经收集到的资料，可以作为一项要求提出来与对方协商，要求对方提供阶段性的调查报告，并规定具体提出阶段性报告的时间和次数。

4. 与市场调查机构合作

委托企业选定了某一调查公司作为项目的调查执行机构后，委托企业与调查公司的关系就是“对等交换、相互合作”的关系。在这种关系中，双方必须完全信任、充分合作。首先，企业应当明确，其将自始至终提供调查公司所需的任何帮助，以便于调查公司充分了解和掌握企业的实际情况和有待解决的问题，确定调查主题、范围、方式和技巧。特别是有些专业性的问题，调查对象的选择还要借助于企业的关系网。其次，调查公司也要及时地将调查中发现的问题，如委托企业的目标与市场实际情况矛盾之处等通报给企业。最后，要定期或不定期地交换意见，以便企业掌握调查的进展情况，并在彼此沟通后及时修改、调整、充实调查工作。

拓展阅读

技术赋能的研究

市场洞察行业包括三类业务：成熟市场洞察服务、技术赋能的数据和分析服务以及基于数据的咨询和分析服务。技术赋能的研究（Tech-enabled Research）作为其中一个大类别，涵盖了样本服务、自助式调研工具、企业反馈管理、大数据分析、营销和互联网产品监测服务、社交媒体分析等子赛道。

1. **调查样本服务**（Sample Panel Providers）

调查样本服务是调查公司提供的有偿服务，用于帮助调研者邀请符合条件的目标人群参与调查，在短时间内精准回收数据。调查样本服务公司（见图 1-2）一般具有大量的用户资源、丰富的细分人群标签以及广泛的投放渠道，以满足不同场景下客户的调研需求。

图 1-2　调查样本服务公司

2．**自助式调研平台**（Self-serve Platforms）

自助式调研平台（见图 1-3）是一种在线工具，它允许用户自行设计和发布调查问卷，自动收集和分析数据，进而生成调研报告。自助式调研平台以其易用性、多渠道发布、自动化处理和广泛的适用场景，成为不可或缺的数据收集和分析工具。

图 1-3　自助式调研平台

3．**客户体验管理**（Customer Experience Management，CEM）

客户体验管理以提升客户整体体验为目标，感知和分析客户体验的各个阶段，协调和整合各个触点，提升客户体验水平，达成企业收入增长和资产增值的目标。

4．**数据智能**（Data Intelligence）

数据智能是一种基于大数据引擎，通过机器学习和深度学习等技术对海量数据进行处理、分析和挖掘，提取有价值的信息和知识，使数据具有“智能”的概念。通过数据智能可以进行用户行为和网站分析、媒介和广告监测、零售和电商大数据分析、垂直行业解决方案研究、内容及泛娱乐行业分析等。

5．**社媒舆情分析**（Social Listening）

社媒舆情分析是一种利用大数据技术对社交媒体平台上的信息进行收集、分析和解读的过程，旨在了解公众对某一事件、话题或品牌的看法和态度。通过使用社交分析工具，可以进行传统和非传统的、线上线下客户社区的社交分析数据。

6．**基于数据的咨询和分析服务**（Data-driven Consulting）

基于数据的咨询和分析服务是一种利用大数据技术和分析方法，为企业或个人提供决策支持、问题解决和策略制定的专业服务。基于数据的咨询和分析服务一般包括数据收集整合、数据处理分析、解决方案建议、效果评估追踪等内容。

第四节　市场调查行业的道德规范

市场调查道德是指在市场调查过程中调整各行为主体之间关系与行为的准则和规范。正确规范调查活动主体各方的行为，协调各方关系，化解各种可能产生的矛盾冲突，不但是保证市场调查活动正常进行并取得良好效果的基本条件，也是维持正常的社会经济秩序，保证市场经济健康发展的基本条件。这种基本条件的实现，一方面要靠健全的法律来制约，另一方面还要靠基本的道德来规范。

一、调查者（调研机构、受托方）的道德规范

在市场调查中，调查者经常隐瞒真正的调查意图，因为如果被调查者知道了调查的真正目的，它们就不会以一种公平的态度来回答要调查的问题，那么得到的调查数据就带有一定的主观色彩，不能全面反映客观事实。因此，调查者通常都会隐瞒真正的调查意图。例如，一个金融机构想知道自己在一个给定的市场区域内的形象及其主要的竞争对手的形象，它就会委托调查公司进行市场调查。在进行调查的过程中，调查公司通常给被访者一个关于某方面研究的说明，而不会提到该金融机构。现实中存在调查者为了个人的利益将被调查者的个人信息以高价卖给调查购买者及委托调查者的公司的情况。被调查者担心自己真实的个人信息透露给调查者会给自己带来麻烦，可能会对调查者提供虚假的个人信息及不客观的问题答案，他们提供的不真实信息会造成市场调查的失真。因此，调查者在调查过程中应注意以下的道德规范。

（1）注重商业信誉。商业信誉是指市场调查者的行为表现和工作结果给客户和社会留下的印象，是企业重要的无形资产。商业信誉的好坏，不仅是衡量企业、组织或个人道德水平高低的重要尺度，也是能否顺利开展市场调查活动，使市场调查业务不断发展的关键。

信守合同是商业信誉的基本要求。合同是各类市场主体在自愿的原则下，为维护各自的合法权益，保证商务活动顺利进行，明确各方的权利和义务关系的契约。信守合同是一个市场主体的基本要求，是构建商业信誉的基础。市场调查机构在承担市场调查业务时，最好订立业务合同来明确各自的权利和义务关系。无论是口头合同还是书面合同（应尽量采用规范的书面合同），都必须切实加以执行，不可无理违约。

诚信经营是商业信誉的又一基本要求。杜绝弄虚作假、欺瞒哄骗，坚持实事求是、诚信经营是市场调查者的基本道德要求，也是提高商业信誉的必要条件。市场调查者对客户（委托方）要如实地说明市场调查的过程、所采用的方法和手段，说明它们的优点和不足；要如实说明市场调查结果的正确性和适用性，特别是对某些不足和应该注意的地方应给予说明；绝不能隐瞒某些事实，不能人为地修改、编造某些资料；不能为了迎合客户的口味而不顾事实；更不能为图省事和节约开支而随意地减少调查样本，拼凑无价值的材料。市场调查机构要注意向信息提供者说明调查的真正意图和目的，不能以各种借口骗取信息资料。

（2）尊重客户和被调查者的意愿并保护其利益。市场调查者有义务和职责尊重客户的

意愿，保护客户的利益。要尊重客户的调查要求，按其要求开展调查。要注意保护客户的利益，当发现对客户不利的因素时，应该给予善意的忠告或给予明确的示意。市场调查机构不能同时为处于竞争状态或具有利害关系的不同客户进行调查，不能利用客户之间的竞争关系达到自己的目的，更不能搬弄是非，制造矛盾，侵害客户的利益；不能为满足服务的客户的要求，损害第三方的利益，特别是对涉及的商业秘密，一定要遵守保密要求。

市场调查机构也有义务和职责尊重被调查者和信息提供者的意愿，保护其利益。要注意向被调查者或信息提供者实事求是地说明市场调查的目的和背景，不能强求人家提供信息资料。要注意为被调查者和信息提供者保密，特别是不能侵犯他们的隐私和人身权利。不能任意使用被调查者和信息提供者所提供的信息资料，更不能曲解、编造被调查者和信息提供者的意见和反映。

（3）提供优质服务。服务是市场调查的基本职能。市场调查机构有义务和职责向客户及被调查者和信息提供者提供优质的服务。市场调查机构要按照市场调查的原理、原则的要求，遵循科学合理的程序，采用各种有效的、先进的方法和手段开展市场调查活动，向客户提供适用的、详尽的、正确的信息资料和高质量的市场调查报告。为客户正确地认识市场及做出正确的决策提供可靠的依据，是优质服务的关键。

（4）坚持公平交易。公平交易是市场经济运行规律的体现和要求。坚持公平交易，首先要坚持公平竞争，坚决反对把同行视作敌人，给予不正当对待的做法。其次要坚持平等自愿、等价交换的原则，在法律许可的范围内，参与者完全按自己的意愿进行有关活动，不可强迫。市场调查作为一种商业活动，必然是有偿的。市场调查机构同委托方之间的关系是一种经济关系，为此要按照等价交换的原则，正确商定费用水平，不能漫天要价。同样，对提供劳动的被调查者和信息提供者，也应给予合理的报酬。

二、企业（委托方）的道德规范

委托企业除了同样必须注重商业信誉、尊重市场调查机构和被调查者的意愿并保护其利益、公平交易等道德规范外，还应注意以下道德规范。

（1）委托企业不能以市场调查为由误导公众，不能借助市场调查的方式或借助市场调查机构和人员实现某种不公正的目的，不能借助市场调查进行不正当的竞争。

（2）委托企业应与市场调查机构保持一种开诚布公的关系，应该把自己委托进行市场调查的真正目的，所需解决的真实问题，所受到的时间、费用、资源等方面的限制如实地告诉承接者。各种隐瞒、作假、欺骗等都是不道德的。

（3）委托企业应该恰当地使用市场调查机构提供的各种信息资料，不应该随意对市场调查机构提供的信息进行夸大、断章取义、篡改、曲解、强加。

（4）委托企业不应该要求市场调查机构做正常市场调查以外的事情，特别是不能要求市场调查机构收集竞争对手的商业秘密及党、政府和有关组织机构尚不公开的情报、信息和资料等。

（5）委托企业应该尊重市场调查机构的劳动，不能以委托市场调查为借口，诱使市场调查机构为其提供免费的信息资料、调查方案，或者达到获取免费咨询的目的。不能把某一个市场调查机构的方案提供给另一个市场调查机构，更不能在不同市场调查机构之间制造矛盾，从中渔利。

（6）委托企业有权从市场调查机构处获得相应的信息资料、调查报告及有关建议，但这只能作为决策的参考，真正的决策由委托企业自己做出，决策的后果由委托企业自负，不能要求市场调查机构承担决策责任。

第五节　市场调查流程

市场调查是一种科学的工作方法，必须尊重科学、尊重客观规律。为了使市场调查取得良好的预期效果，市场调查机构必须制订周密的调查计划，按步骤做好必要的准备工作，认真实施。市场调查一般分为调查准备、调查设计、调查实施、调查资料处理四个阶段，如图 1-4 所示。

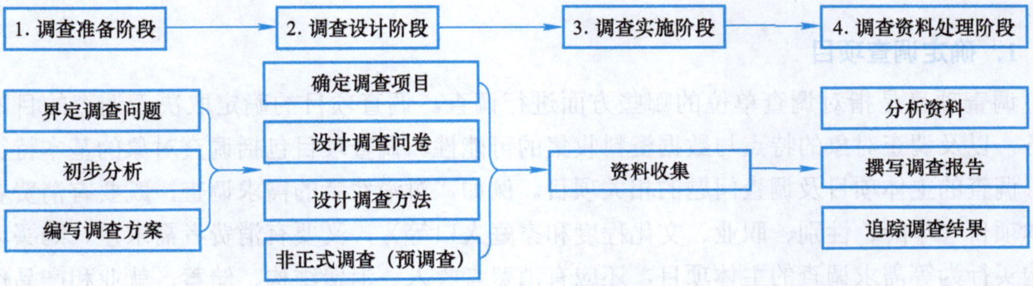

图 1-4　市场调查流程

一、调查准备阶段

1. 界定调查问题

界定调查问题是指主要明确调查主题和调查范围。调查主题是市场调查所要说明或解决的具体问题，直接决定着调查方案的内容。正确地提出问题是正确认识问题、解决问题的前提。调查的主题必须具体、明确，不能过于笼统。调查范围的区分直接影响到调查收集资料的范围。调查主题可以有很多，组织者必须根据一定的目的，确定每一次市场调查的主题。不同的调查主题，其调查的内容、方法、对象和范围也不同，调查人员的选择、调查队伍的组建等也不相同。调查范围一般可以从地区上确定市场的区域范围，从商品使用上确定调查的群体范围。如果范围界限不清，调查中就可能出现资料信息收集不全、信息杂乱、资料庞杂或收集资料范围过大等问题。

确定调查范围后，调查机构还要研究本次调查的直接目的，或者提出这次调查要解决的主要问题。一般可以采用设问法来进行。例如：这次为什么要做调查？想要调查什么情况？了解情况后有什么用途？如果能准确回答上述问题，那么这次调查就有了进行活动的必要依据，就能获得良好的效果。

2. 初步分析

在调查准备阶段，调查机构还必须围绕选定的主题进行一些初步的探索性调查。初步调查的主要目的不是直接回答调查主题所要解决的问题，而是为调查主题的内容寻找方向，为设计调查方案提供可靠的客观依据。初步调查的作用包括：①确定市场调查的起点和重点，起点过高或过低都会造成调查脱离实际或简单重复，重点不突出就难于设计出高质量的调查方案，就不可能取得具有较大价值的调查结果；②研究调查的指标、方法和实施的具体步骤，这些都是设计调查方案的重要内容。

3. 编写调查方案

市场调查方案（或市场调查计划书）的内容包括：①调查主题、调查背景、调查目的；②调查地点、调查时间、调查人员、调查对象；③调查的具体内容；④用何种方法调查；⑤调查费用预算；⑥如何进行数据的统计分析；⑦报告的形式；⑧其他合作事项。

二、调查设计阶段

1. 确定调查项目

调查项目是指对调查单位的哪些方面进行调查。调查项目的确定取决于调查的目的和任务，以及调查对象的特点与数据资料收集的可能性。调查项目包括调查对象的基本特征项目、调查的主体项目及调查问题的相关项目。例如，对消费者的需求调查，既要有消费者的基本项目（年龄、性别、职业、文化程度和家庭人口等），又要有消费者需求量、购买动机和购买行为等需求调查的主体项目，还应有消费者收入、消费结构、储蓄、就业和产品价格等引起需求变动的相关项目。

2. 设计调查问卷

调查项目确定以后，就可以设计调查问卷或调查表，它是收集市场调查资料的工具。它既可作为书面调查的记载工具，也可作为口头询问的提纲。调查问卷设计应以调查项目为依据，力求科学、完整、系统和实用，能够确保调查数据和资料的有效收集，提高调查质量（将在第三章详细介绍）。

3. 设计调查方法

设计调查方法主要是指选择适当的组织调查方式和采集资料的方法。目前，组织调查的方式有普查和抽样调查。抽样调查包括概率抽样调查和非概率抽样调查。调查方式的选择取决于调查的目的、内容及时间、地点、费用等条件下市场的客观实际情况。采集资料的方法有文案调查法和实地调查法。采集资料的方法主要根据调查资料收集的难易程度、调查对象的特点、取得数据的源头、数据的质量要求等做出选择。

4. 非正式调查

非正式调查是指对初步设计出来的问卷在小范围内进行试验性调查，以便弄清问卷在初稿中存在的问题，了解被调查者是否对所有问题都乐意回答或能够回答，哪些是多余的，还有哪些不完善或遗漏的地方。发现问题应立即修改，以使问卷更加完善。试验性调查的目的并不是获得完整的问卷，而是要求回答者对问卷的各方面提出意见，以利于修改。问卷修改后即可印制成正式问卷。

三、调查实施阶段

调查实施阶段主要是指开始全面、广泛地收集与调查活动有关的信息资料。在实际调查中，要根据各种不同调查方法的要求，采用多种形式，由调查人员分头开展调查活动。有关调查的基本内容及主要调查方式、方法将在后面的章节进行详细讨论。

四、调查资料处理阶段

在调查资料处理阶段，调查人员将分头收集到的市场信息资料进行汇总、归纳和整理，对信息资料进行分类编号，然后对资料进行初步加工。例如，进行统计汇总，计算出各种比例，并制成各式统计图表，然后撰写调查报告，将调查结果以书面形式展现出来。报告完成后，市场调查人员还要追踪市场调查结果，检查落实情况，了解调查报告中所提的建议在执行中存在的问题。

1. 分析资料

整理调查资料一般由专人进行，对资料进行编号保存，然后制成相应的图表，以供分析使用。

2. 撰写调查报告

运用调查得到的大量的市场信息分析问题、观察市场，然后撰写调查报告。调查报告一般有两种类型。①专业性报告，读者对象是市场研究人员。这种报告要求内容详尽，并介绍调查的全过程，说明采用何种调查方式、方法，对信息资料怎样进行取舍，怎样得到调查结果等。②一般性调查报告，读者对象是经济管理部门、职能部门的管理人员及企业的领导者。这种报告要求重点突出，介绍情况客观、准确、简明扼要，避免使用调查的专门性术语。这两类报告均可以附有必要的图表，以便直观地说明市场情况。

3. 追踪调查结果

完成调查报告并不是调查活动的终结，调查人员还要对调查结果进行追踪，即再次通过市场活动实践，检验报告所反映的问题是否准确，所提建议是否可行，效果如何，并总结市场调查的经验教训，以提高市场调查的能力和水平。

市场调查的四个阶段和若干步骤是必需的，但有时几个步骤并不是简单、机械地排列，有时步骤有简有繁，甚至有交叉、跳跃，在实际的市场调查中要注意灵活运用。

本章小结

市场调查是指系统、客观、科学地设计、收集、分析和报告与企业特定营销问题有关的信息的活动。市场调查是为企业解决所面临的市场营销问题服务的，它为企业的决策者提供所需的决策信息，是改进企业营销决策的一种有效手段，它对决策的作用将直接影响营利性组织为其目标市场提供服务的能力。

按照市场调查目的的不同，市场调查可以分为探索性调查、描述性调查、因果关系调查和预测性调查；按照调查内容的不同，市场调查可分为定性调查与定量调查；按照调查方法的不同，市场调查可分为文案调查和实地调查。凡是直接或间接影响企业市场经营活动的资料，都应该收集、整理；凡是有关企业经营活动的信息都有调查的必要。所以，市场营销调查的内容十分广泛。

企业内部的市场调查机构的类型主要有正式的市场调查部门、专人负责的市场调查工作和兼职的市场调查工作；企业外部的市场调查机构的类型主要有专门从事市场调查业务的市场调查公司、咨询公司、广告公司的调查机构等。选择调查公司时主要考虑市场调查专业机构的声誉、专业人员的业务能力和素质水平、专业机构的资历、工作设施状况、对委托人调查项目的适应性等方面。

市场调查是一种科学的工作方法，必须尊重科学、尊重客观规律。为了使市场调查取得良好的预期效果，调查机构必须制订周密的调查计划，按步骤做好必要的准备工作，认真实施。市场调查一般分为调查准备、调查设计、调查实施、调查资料处理四个阶段。为了保证市场调查活动正常进行并取得良好效果，维持正常的社会经济秩序，保证市场经济的健康发展，一方面要靠健全的法律来制约，另一方面还要靠基本的道德来规范。

重要概念

1. 市场调查（Market Research）
2. 探索性调查（Exploratory Survey）
3. 描述性调查（Descriptive Survey）
4. 因果关系调查（Survey of Causal Relationship）
5. 市场调查道德（Market Research Ethics）

自测题

一、单项选择题

1. 为了挖掘市场某一问题的原因与结果之间的变数关系而进行的调查是（　　）。

A. 探索性调查　　B. 预测性调查

C. 因果性调查　　D. 描述性调查

2. 有目的地收集、整理和分析市场信息，使之集中化、有序化，成为可利用的信息，这一过程是（　　）。

A. 市场调查　　B. 市场分析　　C. 市场预测　　D. 整理资料

3. 在市场调查工作中，（　　）是现场实施阶段。

A. 收集资料阶段　　B. 研究阶段　　C. 总结阶段　　D. 准备阶段

4. 市场调查首先要解决的问题是（　　）。

A. 确定调查方法　　B. 选定调查对象

C. 明确调查目的　　D. 解决调查费用

二、判断题

1. 进行描述性调查，方法要尽量简单，时间要短，着重发现问题是关键。（ ）
2. 市场调查与市场营销是同一回事。（ ）
3. 市场调查从制订调查计划开始。（ ）
4. 探测性调研一般要进行实地调查，收集第一手资料。（ ）

三、多项选择题

1. 市场调查的基本类型包括（ ）。
   A. 探测性调查　B. 描述性调查
   C. 预测性调查　D. 新产品开发调查
   E. 因果关系调查
2. 调查项目可以有多种选择，选择的原则取决于（ ）。
   A. 费用的多少　B. 效益的高低
   C. 调查的目的　D. 调查结果的用途
   E. 调查时间的长短

四、简答题

1. 消费者市场调查的重要意义及其调查内容是什么？
2. 市场需求调查有何意义？调查的内容有哪些？
3. 如何选择市场调查机构？
4. 市场调查的流程是什么？
5. 新产品上市前进行市场调查有什么好处？

五、案例题

小米手机在印度市场的快速崛起

在2024年的第二季度，小米以18%的市场份额荣登印度智能手机市场出货量榜首。作为国内领先的智能手机品牌之一，小米在印度市场同样展现出了迅猛的发展势头和强劲的竞争力。印度市场以竞争激烈、多元化及复杂性而闻名，小米公司是如何在如此环境中成功开拓市场并占据一席之地的呢？市场调研显然是其中至关重要的因素。在正式进入印度市场之前，小米公司进行了全面而深入的市场调研，细致地了解了印度消费者对于智能手机的需求、功能偏好、购买行为以及使用习惯，并对其市场竞争格局、法律法规、文化差异以及社会动态进行了详尽分析。依据这些调研成果，小米公司制定了一系列策略，从而迅速在市场上崛起。

1. 优化产品组合策略

小米公司率先在产品上下功夫，旨在推出能够满足印度消费者需求及功能偏好的智能手机。具体措施包括增强电池续航能力、兼容多种网络制式、整合本地语言界面及应用，并提供多样化的产品颜色、款式与尺寸选择。

2. 调整价格策略

基于对不同城市和地区消费水平及购买力的深入分析，制定适宜的价格区间和折扣政策。同时，通过互联网销售模式的运用，有效降低运营成本和减少中间环节，从而提升产品价格的市场竞争力。

3．**改进渠道策略**

着重选择与印度消费者生活方式和消费习惯相适应的店铺位置与设计，对线上平台、线下体验店、合作伙伴等多种渠道进行整合，致力于提供便捷、高效、贴心的店内环境与服务，以塑造智能手机销售中心的专业形象。

4．**创新促销策略**

通过社交媒体、移动支付、会员计划等多元化的互动手段，与印度消费者建立紧密的沟通与互动关系，以提升品牌知名度和忠诚度。同时，针对印度的节日和文化特色，推出主题活动和限量产品，以增强品牌的市场吸引力和差异化竞争优势。

得益于市场调研及制定的相应策略，小米在印度市场实现了显著的市场突破，成为印度消费者心目中高性价比智能手机品牌的象征之一，享有极高的品牌声誉和客户满意度。

思考

1．请详细阐述小米公司针对印度市场进行的调研内容。

2．结合本案例，简述市场调研的功能与重要性。

3．如果你是一名企业管理者，本案例对你有什么启示？

第二章 市场调查方案设计

本章学习目标

- 理解市场调查方案的含义及其重要性
- 掌握市场调查方案设计的基本原则和一般流程
- 通过调查方案设计实例的学习，重点掌握市场调查方案的基本内容及其设计方法，并能根据客户不同的调查需求，进行个性化的调查方案设计
- 了解市场调查方案可行性研究的三种方法

第一节 概 述

调查方案是进行有效营销调查的基础，相当于建筑蓝图。在蓝图上，建筑设计方案清楚地描绘出建筑物的整体结构，并阐述了完成该项目的计划和方法。同样，调查方案也提供了这样一张蓝图，以帮助调查人员运用最有效的资料收集方法和分析技术，从而获得所需信息。

一、调查方案和调查方案设计的含义

一般来说，当企业面临某项重要的营销决策问题时，调查需求也随之产生。为了提升调查活动开展的专业化程度，确保调查的质量和效果，企业多选择专业的市场调查机构来实施调查。这时，企业会发布调查公告，或者直接向一家或多家专业的市场调查机构发出邀请，征求或索取调查方案。而作为回应，市场调查机构会在客户规定的时间内，根据客户的调查需求，为其设计专业的调查方案，以获取竞争的先机和主动权，并最终赢得项目。

调查方案也称市场调查计划书、调查项目计划书、调查项目建议书或调查策划书，是指在调查项目实施之前对调查的目的、内容、研究方法、数据分析、时间安排和经费预算等所做的统一安排和规划，以及由这些内容形成的文字材料。拟订调查方案的过程就是调查方案设计，也称为市场调查策划。调查方案是调查方案设计的书面体现，一方面是提供给客户审议和检查用的，作为双方的执行协议；另一方面是作为市场调查者实施的提纲或依据。

调查方案设计是整个调查过程的开始，其地位十分重要。调查方案设计总体来看就是对调查的全程进行规划，需要解决的主要问题是将调查抽象的需求具体转化为可实现、可操作的调查环节，就像生产某种产品前需要了解该产品能满足什么样的需求一样。通常在调查设计中需要对调查目的、调查范围、调查方式和方法、调查指标、调查组织计划、主要的分

析方法等内容做出合理的规定，后续的各个调查环节则据此进行相应的细化，制订具体的操作流程，进而予以实施，完成调查并获取数据。简而言之，调查设计是对调查研究制订的周密计划。当然，不同类型的调查的设计会有所差异，没有固定的框架，可以根据调查的具体要求进行灵活调整。

二、调查方案设计的基本原则

1. 科学性原则

调查方案设计必须遵循科学性原则，只有科学的设计才能从根本上确保问题得到科学的解决。在方案设计中，应该注意到，如何使用调查数据与采集这些数据的方法密切相关。如果希望用调查数据对总体的有关参数进行估计，就要采用概率抽样设计，并有概率抽样实施的具体措施，否则，设计就是不科学、不完善的。例如，确定样本量是方案设计的一项重要内容，有多种确定样本量的方式，有些情况需要计算，有些情况可以根据经验或常规人为确定。如果调查结果要说明总体参数的置信区间，样本量的确定就必须有理论依据，即根据方案设计中具体的抽样方式及对估计的精度要求，采用正确的样本量计算方式。

2. 可行性原则

调查方案设计必须从实际情况出发，在讲求科学性的同时，还要具有可行性。只有操作性强的调查方案，才能真正成为调查的行动纲领。例如，概率抽样要求具备抽样框，没有合适的抽样框，就难以实施真正的概率抽样。再如，被调查者对调查敏感性问题的拒访率通常较高，如果不是特别必要，在设计中应予以删除。如果这些问题十分必要且实在无法删除，就应从可行性的角度采取措施，降低问题的敏感性，使调查不致因此而受到影响。如果设计的要求在实施中难以达到，调查的最终目标就无法实现。因此，调查方案各项内容的设计都必须从实际出发，具有可行性。尤其对一些复杂群体、复杂内容的调查，可行性是评价调查方案优劣的重要标准。贯彻可行性原则，就必须从调查课题的实际需要和调查者的主客观条件出发，慎重设计调查方案，切不可为争取项目，不顾自身实力、调查难度，许诺无法完成的任务，结果导致任务无法完成，进而失去客户的信任。

3. 有效性原则

方案设计不仅要科学、可行，而且要有效。方案设计的有效性是指在一定的经费约束下，调查结果的精度可以满足研究目的的需要。实质上，这是一个费用和精度的关系问题。一般来说，优秀的调查设计是指那些在费用相同的条件下精度更高，或者在精度相同的条件下费用更少的设计。但是，实际中的情况更为复杂，设计往往需要在费用与精度之间寻求某种平衡，而有效性正是进行这种平衡的依据。因此，方案设计在追求科学、可行的同时，还要考虑调查的效率。科学、可行和有效侧重于不同的方面，但彼此间又相互联系和相互影响。合格的调查方案必须兼顾这些方面，在设计上力争以最少的人力、物力、财力和时间的投入，取得最大的调查效果。要站在委托调查企业的角度，为其节省不必要的开支。另外，还要注意调查的时效性，在设计方案时充分考虑委托调查企业和调查项目的时间性要求。

4. 弹性原则

调查设计中还会面临一些具体问题的选择。例如，研究同一个问题可以选择不同的抽样方式，既可以进行概率抽样，又可以进行非概率抽样；在数据采集方法的选择上，既可以用访问调查，又可以用问卷调查，有时甚至还可以用实验和观察等方法。另外，在调查过程中有许多因素会影响调查结果的准确性，但是对于不同的问题和不同的调查方法，这些因素的影响程度是不一样的，在调查设计中需要对这些问题进行判断、权衡。因此，调查方案的设计对设计人员提出了较高的素质要求，不仅要求设计人员具有广泛的调查技术方面的专业知识，还要求其具有丰富的从事调查项目的实践经验，能够根据实际情况灵活选择最佳的方法组合。

三、市场调查方案的设计流程

一般来说，商业性的市场调查对调查方案设计的要求较高，设计流程也更为标准，一般由专业的市场调查机构来进行。为了更完整地介绍调查方案的设计流程，本章以商业性市场调查的方案设计流程为例来加以说明，如图 2-1 所示。

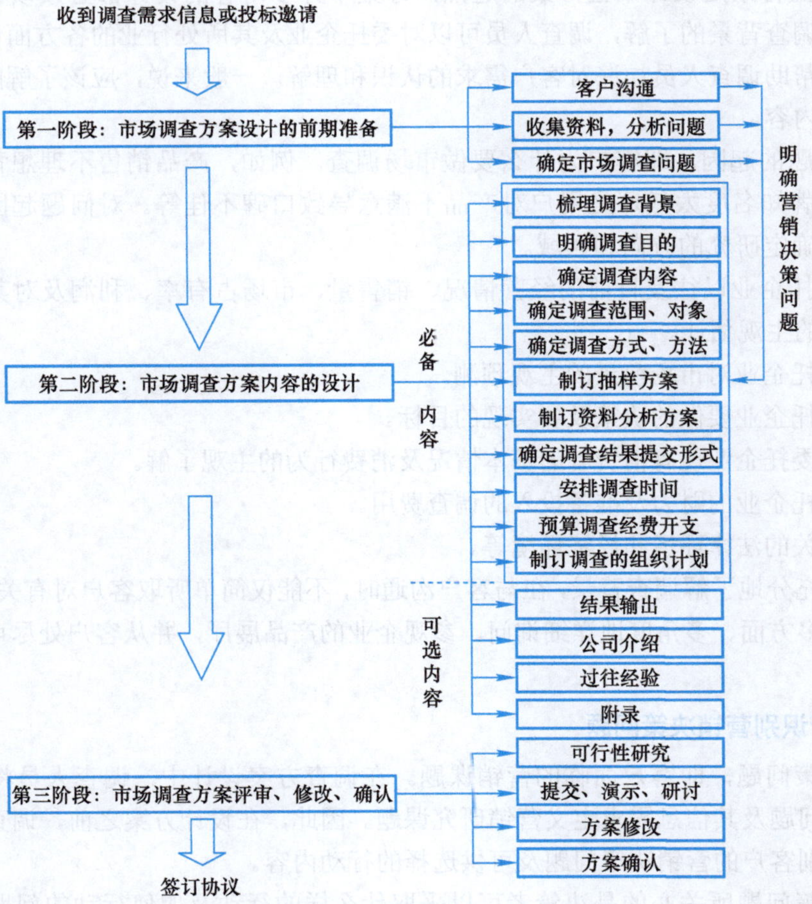

图 2-1　商业性市场调查的方案设计流程

第二节 市场调查方案设计的前期准备

调查机构接受了委托项目之后，需要根据委托方的要求进行市场调查和预测，提供企业所需的各类数据、资料、情报、信息，为企业的经营服务。接受了委托调查项目的调查机构成立项目组，指定项目经理负责组织实施这项任务。在项目经理的带领下，项目组着手策划并实施市场调查工作。市场调查前期一般包括三个步骤：第一，明确调查意图；第二，收集资料，分析问题；第三，确定市场调查问题。

一、与委托方沟通，明确调查意图

调查项目来自委托调查企业，因此调查开展前与委托企业进行充分、有效的沟通必不可少，这直接决定了调查的成败。一般来说，方案设计者应尽量与委托企业的决策者直接沟通。在正式立项前，尽早与管理层沟通，了解其意图和需求，以取得其对项目的理解与支持至关重要。调查人员与委托企业管理层沟通的主要内容包括以下四个方面。

1. 了解调查的背景

了解调查背景是设计调查方案的起点，方案中许多内容的设计都必须以调查背景为基础。通过对调查背景的了解，调查人员可以对委托企业及其所处行业的各方面情况有个综合掌握，从而帮助调查人员加深对客户需求的认识和理解。一般来说，应该了解的调查背景主要包括以下内容。

（1）问题的起因，即客户为什么要做市场调查。例如，产品销售不理想背后的原因是什么，是品牌知名度太低还是用户对产品不满意导致口碑不佳等。对问题起因的判断有助于调查人员确定研究的方向和领域。

（2）委托企业以往及目前的经营情况、销售量、市场占有率、利润及对其在行业中的优势和劣势的主观估计。

（3）委托企业对市场前景的主观预测。

（4）委托企业要做的决策及要实现的目标。

（5）对委托企业现有消费者的基本情况及消费行为的主观了解。

（6）委托企业的财力及准备投入的调查费用。

（7）相关的法律环境和经济环境等。

为了更充分地了解调查背景，在与客户沟通时，不能仅简单听取客户对有关情况的介绍，而应尽可能多方面、多角度地详细询问，参观企业的产品展厅，并从客户处尽可能多地收集有关资料。

2. 分析识别营销决策问题

营销决策问题，即客户面临的营销课题。在调查方案设计中，调查人员将根据决策者面临的决策问题及其信息需求定义营销研究课题。因此，在设计方案之前，调查人员首先必须清楚地识别客户的营销决策问题及可供选择的行动内容。

营销决策问题所关心的是决策者可以采取什么样的行动及如何行动的问题。例如，如何才能收回丢掉的市场份额？是否应该投放一种新产品？是否应该增加促销预算？人们通常认为管理层起码应对可以采取什么行动非常清楚，但事实并不一定如此。很多决策者经常对所面临的问题只有一个模糊的认识，或者只看到了问题的表面而不了解其背后的原因。这时，调查人员不能单纯依赖有关管理人员的意见，而应该在充分沟通的基础上提出自己的见解和新的视角。这和医生不能单纯根据病人自己的意见开处方，而应该在仔细诊断之后提出治疗方案是一个道理。

识别营销决策问题还需要分析出可供选择的行动方案有哪些、可能产生什么样的后果及研究结果是否会对决策产生实质的影响。当可供选择的方案只有一个，或者管理层已经对应当采取什么行动做出了决定，进行研究的意义就不大了。例如，当公司主要产品的销量下滑时，市场部认为主要原因是广告投入不够；销售部认为是因为公司的销售政策不灵活，不能给销售人员和经销商足够的激励；而生产部门则认为是由于公司实施低成本的战略导致采购的原材料不过关、产品质量下降等。在这种情况下，调查人员的任务是及时听取委托企业中各部门的意见，收集必要的背景资料，找出问题的关键线索。只有对销量下滑的原因和可能采取的行动有一个比较明确的判断，才能决定营销研究的重点和内容。如果销量下滑的原因很可能是广告投入不足，那么研究重点就应当放在公司和竞争对手的广告投放量与效果评估，以及增加广告投放的成本效益分析上。

调查实例 2-1 腾讯游戏的用户研究方法

《魂斗罗》是一款经典的横向滚动射击类电子游戏，由日本游戏公司 KONAMI 于 1987 年首次发行。2017 年，腾讯联合 KONAMI 公司将历史悠久的游戏《魂斗罗》打磨成手游产品。游戏研发背后，离不开基于大量数据和用户的研究分析。在开发设计时，腾讯就运用了 TTRT 用户研究方法，定位目标用户群、探究用户需求，以完善游戏体验和设计。

TTRT 用户研究方法包括目标用户定位（Target）、产品测试（Test）、产品定位校准（Retarget）、产品测试（Test）四个步骤。

1. 目标用户定位

全面评估现有 IP，深入分析用户群体，研究 IP 的影响力及用户构成，并测试美术风格和玩法概念。识别关键问题，包括 IP 用户年龄层偏高、手游体验过于复杂、原魂斗罗玩法的入门难度较大以及美术风格显得过时等。针对这些研究发现调整策略，结合 IP 玩法的特点，精准定位目标用户群体，例如枪战、飞行射击、跑酷和动作格斗爱好者。

2. 产品测试

枪战、飞行射击、跑酷和动作格斗爱好者等类型用户的需求存在差异，因此，需针对不同用户进行产品测试，分析他们对游戏的接受度。

3. 产品定位校准

通过多次和多维度的研究论证，发现跑酷用户的转化较为困难，因此降低其作为目标用户的重要性，并对游戏的武器设计提出了修改建议。在产品的后续版本中，继续论证核心目标用户并寻找产品的问题，进行产品定位的校准。

4. 产品测试

研究结果表明，动作格斗用户是接受度最高的群体，针对他们的需求，产品需要调整角色外观和 PVP 玩法。

3. 了解委托调查企业的各项要求

一般来说，在市场调查中，客户除了对调查结果有要求之外，还会有许多其他方面的要求，包括时间要求、预算要求、调查区域要求、调查对象要求、调查质量要求（包括项目组人员的研究能力、调查过程质量控制、数据分析质量、研究质量、报告写作质量）等。有时，客户还会提出一些额外的要求，如在调查过程中为其有关人员提供调查培训，或者在调查结束之后继续为其提供后续服务等。

很多时候，客户会在调查信息发布时提供一份调查需求说明，上面会详细列明有关要求，这样可以使沟通过程大大简化。因此，调查机构应尽量要求委托调查企业提供这样的文件。

对于客户提出的各项要求，调查机构应站在专业的角度一一予以回应。合理的要求应该接受，不合理的要求应该协商或拒绝。总之，调查机构要站在专业的角度上，为客户提供更合理的建议。

4. 争取委托调查企业的支持

沟通对于客户企业来说也是极为必要的，决策者需要了解研究的作用和成本，并给予必要的支持。因此，在与客户进行沟通时，调查机构除了应充分展示自身的实力和信誉、增强客户的信任外，还应该强调调查是调查机构与客户企业共同的事情，任何一项调查的成功开展都离不开客户的支持与配合。在沟通中，调查人员应该将需要支持或配合的具体事项一一列出，向客户解释清楚需要支持的理由及所需支持的具体内容。只有客户真正理解了支持与配合的重要性和必要性，才能提高其参与的积极性与支持配合的程度和效果，使研究项目顺利地启动和开展。

二、收集资料，分析问题

资料收集实际上贯穿于市场调查的全过程当中。在设计方案前的准备阶段，在与客户沟通之前或在沟通过程当中，为了了解调查背景、界定营销决策问题及其起因，或者对于方案设计中确实需要而无法通过沟通了解到的部分，调查人员需要通过各种途径收集必要的信息资料。在这个过程当中，最重要的是解决“什么信息是所需要的，如何获取这些信息”的问题，从而使调研工作能够实现委托方的意图。

一般来说，收集资料的途径主要包括专家咨询、二手数据分析（文案研究）、探索性的定性研究和案例分析四种。

1. 专家咨询

专家咨询也称经验调查，是指从对调查问题有丰富知识和经验的专家或专业人士处获取信息。例如，如果调查问题与抗抑郁药的处方有关，那么调查人员就应打电话给医院中拥有抗抑郁药处方权的医生。向有经验的业内专家求教，听取专家的意见与看法，有助于确认决策问题及其备选方案，技术性很强的行业尤其如此。但是，在进行专家咨询时应该注意：①选择合适的人选，名气大的专家并不一定就是合适的人选；②寻找有效的接触渠道，有熟人引见一般比自己唐突上门的效果要好；③提供必要的背景资料，再有经验的专家如果不了解背景信息也难以提出有价值的建议；④合理的报酬与要求，适当的激励能有效提升或确保咨询的效果。

2. 二手数据分析

二手数据分析是指搜寻并解释现有的、与调查问题有关的信息的过程。

二手数据是指为某些其他目的所收集的数据，包括商业和政府机构、营销调研咨询机构和计算机数据库提供的信息，以及公司以往开展的营销研究报告、销售和售后服务记录、客户档案等。随着互联网的普及，公司网站和有关在线数据库常常可以提供非常经济、快捷的背景信息，有助于把握问题的起因、解决问题的线索，有时候甚至能够帮助研究者找到初步的答案。

3. 探索性的定性研究

在某些时候，与有关管理人员讨论和分析二手数据还不足以确定问题，这时有必要进行探索性的定性研究以获得对决策者面临的问题的认识。例如，当某大型购物中心的人流量没有达到预期时，可能的原因有以下几个。

（1）购物中心自身在软件、硬件及经营模式上存在问题。

（2）周边竞争对手的激烈竞争。

（3）所在城市的居民的购物习惯。

小规模的探索性研究（如与前来购物的顾客进行访谈或召开一次简单的焦点小组访谈）可以帮助研究者初步识别人流量偏小的主要原因和可能采取的行动，并据此确定营销研究的题目与主要内容。如果与顾客的访谈显示他们对这家购物中心的服务非常不满，那么营销研究的重点就应该放在对顾客满意度及其影响因素的测量与分析上。

4. 案例分析

案例分析是指回顾与现有调查问题类似的以前发生的情况中的可用信息。通常，对于有一定资质的调查机构来说，大多数的调查问题都与之前的一些项目或情况有不同程度的相似之处。即使调查问题涉及一个全新的产品，往往也能在过往的经验中找到相似之处。例如，接受某公司的邀请，为其设计手机产品市场调查方案。这时，调查人员就可以翻阅或回顾公司以前所执行过的有关手机产品市场调查的所有项目，或许能从以前为其他品牌手机所做的市场调查项目中找到很多的可用信息。

这种方法虽然有效，但调查人员在运用以前的案例分析当前的问题时必须提高警惕。调查人员必须自我询问，过去的现象与现在的现象到底有什么相似之处，从而确定以前的案例是否恰当。

三、确定市场调查问题

在研究了环境内容和进行了探索性的调查之后，调查人员就应想办法去定义营销决策问题，并将其转化为营销研究问题。这是市场调查设计中的关键，它制约着整个市场调研策划和实际运作过程。只有在问题被十分正确和清晰地认识、界定之后，市场调查项目才能顺利有效地实施。营销决策问题回答决策者需要做什么，而营销研究问题回答需要什么信息和怎样更好地得到此信息。营销决策问题与营销研究问题的比较见表 2-1。

表 2-1 营销决策问题与营销研究问题的比较

营销决策问题	营销研究问题
问决策者需要做什么	问需要什么信息和如何获得
行动导向	信息导向
关注症状	关注现象背后的原因

第三节 市场调查方案内容的设计

一旦调查人员与有关决策者就研究目的、题目、内容达成了基本共识，就进入到市场调查方案设计的实质性阶段——方案内容设计阶段。

由于市场调查方案是调查工作的规划蓝图，涉及市场调查活动的各个方面，因此市场调查方案内容的设计并不是一件容易的事。一般来说，一份完整的市场调查方案应该对市场调查的目的、内容、要求和方法等做出明确的规定，其基本内容主要包括以下十一个部分。

（1）调查背景。简要介绍行业大背景和竞争态势，分析客户企业、产品的现状，界定客户所面临的营销决策课题，说明开展市场调查的必要性。

（2）调查目的。说明该项调查的目的、要研究的问题及该项调查结果给企业带来的决策价值。明确调查目的是调查设计的首要问题。只有确定了调查目的，才能确定调查的范围、内容和主要方法。实际上，调查目的是要解决“为什么调查”的问题。

（3）调查内容。在确定调查目的之后，就需要判断达到调查目的所需的各种信息，要将营销决策问题转化为营销研究问题，并进一步详细列出具体的调查项目，规定所需的信息，即解决“调查什么”的问题。

（4）调查范围与调查对象。明确调查目的之后，需要对调查范围及调查对象进行规定，明确界定调查的范围和调查对象，在什么区域、地区调查，调查对象的特征和需要满足的具体要求等。不同类型或不同主题的调查所针对的群体不同。例如：“市民购物消费习惯调查”的调查对象即为发生购物行为的市民；“居民能源消费调查”的调查对象则是居民；“未成年人文化需求调查”的调查对象则是未成年人。因此，调查人员需要根据调查的主要目的来确定调查对象，明确调查对象是要解决“调查谁”的问题，明确调查范围解决的则是“在哪里调查”的问题，这二者对于后期的抽样设计有重要的影响，而抽样设计的好坏对于最终数据起着至关重要的作用。

（5）调查方式和方法。调查方式和方法需要明确的是“如何调查”的问题。一般而言，不同的调查方式和方法都有其局限性，我们只能对其进行比较权衡，选择最适合的方式和方法。调查资料的采集方法有普查、重点调查、典型调查、抽样调查等，常见的具体调查方式有入户调查、拦截访问、电话调查（CATI）、网络调查等。在调查时，采用何种方式、方法不是固定和统一的，而是取决于调查对象和调查目的的。除去人口普查、经济普查等全国性的大型调查外，最常用的调查方法是抽样调查，平时我们接触到的大部分数据是通过抽样调查的方法得到的。

（6）调查指标设计。在最初的调查目的确定之后，衔接调查需求和调查数据最重要的环节当属调查指标设计，也就是俗称的问卷或调查表，具体的设计过程会在专门的“问卷设计”部分谈到，此处不再赘述。只是调查指标的设计需要通盘考虑调查目的、调查实施、调查分析及最终的数据情况。问卷设计有些像制造产品前绘制图样的过程，对于调查的实务化至关重要。

（7）抽样方案。选择抽样的方式，制定抽样的程序，确定合适的样本量，并估计可能达到的精度。调查样本要在调查对象中抽取。由于调查对象分布范围较广，调查人员应制订一个抽样方案，以保证抽取的样本能反映总体情况。样本的抽取数量可根据市场调查的准确程度的要求确定，市场调查结果准确度要求越高，抽取样本数量应越多，但调查费用也越高，一般可根据市场调查结果的用途确定适宜的样本数量。

（8）资料分析方案。市场调查资料的分析研究是对调查数据进行深度加工的过程，其目的在于从数据导向结论，从结论导向对策研究。为此，调查人员应制订分析研究的初步方案，对分析的原则、内容、方法、要求，调查报告的编写以及成果的发布等做出安排。

（9）调查时间和经费安排。针对市场调查项目的整个进行过程安排一个时间表，确定各阶段的工作内容及所需时间，其目的是使整个调查工作及时开展、按时完成。市场调查的费用预算主要有调查表设计印刷费、访问员培训费、访问员劳务费和礼品费及调查表统计处理费用等。制订较为详细的工作项目费用计划，可保证项目在可能的财力、人力和时间限制的要求下完成。

（10）调查的组织计划。调查的组织计划是指为了确保调查工作的实施而制订的具体的人力资源配置计划，主要包括调查的组织领导、调查机构的设置、调查员的选择与培训、课题负责人和成员，以及各项调研工作的分工等。企业委托外部市场调查机构进行市场调查时，还应对双方的责任人、联系人、联系方式做出规定。

（11）附录。附录包括抽样方案的技术说明及细节说明，数据处理方法、所用软件等方面的说明，产品概念测试时所需要测试的产品概念及其解释，以及质量控制、公司介绍、过往相关研究经验介绍等。

通过对以上内容的精心设计，调查人员将可以在正确识别与界定营销决策问题的基础上，针对研究的目的，对调查项目的开展做出整体、通盘的考虑并制订切实可行的行动方案。

在方案设计中，对于两个问题——“需要什么信息”和“怎样最好地得到这些信息”的回答，将是研究者面对的最主要问题。因此，在市场调查方案内容的设计上，调查内容和调查方式与方法两个部分是重点。

为了切实了解营销调查实践中调查方案的设计方法，本节将利用一个真实的案例（公司名称为虚拟）说明市场调查方案设计中的主要内容及其设计方法。客户提供的“调查需求说明”见方案设计实例 2-1。

方案设计实例 2-1　金生保险市场调查方案——调查需求说明

一、背景

（1）金生保险公司（以下简称金生）于 2024 年 9 月进入广州。

（2）自公司开业以来，已推出分红、投资联结、意外、医疗和健康等十一个产品。

（3）随着公司的成立，相继推出了电视广告、车身广告、报刊广告和网络广告。

电视广告：2024年9月18日—10月21日，2024年11月3日—11月29日，2024年12月15日—2025年1月9日。

车身广告：2024年9月15日—12月31日。

报刊广告：2024年9月18日、2024年9月23日。

网络广告：2024年9月15日—12月31日。

二、目的

（1）了解公司目前的品牌形象及知名度状况。

（2）了解消费者目前购买保险的状况。

（3）了解消费者对本公司的反映情况。

（4）了解消费者对本公司产品的反映情况。

三、调查内容要求

（1）对本品牌的认知度及原因。

（2）对广告的认知度及创意的反馈。

（3）对现有广告的印象。

（4）消费者的投保情况。

针对方案设计实例2-1金生保险市场调查项目的需求说明，对方案中的主要内容进行实例设计和说明。

一、梳理调查背景

调查背景是指对调查活动开展的必要性、原因的介绍。对调查背景的理解和掌握会在很大程度上影响对调查目的、调查内容等的理解，因此调查人员在调查前必须要对调查的背景知识有所了解。其内容要点包括：简述行业大背景，回顾行业竞争态势；分析诊断企业、品牌及产品的现状；在分析、诊断的基础上，界定客户面临的营销决策课题；说明开展市场调查的必要性和重要性。

在设计调查方案的前期准备阶段，已经对调查的背景进行了解和分析，但在方案设计中，这一项内容仍不可缺少。在撰写调查方案时，必须对之前掌握的各种背景信息进行重新梳理和高度概括。文字必须简明扼要，不要长篇累牍；具体内容和有关专业方面的提法，可以直接引用客户企业在调查需求说明上的语言。

根据方案设计实例2-1客户提供的有关信息，并登录客户网站，收集二手资料等有关信息之后，针对调查背景的设计见方案设计实例2-2。

方案设计实例2-2 金生保险市场调查方案——调查背景

金生是美国A集团和中国B集团的合资企业。2024年9月，金生进入广州。

作为市场的新进入者，金生的要务之一是尽快树立品牌，提高品牌的知名度。在这方面，公司自开业已在广州市场投放了一定量的电视广告、车身广告、报刊广告和网络广告等，帮助建立品牌形象，推介产品。广告宣传攻势告一段落后，公司希望对广告投放的实际效果做出一个阶段性评估，为制定下一阶段宣传推广策略提供指引。

另一方面，由于广州市场前景广阔，又是继上海、北京之后我国第三个对外资保险开放的领域，因而市场竞争异常激烈。对于金生这样的新进入者来说，要想夺取足够的市场份额，必须施行更具竞争性的品牌策略、产品策略和营销策略。

因此，对于金生来说，亟须解决的营销课题包括如何快速、有效地建立自己的品牌形象和提高品牌知名度，如何制订和施行更具竞争性的品牌策略、产品策略和营销策略，以便能够从竞争对手手中夺取部分市场份额，并开拓新的市场空间。要解决以上两个课题，首先必须客观评估自身品牌竞争力的现状及清楚掌握和了解广州保险市场的消费特点和需求状况。受金生的邀请，×× 市场研究公司提交有关市场研究的计划书。

二、明确调查目的

调查目的是指调查所要达到的具体目的，即通过调查要解决什么问题，解决到什么程度。调查目的必须能清楚地回答“为什么调查”这一问题。

明确调查目的是设计调查方案的首要问题，只有确定了调查目的，才能确定调查的范围、内容和方式、方法，否则就会列入一些无关紧要的调查项目而漏掉一些重要的调查项目，无法满足调查的要求。

例如，在“金生品牌知名度调查”项目中，调查的目的就规定得十分明确，见方案设计实例 2-3。确定调查目的，就是要明确在调查中解决哪些问题，通过调查要取得什么样的资料，以及取得这些资料有什么用途等问题。衡量一个调查设计是否科学的标准，主要就是看方案的设计是否体现调查目的的要求，是否符合客观实际。

在确定调查目的时，必须先针对企业目前所面临的内部、外部环境进行科学、系统、细致的诊断，识别存在的主要问题。调查目的的确定必须紧扣营销决策问题，否则将会把调查引入歧途。

方案设计实例 2-3 金生保险市场调查方案——调查目的

根据客户目前面临的营销课题，本次研究的目的主要包括以下三个方面。

（1）了解金生公司目前的品牌形象和知名度状况，并探究其成因。

（2）客观评估金生广告的实际效果，总结广告绩效，并为今后广告策略的制定提供建设性建议。

（3）了解广州市场保险消费的现状和特点，了解消费者的消费习惯和态度，了解市场的竞争状况，探索新的发展机会，为制订有针对性的行销组合服务。

三、确定调查内容

确定调查内容主要回答“调查什么”的问题，即确定调查的具体内容，包括定义营销研究问题及进一步确定调查项目。

营销研究问题是指需要收集数据加以研究的问题，主要涉及需要什么信息及如何有效地获取这些信息。以金生为例，其管理层关心的决策问题有两个：一是如何快速、有效地建立自己的品牌形象和提高品牌知名度；二是如何制定和实施更具竞争性的品牌策略、产品策略和营销策略，以从竞争对手手中夺取部分市场份额，并开拓新的市场空间。那么，相应的研究题目有：①金生品牌现状研究，了解金生目前的品牌形象和知名度状况，并探索其成因；②金生广告效果研究，客观评估金生广告的实际效果，总结广告绩效，为今后广告策略的制定提供建设性建议；③保险消费现状研究，了解广州市场保险消费的现状和特点，了解消费者的消费习惯和态度，了解市场竞争状况，探索新的发展机会，为制订有针对性的行销组合服务。通常针对一个营销决策问题可以列出很多个研究问题，尤其是当决策问题定义得比较宽泛，或者需要的信息比较多时（见方案设计实例 2-3）。

在这一阶段，要想把有关的研究问题尽可能列全，避免遗漏，可以采取头脑风暴法集思广益。除了和管理层沟通，调查人员还可以查阅有关文献与案例，或者咨询有关专家。对工业品和特殊行业、技术类产品开展营销研究时，专家咨询尤为重要。因为在这种情况下，市场调查人员通常缺乏必要的行业和产品知识。

由于资源的限制，不可能对所有可能的问题都进行研究，必须根据其对决策的用途、成本和技术上的可行性等因素进行取舍。

定义研究问题是整个营销研究过程中最重要的一步。如果选题不当，研究不仅对决策无益，而且还可能带来额外的损失，因此必须严肃、认真地对待这项工作。在定义问题时常犯的错误之一就是将问题定义得过宽，在一个研究项目中包含的内容过多，结果对每个问题都是蜻蜓点水，研究得很不透彻，对决策的帮助不大。因此，调查人员必须抓住重点而不是面面俱到，将有限的资源用在最能够产生效益的地方。反之，也可能将问题定义得过窄，导致无用的甚至是误导的研究结果。

在调查方案设计中，调查人员需要把已经确定的市场调查问题转化为具体的调查项目。调查项目是指对调查单位所要调查的具体内容，确定调查项目就是要明确向被调查者了解什么问题。调查项目通过调查指标的方式表现出来，并对调查指标做出明确的定义。调查指标的定义与调查问题的定义是有区别的。调查问题的定义是概念性定义，而调查指标的定义是操作性定义。例如，要研究金生保险的品牌知名度，就可以给品牌知名度下一个定义，揭示其内涵与本质，但这是概念性定义。在调查中，调查人员需要通过具体的调查指标反映它，如用第一提及知名度、提示前品牌认知度、提示后品牌认知度等具体内容为品牌知名度做操作性定义。

在确定调查项目时，除了要考虑调查目的和调查对象的特点，还要注意以下几个问题。

（1）确定的调查项目应当既是调查任务所需，又是能够取得答案的。凡是调查目的需要又可以取得答案的调查项目要充分满足，否则不应列入。可能性原则，即设计调查指标一定要充分考虑实际调查的可能性。这里所说的可能性有两方面含义：一是被调查者是否准确知道你所要调查的情况；二是被调查者是否愿意回答你要调查的问题。

（2）项目的表达必须明确，要使答案具有确定的表示形式，如数字式、是否式或文字式等，否则会使被调查者产生不同理解而做出不同的回答，造成汇总时的困难。

（3）确定调查项目应尽可能做到项目之间相互关联，使取得的资料相互对照，以便了解现象发生变化的原因、条件和后果，便于检查答案的准确性。

（4）调查项目的含义要明确、肯定，必要时可附以调查项目解释。

（5）调查项目绝不是越多越好，特别是在定量调查中，要坚决删去一切可要可不要的调查项目。因为调查项目过多，就会降低调查的质量，统计分析的工作量也会增加许多倍。

在金生调查项目中，其研究内容的确定见方案设计实例 2-4。调查项目确定之后，将调查项目科学地分类、排列，为制订调查提纲和调查表奠定基础。

方案设计实例 2-4　金生保险市场调查方案——调查内容

营销决策问题	营销研究问题	调查项目
一、快速、有效地建立自己的品牌形象和提高品牌知名度 二、制定和实施更具竞争性的品牌策略、产品策略和营销策略，以从竞争对手手中夺取部分市场份额，并开拓新的市场空间	1．金生品牌现状研究 （了解金生公司目前的品牌形象和知名度状况，并探索其成因）	（1）品牌认知度及其原因 1）第一提及知名度 2）提示前品牌认知度 3）提示后品牌认知度 （2）品牌认知渠道（广告对品牌知名度的贡献） （3）品牌形象 （4）品牌购买（未来购买）状况
	2．金生广告效果研究 （客观评估金生广告的实际效果，总结广告绩效，为今后广告策略的制定提供建设性建议）	（1）广告认知度 （2）广告中品牌的突出性 （3）对广告的整体喜好程度和评价 （4）对广告内容的理解程度、记忆程度和对广告创意的认同度 （5）广告对受访者购买的影响程度
	3．保险消费现状研究 （了解广州市场保险消费的现状和特点，了解消费者的消费习惯和态度，了解市场竞争状况，探索新的发展机会，为制订有针对性的行销组合服务）	针对现实消费者： （1）投保原因 （2）投保方式（公司购买或个人购买）和购买渠道 （3）品牌选择 （4）品牌选择考虑因素及其重要性排序 （5）消费者对所选保险公司品牌的满意度评价 （6）险种选择 （7）险种选择考虑因素及其重要性排序 （8）消费者对所投险种的满意度评价 （9）投保前的信息收集渠道及其重要性排序 （10）未来的保险消费需求和期望 针对潜在消费者： （1）目前未投保的原因 （2）未来投保的意愿和原因 （3）未来保险消费的需求和期望（品牌、险种、预计金额和购买渠道） （4）未来投保前可能的信息收集渠道及其重要性排序
		受访者背景资料： （1）年龄 （2）收入 （3）学历 （4）家庭特征（婚姻状况、子女） （5）媒体选择习惯和信任程度

四、确定调查范围、对象

调查对象是指根据调查目的、任务确定的调查研究总体，由某些性质上相同的许多调查单位组成。调查单位是指构成调查对象并需要对之进行调查的每一个单位，它是调查项目和指标的承担者或载体，可以是调查对象的全部单位（全面调查），也可以是调查对象中的一部分单位（非全面调查）。调查对象和调查单位所解决的是“选择怎样的一群人作为研究的对象”“向谁调查”“由谁来提供所需数据”的问题。例如，在金生保险研究项目中，为了研究保险消费现状，需要对广州市符合年龄、收入等各项要求的现实的和潜在的保险消费者进行调查。那么，广州市所有符合年龄、收入等各项要求的现实的和潜在的保险消费者就是调查对象，而其中每一个现实的和潜在的保险消费者就是调查单位，见方案设计实例 2-5。

方案设计实例 2-5　金生保险市场调查方案——调查范围、对象

研究区域：广州市市区。

被访者条件：本次研究的主要目的是既要研究金生保险的品牌形象和知名度，又要清楚地了解广州市场的消费现状与特点，了解消费者的消费习惯和态度。因此，在选择研究对象时可以宽泛一些，以获得更加全面的资料。建议本次研究的对象是：20 ～ 55 岁，男性和女性；在本地居住满 5 年或以上；家庭收入水平处于中等以上（建议在 10 000 元 / 月以上）；受访者必须为家庭中购买保险的决策者；计划在未来一年内购买保险（包括保险的现实购买者）。

在确定调查对象和调查单位时，应该注意以下三个问题。

（1）由于市场具有复杂多变的特点，因此在许多情况下，调查对象也是比较复杂的，必须以科学的理论为指导，严格规定调查对象的含义，并指出它与其他有关现象的界限，以免造成调查登记时由于界限不清而发生的差错。例如，以城市常住人口为调查对象，就应明确常住人口的含义，划清常住人口与户籍人口的界限，并规定常住所代表的具体年限。

（2）调查单位的确定取决于调查目的和对象，调查目的和对象发生变化，调查单位也要随之改变。例如，要调查城市居民本人的基本情况，这时的调查单位就不再是每一户居民家庭，而是每一个城市居民。

（3）不同的调查方式会产生不同的调查单位。如果采取普查方式，调查总体内所包括的全部单位都作为调查单位；如果采取重点调查方式，只有选定的少数重点单位作为调查单位；如果采取典型调查方式，只有选出的有代表性的单位作为调查单位；如果采取抽样调查方式，则以各种抽样方法抽出的样本单位作为调查单位。

五、确定调查方式、方法

在确定调查方式、方法环节，主要是要规定调查的类型和采用哪种组织方式和方法取得调查资料。调查的类型可依据调查的特点（内容）分为定性研究、定量研究和综合性研究（定性研究＋定量研究）三种；依据调查的目的分为探索性、描述性、因果性和预测性研究四类；也可按调查方法分为文案调查和实地调查。收集调查资料的方式有普查、重点调查、典型调查和抽样调查等。具体调查方法有文案法、访问法、问卷法、观察法和实验法等。有些方法还可采取不同的方式进行，如访问法可采用入户访问、街头定点拦截访问或电话网络访问的方式等。

在调查时，采用何种方式、方法不是固定和统一的，而是取决于调查目标、调查对象、调查任务及调查人员的素质等因素。一般来说，调查的方式、方法应该适应调查项目的需要。在确定调查方法时，调查人员一定要根据实际情况充分考虑到各种方法在回答率、真实性及调查费用上的不同特点，采取既适合于调查问题和目标，又具有经济可行性的方法。

在金生保险案例中，确定其研究的类型属于定量研究，如何选择最适当、最有效的调查方法，是设计调查方案的一个重要内容。在市场经济条件下，为准确、及时、全面地取得市场信息，尤其应注意多种调查方式的综合运用。

根据项目的需要，选择了入户访问的调查方式，见方案设计实例 2-6。

方案设计实例 2-6　金生保险市场调查方案——调查方式、方法

研究类型：定量研究。

数据收集方法：为了满足客户对调查提出的可延续性和可比性要求，考虑采用结构性问卷和访问员入户访问相结合的方式，对被访者进行面对面访问来收集第一手资料。所有被访者必须随机产生，并经过甄别问卷甄别合格。

调查结果的准确性主要受以下因素的影响：抽样方法（越随机越好）、被访者的条件（越具有针对性越好）、样本规模（越大越好），以及在数据收集工作中严格的质量监督和控制。

六、制订抽样方案

市场调查多采用抽样调查方式。因此，在调查方案中，必须对调查所采取的抽样方案进行明确规定。在这一部分，必须正确选择抽样的方式，制定抽样的程序，使样本能真正代表总体，并恰当地确定样本的数目，以便在符合调查要求的前提下降低费用。

抽选样本的方法有许多种，根据是否依照随机原则进行抽样而分为随机抽样和非随机抽样。这两类抽样方法中又有许多不同的抽样方式，有关各种具体的抽样方式及样本数目的确定，将在第四章做专门介绍。

在金生保险案例中，根据调查的特点和需要，决定采用类随机抽样（分层抽样），并制订了相应的抽样程序，见方案设计实例 2-7。

方案设计实例 2-7　金生保险市场调查方案——抽样方法及抽样程序

市场研究中实际的类随机抽样方法及抽样程序

根据各行政区的人口资料，按比例确定各行政区的层内样本数

↓

在行政区内，按样本数决定抽取的地址块数，随机抽取地址块

↓

按右手法则在地址块里每隔 10 户抽取一个待访问家庭，在家庭内按随机数表确定被访者

↓

若某一家庭按随机数表确定的被访者不合条件，则放弃后访问下一家庭；如果为合格对象，则进行详细访问。记录 / 访问结束后，再每隔 10 户选取下一位被访者，直到该地址块成功抽取出所需的样本量

样本数目方面，在综合考虑了研究的需要及各种抽样数目下的费用效益比之后，为客户提出了专业化的建议，见方案设计实例 2-8。

方案设计实例 2-8 金生保险市场调查方案——样本规模和分配

从理论上讲，样本量越大，抽样误差就越少，结果的代表性就越好。然而，在考虑时间和费用因素的同时，大样本并不一定是最有效率的办法。在随机抽样的条件下，不同样本规模的抽样误差如下（置信水平 95%）：

样本规模：100、200、300、500、1 000，对应的抽样误差：9.8%、6.9%、5.7%、4.4%、3.1%。

所以，通常一个地区（或者分析单位，譬如这次一个市做一个报告，则一个市就是一个分析单位）的样本量为 200～500，这样的费用效益比是比较理想的。

由于涉及成本的问题，我们提出两个方案供选择：

方案一（中等样本设计）：建议在广州市做 300 个样本。

方案二（少样本设计）：建议在广州市做 200 个样本。

推荐的方案：

样本量涉及调查结果的可靠性问题，从理论上来说，样本量越大，抽样误差越低（即准确性越高），但实际上调查的误差除了抽样误差外，还有来自被访者的误差（如问卷太长、问题不容易理解、合作性不高等）、访问员误差（询问误差、记录误差）等，因此项目质量的管理（规模越大，管理上要求也越高）也扮演着非常重要的角色。还有很重要的一点就是时间和费用的考虑。

通常来说，基数不少于 60 个样本的统计结果被认为是具有统计意义的。而对于一些高级统计分析，如相关分析、因子分析、对应分析、聚类分析等，200 个以上的样本才比较可靠。因此，在做子群分析时，如分析不同年龄段的数据，分析不同场合的数据，分析不同收入、不同性别群体的数据，分析不同品牌消费者的数据，有时甚至需要对子群的子群进行分析，为了使每个被分析的子群的统计数据都有统计意义，要求每个子群的样本数不少于 60 个。

综合以上的考虑，推荐选择方案二，这样的样本规模是我们建议最多的，也是客户最常采用的方案。

七、制订资料分析方案

确定资料整理的方案，就是对资料的审核、订正、编码、分类、汇总、图表展示等做出具体的安排，大型的市场调查还应对计算机自动汇总、分析和统计软件的开发或购买做出安排。资料分析工作包括资料的编辑、编码、横列表分析和其他各种现代统计分析，如回归分析、相关分析、聚类分析等。每种分析技术都有其自身的特点和适用性。因此，调查人员应根据调查的要求选择最佳的分析方法并在方案中加以规定。

在调查方案这一部分，应该对如何进行信息资料的分析及分析后会向客户提供哪些结果进行具体的说明。例如：写明使用的统计学方法和理由，说明使用的分析方法所具有的优点及对于客户的意义；说明分析方法的程序和活动的安排；说明调查机构的数据分析人才和使用的设备种类、特征、水平，重新说明使用这些方法和仪器的调查活动质量的保证和利益关系等。分析中应该特别注重向客户提供尽可能多的信息资料，特别是提供关于市场调查方面的新发展、新技术的信息资料。例如，有属于调查机构独创的具体调查方法和调查技术等，可以告诉客户："本公司有调查技术专利，能够很好地支持调查活动的顺利开展，可以保证市场调查活动的质量，一定能够让您满意。"向客户提供有关市场调查的信息资料越多，越有可能获得项目合作的机会。

八、确定调查结果提交形式

客户最终获得的主要有形成果之一，就是调查机构向他们提供的市场调查报告。因此，调查报告应该有哪些内容，应该以什么原则和标准进行撰写，怎样向客户进行介绍，调查人员都应该花比较多的时间进行研究和分析。为了使主要决策者对调查报告满意，应该研究客户主要决策者的利益标准和价值观念。方案中同样应该对调查报告的撰写进行说明。

在方案中，需要对客户在调查活动后获得的具体利益进行详细的列举，应该对调查活动结束后撰写的调查报告和调查成果进行比较详细的说明。如果市场调查活动还可以提供更多的成果，都应该进行列举，并且尽量提供给客户。

除了调查报告之外，调查机构一般还有数据统计报告、演示报告等调查成果需要提供给客户。因此，在本部分应该对调查结束后客户将获得的各种调查成果从内容、形式、数量、质量、提交期限等方面都进行具体的规定。在金生保险案例中，对于调查结果提交形式的规定见方案设计实例 2-9。

方案设计实例 2-9　金生保险市场调查方案——调查结果提交形式

本项目完成后将提交以下研究分析报告及资料：

（1）中文分析报告，以 PowerPoint 格式提供电子文件。

（2）中文数据统计报告，以 Excel 格式提供电子文件。

（3）若需要，我司研究人员可以向客户做口头演示报告，介绍并解释调查过程、调查结果。

九、安排调查时间

调查方案设计除了前面所列举的内容外，还要考虑调查时间。安排调查时间包括三项内容：确定调查期限，拟订调查活动进度表，确定最佳的调查时间。

调查期限是指规定调查工作的开始时间和结束时间，包括从调查方案设计到提交调查报告的整个工作时间，其目的是使调查项目能及时开展、按时完成。为了提高信息资料的时效性，在可能的情况下，调查期限应适当缩短。调查的方法和规模不同，所需的调查期限也不同。例如，邮寄调查所需的期限较长，而电话和网络调查所需的期限较短。再如，大规模的入户调查，其所需的期限通常也是比较长的。通常，一个中等以上规模的市场调查项目的调查期限需要 30 ～ 60 个工作日。

调查活动进度表则规定了调查各个阶段或各项工作的开始时间和结束时间，其目的是通过对调查各阶段和各项工作的时间管理来确保在规定的调查期限内完成所有工作。调查活动进度表是调查过程进行的时间依据，既是客户用以检查调查活动进展情况的依据，又是调查机构强化调查过程管理、提高工作效率、节省调查成本的工具和手段。同时，它还是解决法律纠纷时的一项重要依据。所以，在拟订调查进度表时，一方面要考虑到客户的时间要求和信息的时效性，另一方面也要考虑到作业的难度及完成作业的可能性。

拟订调查活动的进度表，一般要将完成各项调查工作所需的时间都充分考虑进去。在安排各项工作的时间时，调查实施的时间往往会因为访问员的缘故不好准确把握，因此要特别加以注意。

另外，不同的调查项目和调查方法，有不同的最佳调查时间。以入户调查为例，最好的调查时间是在晚上和周末休息日，这时家中有人的概率大，成功率高。因此，在调查实施时间的安排上，要充分考虑到这一点。

在金生保险案例中，调查机构对方案一和方案二都做了调查时间的安排，以供客户参考，见方案设计实例 2-10。

方案设计实例 2-10　金生保险市场调查方案——调查时间、进度安排

以方案一（即样本量为 300）为例，一旦项目确认，完成全部研究需要 40 天的时间，大致安排如下：

问卷设计：5 天。

实地访问准备：2 天。

实地访问：14 天。

数据处理：7 天。

报告撰写：12 天。

以方案二（即样本量为 200）为例，一旦项目确认，完成全部研究需要 35 天，大致安排如下：

问卷设计：5 天。

实地访问准备：2 天。

实地访问：10 天。

数据处理：6 天。

报告撰写：12 天。

口头报告：或者在书面报告提交一周后讲解，或者先讲解口头报告（在第 35 天），一周后再提交正式的书面报告。

一般来说，在一个调查项目中，当调查项目正式立项展开后，其各阶段大致的时间占比见表 2-2。

表 2-2　调查各阶段时间分配表

时间进度		10%	20%	30%	40%	50%	60%	70%	80%	90%	100%
项目准备	抽样方案设计实施 调查问卷设计、预调查、印刷 调查员招聘、培训	10% ～ 20%									
项目实施	实地调查				20% ～ 30%						
数据处理	数据、资料的编码、计算机录入、统计分析						10% ～ 20%				
研究报告	报告撰写、修改、制作								20% ～ 30%		
项目总结	汇报、演示、建议										10%

十、预算调查经费开支

调查的经费预算是调查设计的重要内容。经费的多少与调查范围、调查规模（样本量大小）、调查方法均有关系。调查预算包括的内容较多，一个市场调查项目的经费预算，通常包括以下内容。

（1）设计费：调查方案设计费、问卷设计费。

（2）问卷印刷费、装订费、复印费。

（3）抽样费用：抽样方案设计费、构造抽样框和样本的抽选费。

（4）调查实施费：预调查访问费、培训费、交通费、住宿费、调查员和督导的劳务费、礼品费和其他有关费用。

（5）复核费：数据审核、编码、录入费。

（6）数据统计分析费。

（7）调查报告撰写制作费。

（8）折旧费、耗材费、器材设备使用费、计算机软件使用费等。

（9）项目办公费，即进行项目所涉及的各种办公费用，如电话费、场所使用费、会议费、专家咨询费、交际费、税收、杂费及其他费用等。

市场调查的费用因项目不同而差异很大。在估算费用时最常用的方法是：依据抽样设计和资料采集方法，列出调查过程中的各个费用支出项目及金额，然后求出总费用。

调查费用涉及调查机构的利益和客户的要求，也涉及市场竞争和招标的问题，需要讲究报价的说明技巧。比较适宜的方法是在调查客户实际情况的基础上，用相对比较实惠的价格和策略进行报价。例如，对国内的客户，可以用低预算争取项目；对经常进行市场调查的跨国公司，应当注意在保证高质量的前提下，适当使用高价位的报价策略。

在进行预算时，要将可能需要的费用尽可能考虑全面并留有余地，以免将来出现一些不必要的麻烦影响调查的进度。必要的费用也应该通过认真核算估计出一个合理的数值，切不可随意多报、乱报。未经核算的预算将不利于调查方案的审批或竞标。如果是第一次合作，在制订预算时，要详细列出调查过程中各个费用项目开支的金额，然后求出总费用，最好列出估价单。如果是多次合作，只需要粗略列出费用项目即可。

价格是方案的主要内容和争取客户的主要部分之一，应该仔细进行考虑和斟酌。具体项目的费用预算可以列出估价单，让客户明白调查费用都花在什么地方。但应该注意的是，除非签订合同，否则不要在方案上写关于具体价格的问题，把具体价格的确定放到最后再解决。

在金生保险案例中，对方案一和方案二都只做了调查总经费的预算，以供客户参考，见方案设计实例 2-11。

方案设计实例 2-11 金生保险市场调查方案——经费预算

基于本计划书中的研究设计，研究总费用为：

方案一（300 样本）：人民币 50 000 元。

方案二（200 样本）：人民币 40 000 元。

支付方式：

在项目确认后的一周内支付 60% 的研究费用；在提交所有报告的两周内支付余下 40% 的研究费用。

十一、制订调查的组织计划

调查的组织计划是调查实施过程中的具体工作计划，是指为了确保调查工作的实施而制订的具体的人力资源配置计划与工作目标，主要包括调查的项目负责人、调查机构的设置、调查人员的选择与培训、调查的质量控制措施、项目研究小组的组织分工及各主要成员的知识背景、经历和特长等。另外，调查的组织计划还要规定客户企业与调查机构双方的责任人、联系人及联系方式等。

对于规模较大的调查机构，调查的组织计划要体现并处理好三种关系：①方案设计者、数据采集者、资料汇总处理者及资料开发利用与分析者之间的相互关系；②调查中人、财、物各因素的相互关系；③调查过程中各环节、各程序、各部门之间的相互关系。这些关系处理得好，任务的安排就能做到科学、合理、平衡和有效。

十二、调查方案设计的其他内容

需要说明的是，上面列举了调查方案设计十一个方面的内容，但并没有穷尽调查方案设计的全部。完整的调查设计包括更多的内容，如问卷设计、质量控制、公司介绍、过往相关研究经验介绍、结果输出、附录等，这些都在调查方案设计范畴之内。由于问卷设计的特殊性，本书在第三章将专门进行讨论。另外，上述十一个方面的内容之间也是相互作用、相互影响的。对于不同的调查项目，调查设计各项内容的排序也不完全一样。调查机构在进行市场调查方案设计时需要灵活地、创造性地加以应用。

十三、编写市场调查方案

市场调查方案设计的主要内容确定之后，市场调查人员可撰写市场调查方案，以供委托调查企业决策者审批，作为调查项目委托者与承担者之间的合同或协议的主体。因为，方案是客户看到的第一份书面材料，它在很大程度上决定着项目成功与否。方案的起草与撰写一般要由项目的主管来完成。调查方案的结构主要包括封面、目录、正文与附录四个部分。

（1）封面。封面主要包括方案的名称、客户的名称、研究机构的名称和撰写时间。方案的封面应该简洁、稳重、内容简单。

（2）目录。目录可以使客户或读者很容易找到其感兴趣的部分，其主要内容包括方案各部分的标题和页码。

（3）正文。正文是方案的主体，包括以上十一个方面的内容（有些内容如调查的组织计划也可列入附录）。

（4）附录。附录部分主要是调查方案的各种补充说明材料，主要包括调查项目负责人及主要参加者、抽样方案及技术说明、问卷及有关技术说明、数据处理所用软件介绍等。

撰写市场调查方案时应注意的问题有以下几点。

1）一份完整的调查方案，上述十一个部分的内容均应涉及，不能有遗漏，否则就是不完整的。

2）调查方案的制订必须建立在对调查课题的背景的深刻认识上。

3）方案的各项内容可根据需要适当合并或进一步细分，应根据具体的案例背景加以灵活处理。

4）调查方案的格式方面可以灵活，不一定要采用固定格式。不同的调查机构应该有自己的、不同于他人的、独特的风格和有特色内容的方案。不同的调查机构应该在一般的内容和格式上进行创新。方案的封面设计也应尽量与众不同和有特色，文字内容、印刷形式、字体设计、图标设计和纸张质量都应该符合企业形象设计的要求，既能显示公司的实力，又能吸引客户的注意和兴趣。如果双方为第一次合作，更应注重对方案的包装。

5）调查方案要尽量做到科学性与经济性的结合。

6）调查方案要切实可行，具有可操作性，使项目实施人员能付诸实施。

7）应该特别指出的是，市场调查方案设计的书面表达是非常重要的一项工作。一般来说，调查方案的起草与撰写应由课题的负责人来完成。

第四节　市场调查方案的评审、修改、确认

经过前两个阶段的准备、内容设计及撰写，调查方案的初稿已完成。在最终定稿之前，还有两项工作必须要做。第一，由调查机构对方案初稿进行可行性研究，既从逻辑的层面对方案的可行性进行检验，又在实践的基础上对方案进行经验判断和实地调查检验。调查机构要根据可行性研究的结果，对调查方案进行第一阶段的修改。第二，将方案提交给客户，并向其进行演示与说明，双方就方案进行深入的讨论后，由调查机构对方案进行第二阶段的反复修改，直到客户满意为止。

一、调查方案的可行性研究

对调查方案进行可行性研究，其方法有逻辑分析法、经验判断法和试点调查法三种。

1. 逻辑分析法

逻辑分析法是指从逻辑的层面对调查方案进行把关，考察其是否符合逻辑和情理，即用逻辑方法检验调查设计的可行性。

2. 经验判断法

经验判断法是指用以往的实践经验来判断调查方案的可行性，通过组织一些具有丰富市场调查经验的人士（包括调查专家、实际资料收集人员、自动化信息处理人员等）对设计出来的调查方案进行初步研究和判断，论证调查方案的合理性和可行性，找出方案存在的问题，并提出修改意见。

3. 试点调查法

试点调查法是指通过选择部分单位进行小范围的试点调查，对调查方案进行实地检验，以检验调查方案可行性的方法。通过小规模的实地调查，不仅可以检验调查方案的可行性，还可以根据试点调查的结果来修改和完善原调查方案。

实施试点调查是为了检验方案中调查目的的设计是否明确、调查内容和调查方法的设计是否适用、调查人员和调查对象的选择是否恰当，以及调查工作的安排是否合理等。试点调查的主要目的既不是收集资料，更不是解决调查所要解决的问题，而是对设计的方案进行可行性研究。在进行试点调查时要做到：调查队伍要精干，调查对象要适当，调查方法要灵活，要多点对比试验，做好试点调查工作总结。

逻辑分析和经验判断这两种方法简便易行，且有实效，因此是调查方案可行性研究中最常用的方法。但这两种方法也都有较大的局限性。逻辑分析法主要适用于对调查内容的设计进行可行性研究，而对其他方面的可行性研究却很难用这种方法。另外，有些操作和方法的设计在逻辑上是正确的，但在实际调查中却行不通。

二、调查方案的提交、演示、研讨

经过可行性研究并进行相应修改之后，调查方案将正式提交给客户进行审查。多数情况下，调查机构和委托调查企业会进行一次或多次的方案研讨会，围绕方案内容进行深入的讨论。会上先由调查机构人员向客户进行方案的演示与说明，客户方往往会派出主要决策者及调查项目涉及的各部门人士参加。客户会对方案进行总体评价，主要包括四个方面的内容：调查方案是否体现调查目的和要求；调查方案是否具有可操作性；调查方案是否科学、完整和适用；调查方案是否能保证调查质量高、效果好。

由于这是方案确认前的最后一个环节，因此在这一个环节，双方可能会就方案进行多轮次的研讨，且必须根据每一次研讨的结果对方案进行相应的修改，直到客户满意为止。

当客户不再对方案持有异议时，调查机构就可以将最终修改完毕的方案定稿，并提交给客户进行最终的确认。至此，调查方案的设计阶段才算是真正完成，正式进入使用阶段。

本章小结

调查方案是指在调查项目实施之前对调查的目的、内容、研究方法、数据分析、时间安排、经费预算等所做的统一安排和规划及由这些内容形成的文字材料。拟订调查方案的过程就是调查方案设计。调查方案设计是调查研究活动的开始，其质量好坏对整个调查活动将产生重要影响。

调查方案设计要遵循科学性，可行性，经济、有效、实用，以及一定的弹性原则。

设计调查方案的流程可分为三个阶段：设计前的准备阶段、内容设计阶段和评审、修改、确认阶段。

在设计前的准备阶段，必须进行充分而有效的客户沟通，明确调研意图，并通过专家咨询、二手数据分析、探索性的定性研究及案例分析等各种方式收集一切必要的资料与信息，最终确定市场调查主题。

一般来说，调查方案必备的内容包括如下十一项：调查背景、调查目的、调查内容、调查范围与调查对象、调查方式和方法、抽样方案、资料分析方案、调查结果提交形式、调查时间、经费安排、调查的组织计划及附录。另外，调查方案还必须根据需要选择一些内容，包括问卷设计、质量控制、公司介绍、过往相关研究经验介绍等。

调查方案的初稿必须经过逻辑分析、经验判断和试点调查等可行性研究，提交给客户进行共同深入的探讨并进行多次修改与完善之后才能得到最终的确认，进而进入方案的使用阶段。

重要概念

1. 调查方案（Survey Plan）
2. 营销决策问题（Marketing Decision Problem）
3. 调查背景（Research Background）
4. 调查目的（Research Objective）
5. 营销研究问题（Marketing Research Problem）
6. 调查项目（Survey Items）
7. 调查对象（Respondent）

自测题

一、单项选择题

1. （　　）是整个调查过程的开始，其地位十分重要。

A. 调查方案　　B. 抽样方案设计

C. 访问实施方案设计　　D. 调查方案设计

2. 调查方案的制订首先必须建立在对（　　）的深刻认识上。

A. 调查内容　　B. 调查背景　　C. 调查方法　　D. 调查技巧

3. 专家咨询也称（　　），是指从那些对调查问题有关内容有丰富知识的人处获取信息。

A. 访问实施方案设计　　B. 抽样方案设计

C. 经验调查　　D. 调查方案设计

4. （　　）是需要收集数据加以研究的问题。

A. 营销研究问题　　B. 营销决策问题

C. 调查项目　　D. 调查指标

5. 确定调查内容主要回答（　　）的问题。

A. “调查什么”　　B. “为何调查”

C. “调查谁”　　D. “何时调查”

二、多项选择题

1. 调查方案也称（　　）。

A. 市场调查计划书　　B. 调查项目计划书

C. 调查项目建议书　　D. 调查策划书

2. 调查方案设计的基本原则包括（　　）。

A. 科学性原则　　B. 可行性原则

C. 有效性原则　　D. 弹性原则

3. 在与客户沟通的基础上，根据需要对无法了解的部分再通过其他途径寻求解决。一般来说，收集资料的途径包括（　　）。

A. 专家咨询　　B. 二手数据分析

C. 探索性的定性研究　　D. 案例分析

4. 调查方案可行性研究的方法包括（　　）。

A. 逻辑分析法　　B. 经验判断法

C. 案例分析　　D. 试点调查法

5. 市场调查前期的准备工作包括（　　）。

A. 明确调查意图　　B. 撰写方案

C. 收集资料，分析问题　　D. 确定市场调查问题

三、简答题

1. 为什么正确定义营销研究问题非常重要？请举例说明。
2. 研究人员在设计调查方案前需要做哪些准备工作？
3. 营销决策问题和营销研究问题之间有什么联系和区别？
4. 调查方案设计主要包括哪些内容？

四、分析题

1. 假如比亚迪公司委托你开展一项顾客满意度调查，试问：

1）你需要做哪些准备工作？

2）你会考虑哪些具体的研究内容？预期得到哪些结果？

3）该研究结果对比亚迪公司有什么价值？

2. 假如比亚迪公司希望降低客户的流失率，有哪些可能的研究题目？你将如何进行甄选？

五、方案设计题

针对下面给定的调查需求设计调查方案。

我国手机品牌进军欧美市场的市场调研方案设计

据市场调研机构 Canalys 的统计数据显示，2023 年全球智能手机的出货量达到了 11.4 亿部，其中市场占有率最高的五个品牌依次是苹果、三星、小米、OPPO 和传音。在高端智能

手机市场领域，根据市场研究机构 Counterpoint Research 的报告，2023 年苹果以 71% 的市场份额独领风骚，紧随其后的是三星，占有 17% 的市场份额，华为也凭借 Mate 60 系列的回归，占据了 5% 的市场份额。从地域分布来看，我国手机品牌在印度、东南亚、非洲等地区都占据了较高的市场份额，主要销售的是中低端智能手机。而在欧美市场，苹果和三星仍然占据着主导地位，我国手机品牌在这一区域的影响力相对较弱。2023 年第四季度，小米在欧洲市场占有率最高的手机品牌中排名第三，以 17% 的市场份额紧随苹果和三星之后。然而，小米的销量主要集中在中东欧地区，且以中低端机型为主。对于我国手机品牌来说，欧美市场是品牌高端化发展的关键战场。

请为我国手机品牌进军欧美市场设计市场调研方案。

第三章 市场调查问卷设计

本章学习目标

- 理解调查问卷的含义及类型
- 掌握调查问卷的结构及问卷设计的一般程序
- 掌握调查问卷中问题及答案的类型、设计的技巧及应注意的问题

第一节 问卷的基本概念

一、问卷的含义

问卷又称调查表或询问表，是指调查人员依据调查目的和要求，以一定的理论假设为基础提出来的，由一系列的“问题”和备选“答案”及其他辅助内容组成，主要用于对调查对象的基本特征、个人行为、态度、动机和有关情况等调查项目进行统一标准的测量，以获取所需的有关信息，系统地记载调查内容的一种书面文件。

问卷设计的具体工作应包括：明确问卷设计目标，清晰了解问卷在何种情况下使用，合理选择问卷的形式，确定问卷的内容，设计问卷结构及问卷总体的组合等，最终形成科学合理的、容易为调查者和被调查者所接受的、符合调查要求的、能有效获取所需信息资料的调查表。

二、问卷的类型

根据调查者对问卷的控制程度，问卷可以分为结构型问卷与非结构型问卷。

1. 结构型问卷

结构型问卷又称标准化问卷或控制式问卷，其特点是每个问题的提问方式和备选答案都是固定的，提问方式在调查时不能改动，所有被调查者都回答同一结构的问题。

2. 非结构型问卷

非结构型问卷是指事先不准备标准表格、提问方式和标准化备选答案，只是规定调查方向和询问内容，由调查者和被调查者自由交谈的问卷。需要指出的是，非结构型问卷并不是真的没有结构，只是问卷的结构没有固定的形式而已。为了了解某方面的情况，调查者必须

事先准备一些问题，写在纸上或留在脑中，然后对被调查者进行提问，在不改变调查内容和方式的情况下，可以改变提问的方式。例如："你旅游的目的是什么？""你为什么要旅游？"这样提问的目的都是一样的，只不过是提问的方式不同而已，被调查者不受标准答案的限制，做自由式的回答。非结构型问卷所需人力、物力较多，花费的时间较长，因此它只适用于小样本调查。其优点是便于发现新情况，可用于探索性调查，也可用于检验结构型问卷的准确性。

三、问卷的结构

一份完整的问卷一般是由封面、甄别问卷、主体问卷和背景问卷等几个部分组成的。

1. 封面

问卷封面主要用来记录被调查者的一些基本信息，主要内容包括项目名称（问卷的标题）、介绍语、访问情况记录（如访问员姓名、访问时间和长度等）和指导语等（见图 3-1）。封面设计的目的：封面部分内容最后需要存档，以备日后查用或与被调查者再次联络；问卷交回后发现有问题，可直接打电话与被调查者确认。封面设计的要求：封面的内容通常放在访问的最后来确定，因为被调查者会对此部分内容比较敏感；封面的记录要完整，字迹要清晰。

BX00Y（项目号）

项目名称

许可证号：国统涉外证字 第 000×号
批准机关：国家统计局
批准文号：【2024】000×号
本项调查属于自愿性调查

问卷编号：　　　　访问日期：2024 年　月　日
被调查者姓名（Respondent's Full Name）______
地址（Address）______
区域（District）______ 城市（City）______ 邮编（Post Code）______
电话（Telephone Number）______ 访问日期（Interview Date）______

我声明该访问严格按照贵公司要求进行，并依据 MRS 的规定，被调查者是我不认识的人。
访问员签名：　　　　问卷编号：

被调查者姓名（Interviewer's Name）______
访问员编号（Interviewer's I.D.）□□□□□□
访问开始时间：______ 结束时间：______ 访问长度：______ min

复核记录

复核员姓名：______ 督导签名：
复核日期：____年____月____日 访问时间长度：____ min
复核情况：正确 1 错误 2
复核结果及建议

配额控制栏

年龄	(113)
15 岁以下	1
15 ～ 24 岁	2
25 ～ 34 岁	3
35 ～ 44 岁	4
45 ～ 55 岁	5
55 岁以上	6

您好！我是 ×× 市场研究有限公司的访问员，我们正在进行一项有关广州市各路段人流量的研究，很想倾听一下您的宝贵意见，您的意见对我们很有帮助，我们将对您的回答和您的身份保密，请放心，谢谢！

图 3-1 调查问卷封面

（1）项目名称。项目名称也可称为问卷标题，是对调查主题的概括说明，它可使被调查者对要回答的问题类型有一个大致了解。例如，“曲奇牌饼干市场调查”一看便知是饼干食品类问题；“洗发护发产品使用情况调查”肯定是护发美容品类的问题。问卷标题要简明扼要，点明调查目的，但又不要过于笼统或雷同。

（2）介绍语。介绍语又称卷首语，它主要是向被调查者介绍调查机构的背景、调查目的、调查的主要内容和范围、调查对象的选取方法、请求被调查人合作等内容。介绍语要通俗易懂、简明扼要，一定要研究被调查者的心理状态，激发他们的兴趣，争取他们的积极合作。在介绍语中，还要说明如何填写问卷，对被调查者给予保密，以及对被调查者的合作表示感谢等。对于较短的问卷，它位于问卷的最前部；对于较长的问卷，它可以在封面或封二上。介绍语的主要作用在于引起被调查者对调查工作的重视，以期取得高质量的调查结果。

（3）访问情况记录。访问情况记录是指对与调查有关的人员和事项的记载，包括调查人员姓名或编号、调查开始和结束的时间、调查地点、审核员的姓名等，这有利于对问卷的质量进行检查和控制。如有必要，此部分还应记载被调查者的姓名、单位或家庭地址、电话号码等，可供复核或追踪调查之用。但如果是涉及被调查者的个人隐私的问卷，上述被调查者的情况则不宜列入。访问过程记录在较长的问卷中印在封面，在单页问卷中可印在最后。

（4）指导语。指导语又称填表说明，它主要是告诉问卷填写者（对于“他填问卷”是调查人员，对于“自填问卷”是被调查者）如何填写问卷，以及注意事项等。指导语有卷头指导语和卷中指导语两种。卷头指导语一般以“填表说明”的形式出现在介绍语之后、正式调查开始之前，其作用是对填表要求、方法、注意事项等做一个总的说明，卷中指导语是针对某些较特殊问题所做的说明。编写指导语必须简单易懂，对问卷中每一个可能使被调查者不清楚和有可能阻碍被调查者填答问卷的地方，都需要给予某种指导。

2. 甄别问卷

由于每个项目都有一定的设计要求，所以对需要的被调查者也有一定的条件限制，不是所有的人都是合格的被调查者。甄别问卷主要用来将不符合项目访问要求的被调查者剔掉，找出真正符合项目要求的、合格的被调查者。

可以作为甄别被调查者的内容有以下几点。

（1）对被调查者所在行业的要求。

（2）对被调查者年龄的要求。

（3）对被调查者对某类产品具有特定经验的要求。

（4）对被调查者收入的要求。

（5）对被调查者职务的要求。

（6）对被调查者对某类产品具有决策权的要求。

甄别问卷通常会在一个完整问卷的开头部分，对甄别不合格的被调查者将在这一部分终止访问。下面是一份入户调查问卷的甄别内容部分。

S1.（出示卡片 A）

请问您或您的家人有没有在以下行业工作的？［复选］

行业	代码	处理
政府机关	1	⇨ 终止访问 读出以下阴影部分文字
银行	2	
市场研究	3	
广告 / 市场推广、营销 / 广告设计	4	
咨询公司	5	
传媒 / 报纸 / 杂志 / 电台 / 电视台等新闻机构	6	
公共关系	7	
以上均无	8	⇨ 继续访问

> 对不起，我们不能访问在这个行业工作的人，因为在这个行业工作的人的回答并不是一般消费者的情况。谢谢您，再见！

由于我要选取一名被调查者，因此我想了解一下您家里有多少位 15 ～ 64 岁的家庭成员，我指的是居住在本地三年或以上，并且一个星期至少有五天住在这里的家庭成员。请从年龄最大的开始，告诉我他们的年龄，请不要忘了您自己。

> **访问员注意：**在表 3-1 中，根据该户在地址表中序号的尾数，确定第一行所圈的号码，然后顺着已圈好的号码往下找，并在与最小家庭成员相对的号码上画圈，访问对象就是这个号码所代表的那位家庭成员。

表 3–1　入户访问被调查者选取表

序号	符合条件的家庭成员	年龄	性别	地址表序号的尾数									
				1	2	3	4	5	6	7	(8)	9	0
1				1	1	1	1	1	1	1	1	1	1
2				2	1	2	1	2	1	2	1	2	1
3				2	3	1	2	3	1	2	3	1	2
4				3	4	1	2	3	4	1	2	3	4
5				5	1	2	3	4	5	1	2	3	4
6				5	6	1	2	3	4	5	6	1	2
7				3	4	5	6	7	1	2	3	4	5
8				6	7	8	1	2	3	4	5	6	7

现在我希望与______谈谈，他 / 她在家吗？（如果被调查者不在家，请预约合适的时间再次访问。）

3. 主体问卷

主体问卷是整个问卷的核心，所有要调查的内容都可以转化为精心设计的问题与答案，并且有逻辑地排列在主体问卷中。调查的核心问题在这部分提出，是访问所需时间最长的部分。为便于数据处理，有时要将问题与备选答案给予统一编码。问卷设计是否合理、能否达到调查目的，关键就在于主体问卷的设计水平和质量。

主体问卷的内容因项目不同而各异，需要根据具体要求来设计此部分问题。涉及收集市场信息的具体内容，一般可分为三个方面：一是关于调查对象的基本资料，如有关个人的性别、年龄、职业、政治面貌、文化程度、民族、收入、婚姻状况、社会群体和组织的规模及结构等；二是关于调查对象的行为资料，如购物、旅游、服务的具体活动与行为；三是关于调查对象对本人或他人的能力、兴趣、意见、评价、情感、动机等方面的态度资料，这类问题不询问事件本身，只要求对行为或事件进行评价。

4. 背景问卷

背景问卷主要用来了解被调查者个人或其家庭的一些基本情况，以便后期能够对被调查者进行分类和分析。背景问卷通常放在问卷的最后，其内容如下：

（1）被调查者的职业。

（2）被调查者的年龄。

（3）被调查者的家庭成员数量。

（4）被调查者的个人及家庭收入。

（5）被调查者的受教育程度。

（6）被调查者的职位。

背景问卷

最后，想请您填写几个有关您本人的问题，这部分内容仅供参考，请您不要介意。

Z1. 请问以下哪一项最能描述您的教育程度？

	（1441）
未受过正式教育	1
小学	2
初中	3
高中	4
职业中学 / 技校	5
中专	6
大专	7
大学本科或以上	8

Z2. 请问以下哪一项最能代表您的职位？

	（1444 ~ 1445）
党政机关干部	01
机关事业单位办事员	02
专业人员 / 技术人员 / 教师	03
企业经营管理干部	04
商业 / 服务性企业职工	05
工业 / 生产性企业职工	06
个体户	07
离退休人员	08
待业人员 / 下岗	09
家庭主妇	10
学生	11
其他（请注明__________）	

【出示卡片】

Z3. 请问您对家里以下物品的购买决策权和使用情况如何呢？请用卡片（见表 3-2）上的话告诉我。

表 3-2 物品购买决策权和使用情况

	负责购买并使用	负责购买但不使用	不负责购买但是使用	不负责购买且不使用
日常生活用品	01	01	01	01
家用电器	02	02	02	02
手机	03	03	03	03
计算机类商品	04	04	04	04
服装	05	05	05	05
化妆品	06	06	06	06
家具	07	07	07	07
食品	08	08	08	08
其他（请注明______）				

四、问卷的作用

问卷是市场调查中不可缺少的工具，设计合理的问卷有利于全面准确地收集信息，便于调研人员的研究分析，并为决策者提供必要的信息。设计好问卷是市场调查工作中一个十分重要的环节，必须给予高度的重视。

一般来说，问卷的作用主要体现在以下几方面。

（1）把研究目标转化为特定问题。

（2）使问题和回答范围标准化，便于调查人员的记录和携带。

（3）通过措辞、问题流程和卷面形象来取得被调查者的合作。

（4）可作为调查资料的原始记录。

（5）加快数据整理和分析的进程。

（6）收集调研前对所做命题的假设信息，以验证假设命题能否成立。

第二节 市场调查问卷的设计流程

一、问卷设计的原则

1. 方便被调查者作答

问卷调查的过程是调查者通过问卷向被调查者了解情况的过程，即“调查者——问卷——被调查者”，被调查者是问卷直接作用的对象。合适的问卷可使被调查者容易回答且愿意作答，而质量低劣的问卷却可能使被调查者难于回答且拒绝作答。因此，设计调查问卷时强调方便被调查者作答，即调查问题界定清楚、主题突出；用语准确规范，容易让被调查者接受；结构设计合理，逻辑性强；问题形式多样，易懂易答；问卷长度适中，既不浪费一个问句，也不遗漏一个问句。

2. 方便调查者整理、分析、解决问题

问卷是由问题和答案构成的调查表格，但它的设计工作却涉及许多看得见和看不见的因素。因此，设计问卷时要从多角度考虑，尤其要考虑调查的目的、调查的内容、样本性质、资料处理的方式和方法、问卷使用方式等因素，力求做到全面、准确。问卷中问题的设计应使用可测量的尺度，使定性或定类的问题均可转化为定量分析；再加上科学的编码，使得问卷既可获取丰富的信息资料，又可方便下一步的统计整理和分析。

二、问卷设计的步骤

市场调查问卷设计是由一系列相关工作过程构成的，问卷设计要具有科学性和可行性，需要按照一定的步骤进行，如图 3-2 所示。

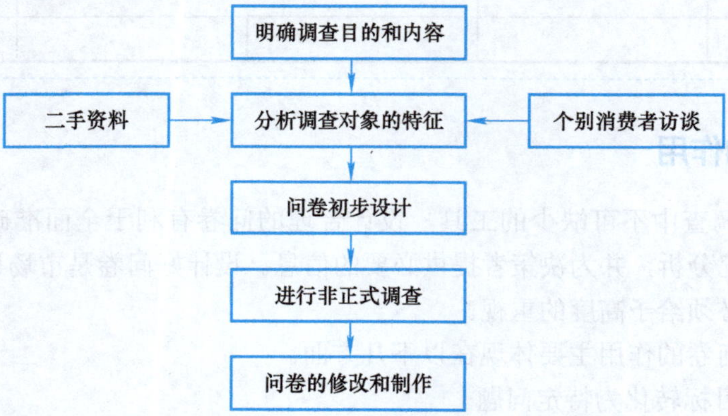

图 3-2　问卷设计的步骤

1. 明确调查目的和内容

调查目的和内容是问卷设计的基础，问卷设计都是围绕着它来进行的。设计问卷时，首先根据调查目的的要求研究调查内容，充分了解调查项目的主题，确定需要收集的资料及资料来源、调查范围等，酝酿问卷的整体构思。

2. 分析调查对象的特征

不同的调查对象具有不同的特征，问卷只有针对具体的调查对象的特征进行设计，才能保证问卷的合理性。因此，设计人员要对个别调查对象进行访问，了解各类调查对象的社会阶层、社会环境、行为规范、观念习俗等社会特征，需求动机、潜在欲望等心理特征，以及理解能力、文化程度、知识水平等学识特征，以便针对其特征来设计问题。

3. 问卷初步设计

根据调查目的、内容和调查对象的特征，按照设计原则设计问卷的初稿，主要是确定问卷的结构及编排问题。在初步设计中，首先构想每项资料需要用什么样的句型来提问，尽量详尽地列出问题，然后对问题进行检查、筛选，看有无多余的问题、遗漏的问题或不适当的问题，便进行删、补、换。此外，还要考虑问卷是否需要编码，或者是否需要向被调查者说明调查的目的、要求和基本注意事项等。

4. 进行非正式调查

问卷设计出来后，有必要进行小范围的试验。首先，必须将问卷交委托单位过目，听取他们的意见，以求全面表达委托人的调查意向；其次，可以让专家、学者、同行及典型的被调查者等根据自己的经验和知识对问卷进行评价，也可以在正式的调查总体中选择一个小样本（整个抽样样本数的 5% ～ 10%）来进行测试，以鉴定问句是否能被调查对象充分理解，调查对象能否回答和愿意回答所有的问题，问卷内容是否充分反映了所需资料的内容，是否便于资料的记录、整理，预计回答时间是否合乎要求，以便找出各种缺陷和错误。

5. 问卷的修改和制作

根据非正式调查的反馈结果，对问卷中的缺陷和错误进行修改，使问卷更趋于完善。问卷修改后，在取得客户认可后可印制成正式的纸质问卷或通过网络平台发送。

第三节 调查问题的设计

调查问题的设计是调查问卷设计的主要内容，也是直接影响调查质量的关键。

一、问题的形式与设计

问卷中问题的形式可分为开放式问题、封闭式问题和量表式问题三种。

1. 开放式问题的设计

不为被调查者提供具体的答案，而由被调查者自由回答，这类问题称为开放式问题，也称无结构问答题。例如：您觉得华为手机广告的成功之处有哪些？您喜欢看哪一类的电视节目？

开放式问题的主要优点是：它允许被调查者充分表达自己的看法和理由，不受限制，回答往往比较真实、自然。它能够比较深入地了解被调查者的想法，有时还可获得研究者始料未及的答案。开放式问题也有其缺点：它要求被调查者有较高的知识水平和文字表达能力，这就大大地限制了调查范围和对象；它要求被调查者花费较多的时间和精力，可能会使部分被调查者懒于作答；各种应答者的答案可能不同，所用字眼各异，资料整理与分析困难；记录被调查者答案由调查者执笔，极可能失真，或者并非被调查者原来的意思；在分类整理答案时，免不了夹杂整理者个人的偏见。因此，开放性问题在探索性调研中是很有帮助的，但在大规模的抽样调查中使用则弊大于利。

2. 封闭式问题的设计

在提出问题的同时还给出若干个可能的答案，供被调查者根据自己的实际情况从中选择一个作为答案，这类问题称为封闭性问题，也称有结构问答题。封闭式问题又分为二项式问题和多项式问题。

（1）二项式问题的设计。二项式问题只有两个答案选项，如“是或否”“同意或反对”等。经常也有用一个中立的选项来对两个选项进行补充的。

例如：您是否准备在最近半年内购买一部智能手机？

a．是　　　　　　　　b．否

或者 a．是　　　　　　　　b．否　　　　　　　　c．不确定

（2）多项式问题的设计。多项式问题是指问卷中的问题设计了若干答案选项，被调查者需要从中选择一项或多项作答的问题形式。

例如：您会选择在哪里购买手机？（选择一项）

a．线下专卖店　　　　b．品牌官网平台　　c．网购平台

您使用过哪些手机品牌？（可选择多项）

a．苹果　　b．华为　　c．小米　　d．三星　　e．OPPO　　f．索尼

g．魅族　　h．中兴　　i．LG　　j．更多

封闭式问题的优点包括以下几个方面：答案是标准化的，对答案进行编码和分析都比较容易；被调查者易于作答，有利于提高问卷的回收率；问题的含义比较清楚。因为所提供的答案有助于理解题意，这样就可以避免被调查者由于不理解题意而拒绝回答。

封闭式问题也存在一些缺点：封闭式问题已为被调查者提供了选择答案，限制了被调查者的回答范围和回答方式，难于从回答的资料中获得具有建设性的独特见解；可能产生“顺序偏差”或“位置偏差”，即被调查者选择答案可能与该答案的排列位置有关。研究表明，对于陈述性答案，被调查者趋向于选第一个或最后一个答案，特别是第一个答案；而对一组数字（数量或价格），则趋向于取中间位置的。为了减少顺序偏差，可以准备几种形式的问卷，每种形式的问卷答案排列的顺序都不同。在大规模的抽样调查中，经常会选用这类问题。

3. 量表式问题的设计

量表式问题把对研究问题的看法、印象、态度等用不同的等级评分加以描述，让被调查者选择作答，本质上也是在“圈定”答案范围内填答，同样属于结构问答题。量表是一种测量工具，它将一些定性的行为、态度等被测对象转化成连续统一体，从而可计量，因而量表式问题在市场调查中主要用于测定被调查者的态度、意见、感觉等心理层面的问题。

（1）测量尺度。测量尺度分以下几种。

1）类别尺度。类别尺度也称名义尺度，即用数字来识别不同对象和类别。当类别尺度用作识别目的时，数字与研究对象之间构成一一对应关系，每个数字序号被唯一地分配给一个对象，如学生的学号；当类别尺度用作分类时，数字用来作为分类的标签，如用 1 表示男性，2 表示女性，不同的数字用来代表被调查者的性别。在类别尺度中唯一能进行的统计是序号的次数，因而可以确定频数、众数和百分数。

2）顺序尺度。顺序尺度是一种排序尺度，用来表示对象具有某种特征的相对程度。顺序尺度表明对象之间在某个研究特性上的相对位置，但是没有说明多与少的程度。例如，对品牌知名度进行顺序排名，可以获得排名第一和第二的品牌，但很难知道二者之间知名度差异的程度。顺序尺度除可计算类别尺度的统计指标外，还可计算四分位数、中位数，做列联表、卡方检验、秩相关分析。

3）间隔尺度。间隔尺度也称为等距尺度，即在尺度中用各点之间相同的距离显示相对数，可以包含一个设定的任意零点。间隔尺度除表示顺序之外，还能体现对象之间的差异。间隔尺度除可进行类别尺度和顺序尺度的所有计算外，还能计算平均数、标准差、相关系数，做 t 检验、F 检验、方差分析、回归分析、因子分析、聚类分析。

4）比例尺度。比例尺度即拥有绝对零点且可以对变量的实际数值进行比较的尺度。比例尺度具有上述三种尺度的全部性质，可以识别、分类、排序、比较间隔，而且尺度值的比例也是有意义的。在市场调研中，销售额、成本、市场占有率和客源数量均是可用比例尺度来测量的变量。在统计分析工具上，除以上全部分析方法外，还可计算几何平均数及调和平均数。

（2）主要量表的类型。态度、行为测量方法很多，大体可以分为两大类：比较量表和非比较量表。比较量表涉及对刺激物体的直接比较，通常包括配对比较量表、等级顺序量表、固定总数量表、Q 分类量表。在非比较量表中，结果数据通常被假定为间接尺度或比例尺度计量，主要包括连续评分量表和分项评分量表。

（3）比较量表的测量。比较量表包括以下几种。

1）配对比较量表。在配对比较量表中，受测者被要求对一系列对象两两进行比较，根据某个标准在两个被比较的对象中做出选择。它是一种使用很普遍的态度测量方法。例如，有 5 个手机品牌，要求被调查者通过两两比较的方式表述他们的购买意向，存在的可能组合数是 $n(n-1)/2$，即 10 种。

例如：这里有 5 个品牌的手机，请指出当您通过比较选择手机时，您会更喜欢哪个品牌。

①小米　　华为
②小米　　三星
③小米　　苹果
④小米　　OPPO
⑤华为　　三星
⑥华为　　苹果
⑦华为　　OPPO
⑧三星　　苹果
⑨三星　　OPPO
⑩苹果　　OPPO

在分析时应将配对比较的结果转换成矩阵形式。如果矩阵中第 i 行第 j 列的元素为 0，表示第 i 行的手机比第 j 列的手机更受青睐；如果元素为 1，则表示第 j 列的手机比第 i 行的手机更受欢迎。统计汇总所有应答者的结果就可以得到每个手机品牌更受喜爱的次数，将次数除以应答者人数即可以得到受喜爱的比例，通过累计各列比例的总和，即可判断各品牌手机的受喜爱程度，具体见表 3-3。

表 3-3　配对比较的结果

手机品牌	小米	华为	三星	OPPO	苹果
小米		1	1	1	1
华为	0		1	1	1

（续）

手机品牌	小米	华为	三星	OPPO	苹果
三星	0	0		1	1
OPPO	0	0	0		1
苹果	0	0	0	0	
最喜爱的次数	0	1	2	3	4

当要评价的对象个数不多时，配对比较法是有用的。但如果要评价的对象超过10个，这种方法就比较麻烦。另外，它还有一个缺点，即“可传递性”的假设可能不成立，在实际研究中这种情况常常发生。而且这种“二中选一”的方式和实际生活中做购买选择的情况也不太相同。例如，被调查者可能在A、B两种品牌中对A要略为偏好些，但实际两个品牌都不喜欢。

2）等级顺序量表。等级顺序量表就是由被调查者根据拟定的某种排序标准给研究对象排列顺序的方法。通常排序的做法是把1分配给最偏爱的产品或品牌，2分配给次偏爱的产品或品牌，直到把所有对象排好座位顺序。需要注意的是，任何两个品牌不应得到相同的序号。

例如：下面五种品牌的洗衣液，请按您的喜爱程度分别给予适当的分数（顺序由1至5）。

蓝月亮　　立白　　汰渍　　奥妙　　超能

3）固定总数量表。固定总数量表要求应答者根据各个特性的重要程度将一个给定分数（通常是100分）在两个或多个特性间进行分配的测量形式。

例如：在选购西服时，对下列因素您是怎样看待的？请分别打分，总和为100分。

a. 式样（　　）b. 价格（　　）c. 面料（　　）d. 品牌（　　）

应用固定总数量表，便于汇总计算和对比百分率，但使用固定总数量表测量的特性最多不能超出10个。

4）Q分类量表。Q分类量表主要应用于快速地在数量相对较多（通常是60～90个）的对象中进行判别，要求被调查者按照研究者预先确定的类别进行分类。经过Q分类法后，被调查者的各种态度可以被分成少数几类。通常，为了在整体上得到一个对象的正态分布，要预先指定每类中应放入的对象数目。

（4）非比较量表。非比较量表包括以下几种。

1）连续评分量表。连续评分量表是由调研人员事先将各种可能的选择标示在一个评价量表上，然后要求被调查者在测量表上表明其态度或意见。连续评分量表可以用连续的一系列图形来描述研究对象的某个特性，被调查者直观地根据图形来回答。其优点在于易于建构；缺点在于评分麻烦且不可靠，提供的信息量少。

例如：请您为广州天河城购物中心的环境打分。

环境很差————————————————————————环境很好

0　10　20　30　40　50　60　70　80　90　100

2）分项评分法。分项评分法包括以下几种。

①李克特量表。李克特量表是一个广泛使用的量表，比较适用于邮寄调查、电话调查和人员访问。它要求被调查者对有关研究对象的每一个陈述语句表示同意或不同意。一般每个量表项目有五个反应类别，从强烈反对到强烈赞成。数值可以是−2、−1、0、1、2，也可

以是 1 ～ 5。对该量表的分析可以逐项进行，或者通过对项目求和，计算每个调查对象的总评分。其优点是易于建构和执行，被调查者容易理解如何使用量表；缺点在于调查过程费时。

例如：下面所列举的问题是探寻您对拥有物品的想法，请选出您的答案。

	非常不同意				非常同意
1. 我羡慕住豪宅、开好车、穿名牌的有钱人	1	2	3	4	5
2. 累积财富是人生重要的成就	1	2	3	4	5
3. 我认为累积越多财富越成功	1	2	3	4	5
4. 我认为拥有越多财富，生活过得越好	1	2	3	4	5
5. 我喜欢收藏令人羡慕的东西	1	2	3	4	5
6. 我会注意他人收藏的东西	1	2	3	4	5

② 语义差别量表。语义差别量表是用成对的反义词测试被调查者对某一事物、概念或个人的态度。它与李克特量表相似，但也有区别。语义差别量表包含一系列关于态度目标的两极形容词或短语（而非李克特量表中的完整叙述），每对形容词被一个包含七个标度的量表隔开，没有数字标签，也没有文字标签，更没有锚点标签。

例如：下面所列的量表，每个都包含被一对反义的描述短语所隔离的六个选项，在每对短语间选出一项最能反映您对某网站的感觉。若您认为某个短语完全可以描述此网站，请选择离该短语最近的一项。若您认为两个短语都不能正确描述此网站，请在两端之间选择最能反映您感觉的一项。

图 3-3 所示为 ABC 和 XYZ 两个拍卖网站统计得到的一份语义差别量表。

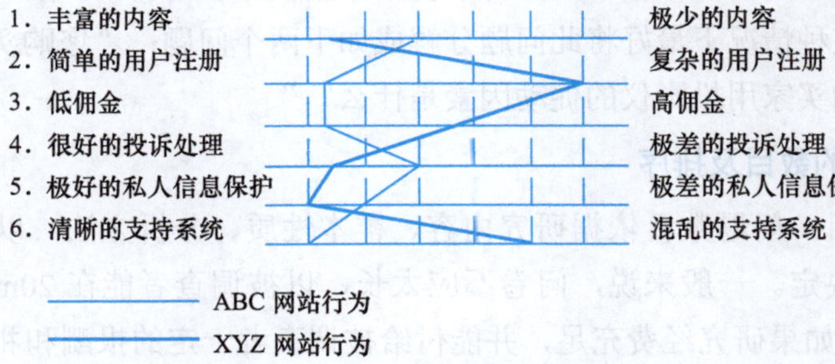

图 3-3　语义差别量表示例

从图3-3可以看出，被调查者对ABC拍卖网站的总体态度，明显比XYZ拍卖网站更认同。当我们看具体项目时，就会发现在用户注册和支持系统方面，ABC 拍卖网站比 XYZ 拍卖网站更有优势；在佣金方面，ABC 拍卖网站也被认为更有优势。XYZ 拍卖网站提供的内容、投诉处理和私人信息保护方面比 ABC 拍卖网站做得更好；但 ABC 拍卖网站在这些方面并没有很大劣势。

③ 斯坦普尔量表。斯坦普尔量表是一个单极的评分量表，向被调查者询问如何描述所研究的对象，一般有 10 个，即从 −5 到 +5 编号的类别，没有中立点。

例如：对于 A 餐馆，下面给出了一系列描述性短语，如果您认为该短语对这家餐馆的描述精确，您应该选择带“+”号的数字；如果您认为该短语对这家餐馆的描述不精确，您应该选择带“−”号的数字，+5 表示非常精确，−5 表示非常不精确。

+5 +4 +3 +2 +1 菜肴是可口的 −1 −2 −3 −4 −5

可以使用跟语义差别量表相同的方法对使用斯坦普尔量表所获得的数据进行分析，可对每个被调查者的分数进行加总，并可与其他被调查者的总分进行比较。该量表的优点在于它不需要对形容词或短语进行预测试以确保真实的两极性，并且它可以通过电话执行。

二、问题的筛选和排序

1. 问题的筛选

问题的筛选主要考虑问卷中问题本身的必要性和问题细分的必要性。

（1）问题本身的必要性。问卷中最终使用的问题都应该是必要的、有用的，不必要的问题应该舍弃。判断某个提问是否必要，主要应参照所研究的问题和调查目标，参照其他提问的内容。例如，有一项婴幼儿食品的市场调查，其问卷中有这样的两个问题："你家里有无小孩？""小孩的年龄多大？"这样的设计就不妥。因为现在研究的是婴幼儿食品的营销问题，其消费只与学龄前小孩有关，没有必要涉及年龄较大的孩子。如果前一个问题改为"你家里有无学龄前小孩？"而舍弃后一个问题，并不影响调查的结果。

（2）问题细分的必要性。筛选过程包括增加和减少问题两个方面。有时，将一个问题分割成两个或几个问题可能更有利于获取确切的信息。例如，对有电视机和投影仪的家庭只询问"您为什么使用家用投影仪"就过于简单。因为，这时有人可能回答"为了获取更佳的观影体验"；也有人可能回答"广告和朋友都说这个产品好"。显然，这两个回答是从不同的角度考虑所提的问题的，前一个答案回答了使用家用投影仪的目的，后一个答案回答了刺激其购买的因素。这种情况下最好将此问题分解成如下两个问题："您购买家用投影仪的目的是什么？""您购买家用投影仪的促动因素是什么？"

2. 问卷中问题的数目及排序

（1）问题的数目。问题数目依据研究内容、样本性质、分析方法，以及拥有的人力、物力和财力等因素决定。一般来说，问卷不应太长，以被调查者能在20min内完成为宜，至多不超过30min。如果研究经费充足，并能付给被调查者一定的报酬和礼物，问卷本身质量高，在被调查者对内容比较有兴趣的情况下，问卷稍长一些无妨。

（2）问题排列的次序。问题排列的次序分为以下几种。

1）同类组合。相同主题的问题排列在一起，要注意问题的逻辑顺序、时间顺序、类别顺序等的合理排列。

2）先易后难。容易回答的问题放前面，较难回答的问题放中间，困窘性问题放后面，个人资料的事实性问题放卷尾。开头部分安排比较贴近被调查者生活实际的、比较熟悉的、能吸引被调查者注意力的、能引起被调查者兴趣的、容易回答的问题；难答的、不便于回答的问题放在后面。这样，调查的工作才能顺利完成，质量也会比较高。若问卷开头就出现几个很难回答的问题，容易使被调查者对问卷产生反感，甚至拒绝合作，使调查难以进行下去。若这些问题在问卷的后面才碰到，那时有些被调查者可能已经逐渐习惯回答各种问题，即使有些人拒绝回答这几个问题，也不至于影响问卷的其他问题。

3）封闭式问题放前面，开放式问题放后面。由于开放式问题往往需要时间来考虑答案和组织语言，放在前面会引起应答者的厌烦情绪。

三、设计问题时应注意的事项

1. 避免使用贬义词

问题的表达应字斟句酌，多用中性词，切合调查对象的受教育水平及其他特点，否则会影响问卷的质量。

例如："您觉得您的生活非常失败吗？"这种字眼很容易引起调查对象的反感，从而拒绝合作。

2. 避免用词含糊不清

例如："您通常做什么运动？""您最近有无头痛或生病？"

最近、也许、好像、可能、经常、有时、偶尔等词语，很难界定其程度，在问卷中应尽量避免使用。

3. 避免一个问题中包含两问

例如："您认为此节目对受众造成的影响是正面的吗？"

这个题目包含两个问题。首先，是否造成影响；其次，影响是正面还是负面或正负皆有。这样就会造成被调查者在回答时无所适从。较好的办法是将其改为如下两个题目：

"您认为此节目对受众有影响吗？"（如认为有，则续做下题）

"这种影响是怎样的？"

4. 避免使用冗长复杂的句子

例如："假设您注意到电冰箱的制冷功能并不像您刚把电冰箱买回来时的制冷效果那样好，于是您打算修理一下，您脑子里有什么想法？"这个句子冗长复杂，表达的意思不够简练。改成"假设您的电冰箱制冷功能不正常，您会怎样解决？"效果会好些。

5. 避免问题提法中包含没有根据的假设

有些研究者在设计问题时容易犯下假设被调查者有某些行为的错误，或者许多研究者喜欢先假设一种情境，然后询问被调查者面对这种情境会有何种反应。

例如："假如有一种新牌子的洗衣液能洗净其他洗衣液不能洗净的污渍，您是否愿意用它？""假如有一种新牌子的洗衣液能洗净其他洗衣液不能洗净的污渍，但是价钱比一般洗衣液贵两成，您是否愿意用它？"

6. 避免用引导性和倾向性问题

例如："您认为教师的工资水平是否应该提高？"

问句中"是否应该提高"这种提法带有明显的肯定倾向，很可能诱导被调查者选择肯定的答案。如果把问题改为"您认为教师的工资水平如何？"就可以消除这种倾向性和诱导性了。

例如：“××啤酒制作精细、泡沫丰富、口味清纯，您是否喜欢？”

这种问题中使用的字眼并非中性，而是有意向被调查者暗示答案的方向，或者暗示出调查者自己的观点。

7. 避免直接提出困窘性问题

困窘性问题是指被调查者不愿在调查员面前作答的某些问题，如关于私人的问题，或者不为一般社会道德所接纳的行为、态度，或者是有碍声誉的问题。例如：“平均说来，每个月你打几次麻将？”“您一个月能赚多少钱？”“除了工作收入外，您还有其他收入吗？”这些问题可能会使很多被调查者感到窘迫。他们往往不愿意回答，或者回答也是不真实的答案。因此，要想了解这方面的信息，可以采用下面的方法。

（1）间接问题法。将要直接向被调查者询问的问题，改成关于第三人称的问题，不直接询问被调查者对某事项的观点。例如，要想了解被调查者是否经常打麻将、喝酒等，直接询问一般得不到真实的回答，若改成第三人称间接询问：“您的朋友经常打麻将吗？”“每星期玩几次？”回答者就不会感到窘迫而能认真回答。

用间接问题旨在套取被调查者回答认为是旁人的观点。所以在他回答后，应立即再加上问题：“您同他们的看法是否一样？”

（2）数值归档法。像年龄、收入等困窘性问题可使用数值归档法，即将要研究的变量的取值划成几个连续的区间，由被调查者选择。例如：“2024 年，您的家庭可支配收入大约为多少？”

a. 10 000 元以下　　b. 10 000 ～ 30 000 元

c. 30 000 ～ 60 000 元　　d. 60 000 ～ 100 000 元

e. 100 000 元以上

（3）卡片整理法。将困窘性问题的答案分为“是”与“否”两类，调查员可暂时走开，让被调查者自己取卡片投入箱中，以减轻困窘气氛。被调查者在无调查员的情况下，选取正确答案的可能性会提高不少。

第四节　答案选项的设计

封闭式问题在问卷的设计中占有重要的地位。封闭式问题不但要提出问题，还必须提供答案，因此，答案的设计与问题的设计是同等重要的，必须经过多方面周密细致的考虑。本节主要研究不同类型封闭式问题的答案设计的类型、答案设计的原则、答案填答的说明等问题。

一、答案设计的类型

按照不同的划分方法，答案的类型可以分为下面几类，如图 3-4 所示。

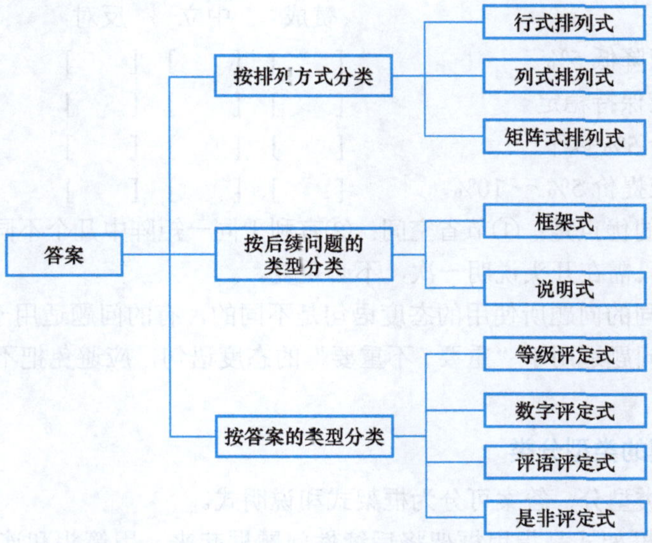

图 3-4　答案的类型

1. 按排列的方式分类

按排列的方式分，答案可以分为行式排列式、列式排列式和矩阵式排列式三种。

（1）行式排列式。行式排列式是指将所有答案排成一行的方法。

例如：你经常读《人民日报》吗？

每天（　　），经常（　　），从不（　　）

或：

每天，　经常，　从不

（　　），（　　），（　　）

行式排列的优点是节约篇幅；缺点是不醒目，特别是当答案较多时，回答者不能一眼就看清每个位置上的括号所代表的相应答案，容易填错。

（2）列式排列式。列式排列式是指将答案排成一列，放在每个问题下面的方法。

例如：与其他小区相比，您认为华景新城最大的特色是：

交通方便	1
高校气氛浓	2
价格便宜	3
生态园环境好	4
物业管理水平高	5

其他（请注明）＿＿＿＿＿＿＿＿

列式排列的优点是卷面整齐，易于调查对象选择自己的答案；缺点是占据空间多，导致调查表较长。

（3）矩阵式排列式。矩阵式排列式是指当多个问题可以用相同的答案时，可将其设计成矩阵式。

例如：请对下列问题表明您的态度。

	赞成	中立	反对
1．粮食价格应降低 5%	[　]	[　]	[　]
2．粮食价格应保持稳定	[　]	[　]	[　]
3．粮食应提价 5% 以下	[　]	[　]	[　]
4．粮食价格应提价 5% ～ 10%	[　]	[　]	[　]

矩阵式排列式的优点是：①节省空间；②有利于同一矩阵中几个不同问题的比较；③如何填答这组问题，只需在开头说明一次，不必重复。

应当指出，不同的问题所使用的态度语句是不同的，有的问题适用于“同意 / 不同意”的态度语句，有的问题适用于“重要 / 不重要”的态度语句，应避免把不相关的态度语句硬套在同一个矩阵里。

2．按后续问题的类型分类

按后续问题的类型分，答案可分为框架式和说明式。

（1）框架式。框架式是指用框架将后续性问题框起来，用箭头和连线将后续性问题连接起来的形式。例如：B15．您喜欢看书吗？

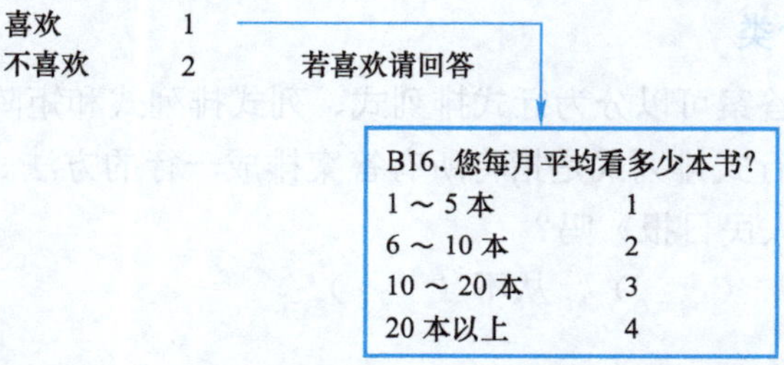

这种形式的优点是可以清楚地表明哪些是后续性问题、哪些是非后续性问题，被调查者对自己应该回答的问题一目了然。缺点是当后续性问题较多时，设计比较困难。

（2）说明式。说明式是指在答案旁边写明该回答被选中后，反转回答哪个问题的格式。

例如：D25．您参加过 ×× 品牌的宣传活动吗？

参加过　　1（请回答 D26 ～ D32 题）

没参加过　　2（请跳过 D26 ～ D32 题，直接从 D33 题开始回答）

当后续问题多时，一般采用此特殊格式。

3．按答案的类型分类

按答案的类型分，答案可分为等级评定式、数字评定式、评语评定式和是非评定式。

（1）等级评定式。等级评定式如下：

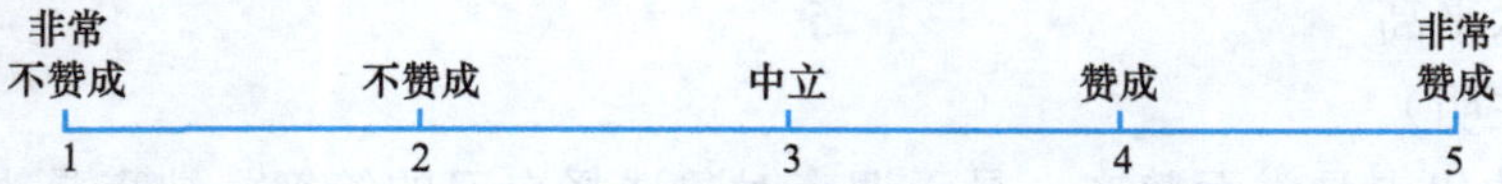

五级尺度

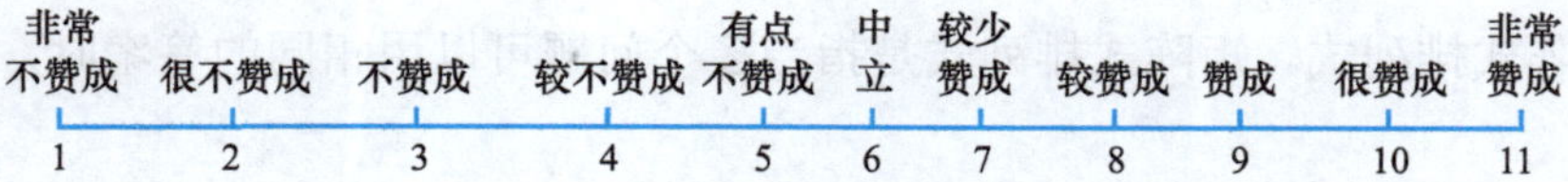

十一级尺度

由于五级尺度级别少，每个答案（等级）的差异明显，因此判断难度小。但调查对象很多，答案只有五个，显然不能反映每个人的想法。与此相比，七级、九级、十一级尺度能较准确地反映调查对象的态度，但级别多，判断难度相对较大。

（2）数字评定式。数字评定式是指只给评定等级，不做具体说明的答案。

例如：您认为 ××× 的知识水平为：

优　5
中上　4
中等　3
中下　2
差　1

这种方法的优点是易于编印，缺点是各答案代表的意义模糊，什么样的算优、什么样的算差，没有统一的标准，每个人按个人的情况给予评定，调查结果偏差较大。

（3）评语评定式。评语评定式是指每一评定等级规定明确内涵的答案。

例如：您认为 ××× 的知识水平为：

优（5）	中上（4）	中等（3）	中下（2）	差（1）
熟悉本职工作的各方面知识及相关知识	掌握基本知识，能独立工作	掌握基本知识，有时需要一些帮助	掌握部分知识，需要较多帮助	没有本职工作所需的足够知识

这种方法的优点是评定等级设计严格，含义明确，计量方法统一、合理，评定结果差异较小。

（4）是非评定式。是非评定式是指给出“是”和“否”（或表示两极态度的词语）以供选择的答案。

例如：①请问在过去的半年内，您有没有参加过类似的市场研究活动？

有　1 终止访问
没有　2 继续

②请问您是购房的主要决策者还是主要影响者？

不是　1 终止访问
是　2 继续

二、答案设计的原则

答案的设计只有遵循两条基本原则，才能保证答案设计的科学性。

1. 互斥性原则

所谓问题答案设计中的互斥性原则，是指同一问题若干个答案之间的关系是互相排斥的，不能有重叠、交叉、包含等情况。这样才能保证每个答案都有与其他答案不同的特定含义，被调查者在选择答案时才不至于发生混乱和重复。

例如：您现在从事的职业是什么？（请在适合您的答案后面打“√”）

①工人　②教师　③科技人员　④中学教师
⑤农民　⑥医生　⑦建筑工人　⑧农业技术员
⑨干部　⑩其他

在这个问题的答案中，工人与建筑工人、教师与中学教师、科技人员与农业技术员都不符合互斥性原则。如果一位中学教师是被调查对象，那么既可以选②又可以选④，这样就会出现一个人被计算两次的错误。这组答案设计的主要错误是职业的划分标准选择得不好，有的以大类划分，有的又以具体种类划分，因而造成了混乱。

2. 完备性原则

所谓答案设计中的完备性原则，是指所排列出的答案应包括问题的全部表现，不能有遗漏，因为被调查者的实际情况会是所有可能答案中的一项或多项。一般来说，在多项选择式中，做到答案设计的完备性并不容易。完备性原则要求将问题的所有可能的答案都排列出来，而许多问题很难做到这一点。例如："您喜欢什么牌子的衬衣？""您喜欢读什么书？""您常用什么品牌的牙膏？"由于衬衣牌子、书的种类、牙膏种类都比较多，如果都排列穷尽是不可能的，也是问题篇幅所不允许的。对此，设计答案时经常采用的办法，就是将问题的主要答案排列出来，供大多数被调查者选择，并在最后把"其他"也作为一种答案，由"其他"来包括主要答案中没有列出的情况。需要注意的是，"其他"所包括的不应是普遍的情况，也就是说，填写问卷时，选择这一项的只是极少数被调查者，而不应有比较多的人选择这一项。

例如：您在辅导孩子的学习中感到有什么困难？（请在合适的答案后打"√"）

①自己的文化程度太低

②无法与学校教学相配合

③没有适合的补充辅导资料

④孩子不愿意再学习作业以外的内容

⑤没有时间

⑥学校老师留的作业太多

如果这组答案就这样设计，看上去好像把主要情况都列出了，但事实上并未将情况列举穷尽，肯定还有六种情况以外的，如果再加上"⑦其他"，就符合完备性的要求了。

答案设计的互斥性和完备性原则不是孤立存在的，而是相互联系、缺一不可的。互斥性原则保证了答案之间的不重复，完备性原则保证了答案的不遗漏，只有同时遵守了这两项原则，答案的设计才有科学的保证。

三、答案填答说明设计

1. 答案的形式

（1）将两个或两个以上的答案编上序号，置于问题之后，由被调查者选择，在所选的答案号上做标记。这种答案形式对两项选择式或多项选择式都适合。

（2）将两个或两个以上的答案编好序号，并在每个答案后给出"____""□""（　　）"，置于问题之后，由被调查者选择，并在选中答案后的"____""□""（　　）"上做标记。这种形式对两项选择式或多项选择式及矩阵式答案都适用，用在矩阵式答案中不必编答案序号。

（3）对两个以上的答案不编序号，只在每个答案后或答案前给出"____""□""○"

“（ ）”，由被调查者按某种标准对答案编号，并写在“____”“□”“○”“（ ）”上。这种形式用于多项选择式的顺序填答法，由被调查者按答案的重要程度等顺序编号。

（4）将多个答案放在表格的最上行中间，不编序号，与问题交叉对应，被调查者在表格每行的空格中做标记。这种形式用于表格式问题。

2. 答案填答说明

在设计问题和答案的同时，还必须设计填答说明。填答说明一般放在问卷封面后，是对问卷整体的填答说明。对具体问题的填答说明则放在问题后，用括号括起来。封闭式问题具体的填答说明必须明确以下两点。

（1）规定被调查者用什么标记来标明自己选中的答案。一般在答案号上做标记，可以用“√”“×”；在“____”“□”上做标记，可以用“√”“+”“○”；在“○”“（ ）”上做标记，可以用“√”“×”；在表格中做标记，可采用“√”“×”“○”等。

（2）规定被调查者选择适合的答案或必须选择的答案个数。规定被调查者选择适合的答案，而不是随便选，这一点调查者必须向被调查者说明，一般可以放在问卷封面的总说明中，也可以放在封闭式问题后，用括号括起来。规定被调查者选择答案的个数，也是答案设计中必不可少的。两项选择式一般要求被调查者只选一个答案。多项选择式有时要求被调查者选择一个答案，如要求被调查者在对一个问题的五种可能态度的答案中选择一个答案，因为每个人对一件事只能有一种态度；多项选择式也有很多时候要求被调查者选择多项答案，对于这种情况，调查者可以规定具体个数，如“在多个答案中选出三个您认为最重要的答案”，也可以不规定具体个数，由被调查者根据实际情况有几种就选几个。顺序填答式不是具体规定选几个答案，而是规定被调查者将答案顺序填好。对必须选答案个数的说明，也可分情况放在总填答说明中或放在问题后用括号括起来。

设计答案填答说明时要特别注意简明，用一两句话就说明白，切不可拖泥带水，占用问卷过多的篇幅，干扰了被调查者对问题及答案的阅读和思考。

四、选择答案时应注意的事项

1. 注意答案顺序的排列

答案的顺序会影响调查的结果，在选项较多的情况下，被调查者容易接受排在前面的选项，认为这些选项重要。而从设计人员的角度来说，也容易产生一种倾向，将自认为更重要的选项排在前面。

例如：在下列笔记本电脑品牌中，给您留下印象最好的是：

第一种排序（左边）	第二种排序（右边）
①联想	①戴尔
②戴尔	②苹果
③华为	③华为
④苹果	④惠普
⑤惠普	⑤联想

上述第一种排序会造成选择联想的比例高，第二种排序造成选择联想的比例大幅度下降。避免这种偏差的一种方法是设计若干种不同排序的问卷，如用五套问卷，每套问题完全相同，但在具体选项的排列上进行更换，最后把五套问卷的结果进行汇总。另一种方法是调查人员在念问卷时，通过在问卷上添加人为的记号修改程序。

2. 注意数量答案的设计

针对数量答案的设计，除应根据研究问题的需要来确定数量标准和各个答案的数量界限外，还应注意以下两个方面。

（1）对于离散型变量，即类似人口数、企业数、职工数等都是用整数表示的，在给出答案时各组不需要有重复的数字出现。例如：您家有几口人？（请您选择一个适合的答案并在其后的横线上打“√”）

①1 口________　②2～3 口________

③4～5 口________　④5 口以上________

这个问题的四个答案不重复，也不遗漏，符合问题答案设计的原则。

（2）对于连续性变量，即类似人的年龄、收入、企业的产值等在整数之间还可以分出小数来，如人的年龄为 19～20 岁，会有 19 岁半，19 岁 8 个月等，在设计问题时不能有间断，就是说答案中相邻组的组限必须重合。为了遵守答案设计的原则，这种答案的选择必须进行必要的说明。

例如：您的月收入是多少？（请您选择一个适合的答案并在其后的□上打“√”。注意：若您的月工资恰为 1 000 元，请您选择答案②而不选①，恰为 1 500 元、3 000 元等以此类推）

①1 000 元以下　□　②1 000～1 500 元　□

③1 500～3 000 元　□　④3 000～5 000 元　□

⑤5 000～10 000 元　□　⑥10 000 元及以上　□

这里之所以在不同的答案中重复出现 1 000 元、1 500 元、3 000 元、5 000 元等数字，就是避免遗漏。若将这些数字改为 1 001 元、1 501 元、3 001 元、5 001 元等，势必使月收入为 1 000.2 元、1 500.8 元、3 000.9 元等的被调查者无答案可选，这违背了完备性的原则。但如果对问题答案不做特殊说明，又不符合互斥性原则。

3. 注意敏感性问题答案的设计

在询问月收入或女士年龄等敏感性问题时，为消除被调查者的顾虑和符合资料理解分析的要求，不直接问年龄多大或收入多少，而是问年龄或收入属于哪个区间，效果会好一些。

有一个问卷设计失败的例子：您不买轿车的原因是什么？

①买不起

②怕出交通事故

③担心被盗

④养不起

⑤……

这样的答案设计会使被调查者感到窘迫，进而拒绝回答。可以改成：

①等待降价

②不如租车合算

③不环保

④不喜欢开车

⑤……

第五节　调查问卷的试访及修改

一、调查问卷的试访

问卷初步设计完成后，在大量发放调查问卷之前，对调查问卷进行试访是一项必不可少的工作。因为无论怎样周密的初期设计，都可能存在缺陷，这些缺陷如不解决，会直接影响调查的质量，大规模投放缺陷问卷将带来人员、时间和资金的浪费。而这种错误依靠自我纠正是很难发现的。试访提供了一种第三方的反馈，有助于设计者发现问卷中存在的缺陷并有足够的时间在正式调查前纠正。

1. 邀请专家学者检视、修订问卷

问卷初稿完成后，需要邀请与研究主题相关的专家、学者就问卷的结构、问卷的内容与类型、词句表达等方面提出意见及建议。

2. 进行小范围实地访问，了解试访者对各题目及备选答案的理解

在试访中，通常会选择 15 ～ 50 位与正式调查样本接近的被调查者来访问（最好是 30 位以上，以利后续资料的分析），资料收集过程与正式调查接近，只是试访的样本是基于方便、有效的考虑而选取的。通过试访，主要审核所设计的问卷是否好回答，被调查者是否愿意回答，回答所需要的时间是否适宜，问卷的项目是否易于整理、分类和统计，问卷印刷是否存在错误等，进而检查出问卷中的缺陷。

3. 了解答卷时间，估计问卷的信度及效度

控制问卷的长度（30 题左右，不超过 50 题），使答卷时间控制在 20min 左右。

信度是指重复同样的试验能获得一样结果的程度，即测验结果的一致性或稳定性。效度用来确定调查结果与设计的调查目标是否接近的程度。

二、调查问卷的修改及制作

1. 调查问卷的修改

试访结束后，把各组访问过程中存在的问题汇总，分析问卷存在的缺陷及原因。对试访中出现的误解、不理解的措辞和句子进行修改。

2. 调查问卷定稿及打印

问卷经过试访并确定无误后，就可以进入定稿阶段。如何印刷和装订问卷也可能影响到调查的结果。如果纸张质量很差或外形很破旧，那么被调查者会认为该调查项目不重要，回答的质量会受影响。因此，问卷应当用质量好的纸张印刷，要有一个“专业化”或“职业化”的外形。如果问卷有多页，不应该简单地用订书机订一下，必须正规地装订成册，每页最好是双面印刷，这样看起来更正规。

本章小结

调查问卷是指调查人员依据调查目的和要求，以一定的理论假设为基础提出来，由一系列的“问题”和备选“答案”及其他辅助内容组成，主要用于对调查对象的基本特征、个人行为、态度、动机和有关情况的调查项目进行统一标准的测量，以获取所需的有关信息，系统地记载调查内容的一种书面文件。

调查问卷是市场调查不可缺少的工具，一份完整的问卷一般是由封面、甄别问卷、主体问卷和背景问卷等几个部分组成的。

调查问卷设计的程序：首先要明确调查的目的和内容，再分析调查对象的特征，进行问卷的初步设计，通过非正式调查找出问卷中存在的问题，最后对问卷进行修改和制作。

问题的筛选主要考虑问卷中问题本身的必要性和问题细分的必要性两个方面。问题数目的多少主要依据研究内容、样本性质、分析方法，以及拥有的人力、物力和财力等因素决定。问题的排列次序可遵照同类组合、先易后难及封闭式问题放前面、开放式问题放后面的原则。

答案的设计主要遵循互斥性原则和完备性原则，要注意答案顺序的排列。答案数量的设计，除应根据研究问题的需要来确定数量标准和各答案的数量界限外，还应注意离散型变量和连续型变量的设计方法。

问卷初步设计完成后，在大量发放调查问卷之前，对调查问卷进行试访是一项必不可少的工作。通过试访，可检验问卷的结构、问卷的内容与类型、词句表达是否合理，了解试访者对各题目及备选答案的理解程度，了解答卷时间，估计问卷的信度及效度。

重要概念

1. 问卷（Questionnaire）
2. 结构型问卷（Structured Questionnaire）
3. 非结构型问卷（Non-structured Questionnaire）
4. 甄别问卷（Screening Questionnaire）
5. 主体问卷（Main Questionnaire）
6. 背景问卷（Background Questionnaire）
7. 开放式问题（Open Questions）
8. 封闭式问题（Closed-end Questions）

自测题

一、请判断以下问题设计得是否合理，并提出改进方案

1. 您最近是否出门旅游，还是居家休息？
2. 权威专家说“运动有益健康”，请问您每周运动时长是多久？
3. 请问在过去一年中，您和家庭成员在文化水平和经济收入方面是否有明显提高？
4. 您去年的家庭生活费用支出是多少？
5. 如果您正在选购汽车，主要用途是使用这辆车来接送孩子上学和会见朋友，在试车时您会和其他家庭成员针对这辆车的安全性进行何种程度的讨论？

二、请判断以下各答案设计得是否合理，并提出改进方案

1. 您看电影吗？（　　）。（只选一项）

   A. 经常看　　B. 偶尔看　　C. 从不看

2. 对于《××》电影，您觉得（　　）。（只选一项）

   A. 非常好　　B. 好　　C. 一般　　D. 不好

   E. 非常不好

3. 您家庭的平均月收入是（　　）。（只选一项）

   A. 3 000 元以下　　B. 3 000 ～ 10 000 元

   C. 10 000 ～ 15 000 元　　D. 15 000 元及以上

   E. 不知道

4. 您最希望以何种方式获知影讯？（　　）。（只选一项）

   A. 校园网　　B. 校园海报

   C. 校园广播　　D. 班委通知

5. 您觉得我校播放电影最合适的地方应该是（　　）。（只选一项）

   A. 灯光球场　　B. 霞湖球场

   C. 其他（请注明）________

三、问答题

1. 一份完整的问卷包括哪些部分？
2. 问卷设计的程序是什么？
3. 设计问题和答案时应注意什么问题？
4. 为什么试访是问卷设计中必不可少的工作？

四、实践操作题

一家大型新能源汽车制造商让你设计一份问卷，测量车主们对其车辆的满意度。一组问题要问到车主们对设计、构造、行车开支、性能和所需服务的满意度如何。为了解释这些结果，调研人员决定再问另外一些问题以便弄清汽车故障的责任问题，即车主们是倾向于埋怨制造商、经销商的服务工作，还是车主们对车的保养太差和驾驶习惯不好？你会提问些什么样的问题来收集这一信息呢？

五、调查问卷示例

调查问卷

BX00Y（项目号）	2024 年度轿车轮胎 终端用户满意度调研	许可证号：国统涉外证字 第 000×号 批准机关：国家统计局 批准文号：【2024】000×号 本项调查属于自愿性调查

受访者姓名：________　　行 政 区 属：________

住　　址：________　　邮 政 编 码：________

联 系 电 话：________　　Tel（Home）：________

访问员姓名：________　　访 问 员 编 号：□□□□

访 问 日 期：2024 年____月____日　　问 卷 编 号：□□□□

开 始 时 间：____时____分　　结束时间：____时____分　　访问长度：____分钟

访问员保证：我保证本问卷所填写各项内容，均由我依照 ×× 市场调研公司的运作规程进行，绝对真实无欺，若有一份问卷作假，我所访问之全部问卷作废，并甘愿赔偿损失。

访问员签名：

填写说明：

1. 本调查只对本地车牌用户进行访问，持外地车牌或特种车牌的车辆终止访问；
2. 请在相对应的选项前的数字上画○；
3. 如未特别说明，均为单选题。

城市编号：

广州	深圳	北京	武汉	福州	杭州	上海
1	2	3	4	5	6	7

样本配额：

载重胎	1
轿车胎	②

轮胎品牌及车型配额：

品牌配额	1. WL	2. HT
轿车胎车型配额	1. 营运车辆	2. 非营运车辆

先生 / 女士：

您好，我是 ×× 市场调研公司的访问员，我们公司正在本地进行一项有关轿车轮胎使用方面的调查。我很想倾听一下您的意见，希望您能花一点时间回答一些问题，您的意见及个人资料仅作研究之用，绝对不会公开。谢谢您的帮忙！

甄别问卷

S1. 访问员抄录下车辆车牌________（只对本地车牌用户，持外地车牌或特种车牌的车辆终止访问）。

S2. ［出示卡片］请问您目前主要驾驶的车辆属于哪种车型？（单选）

1. 轿车　　2. 商务车 / 面包车（6/8/10 座）

3. 越野车（SUV）　　4. 轻型卡车（5 吨以下）　　5. 中型客车（40 座以下）　　6. 其他（注明：　　）

［选 3-6，终止访问］

S3. [出示卡片]请问目前该车辆的使用情况是怎样的呢？（单选）

1. 主要由本人驾驶	2. 由本人及其他人轮流驾驶	3. 主要由他人驾驶[终止访问]

S4. [出示卡片]请问该车辆更换轮胎时品牌是如何选择的呢？（单选）

1. 由本人全权负责轮胎品牌的选择　　2. 由我和其他人共同参与轮胎品牌的选择
3. 他人负责选择轮胎品牌，但我的意见有很大影响
4. 他人负责选择轮胎品牌，但我的意见有较大影响
5. 他人负责选择轮胎品牌，我的意见没有影响力　　6. 我不关心轮胎品牌

[选5-6，终止访问]

S5. 请问您现在使用的是哪个品牌的轮胎呢？（如同时使用多品牌则记录主要使用的品牌）（单选）

1. WL	2. HT	3. 其他品牌[终止访问]

S6. [出示卡片]请问您使用<u>读出S5答案</u>品牌轮胎有多长时间了呢？（单选）

1. 不到3个月[终止访问]	2. 达到或超过3个月

S7. 请问到目前为止，您的驾驶年龄（驾龄）大概有多长时间呢？（访问员如实记录，并在对应选项上画圈）（单选）

1. 1年以下（不到1年）[终止访问]	2. 1～3年	3. 3～5年	4. 5年以上

S8. [出示卡片]请问您和您的家人及亲密朋友有没有在以下行业工作的呢？（多选）

1. 轮胎的生产或销售企业/公司　　2. 大众传播/媒介行业　　3. 广告/顾问/公关/市场研究行业
4. 以上皆没有

[选1-3，终止访问]

S9. 请问您在过去半年内有没有接受过类似有关轮胎产品的市场调查或访问呢？（单选）

1. 有[终止访问]	2. 没有

S10. [出示卡片]请问您目前所使用的车辆最主要用作以下哪种用途呢？（单选）

1. 私家车（市内代步工具、旅游出行等用车）　　2. 公交车（市内代步工具、旅游出行等用车）
3. 用于客运的营业工具（出租车/其他客运车）　　4. 用于货运的营业工具
5. 其他用途（请注明：　　　　）[终止访问]

访问员注意： 分别查看S5和S10并填写以下品牌配额表。

S5品牌配额	1. WL（S5选1）	2. HT（S5选2）
S10车辆使用类型配额	1. 营运车辆（S10选3或4）	2. 非营运车辆（S10选1或2）

主体问卷

A部分　重要性评价

访问员注意： 出示重要性评分尺度卡片，并说明我们采用的是10分制形式，1分代表完全不重要，10分代表极为重要，分值越高表示越重要。

完全不重要		不重要		一般		重要		极为重要	
1	2	3	4	5	6	7	8	9	10

以下一些因素影响用户对轮胎产品使用满意度的评价，请根据您使用和选择轮胎的实际情况，对下列因素的重要性进行评分。

[出示卡片]

A1．品牌形象重要性评价	完全不重要									极为重要
1．品牌知名度	1	2	3	4	5	6	7	8	9	10
2．品牌口碑	1	2	3	4	5	6	7	8	9	10
3．品牌实力	1	2	3	4	5	6	7	8	9	10
4．品牌信誉	1	2	3	4	5	6	7	8	9	10
5．品牌的广告宣传活动	1	2	3	4	5	6	7	8	9	10
6．品牌的促销活动	1	2	3	4	5	6	7	8	9	10
7．与大型汽车厂配套多少	1	2	3	4	5	6	7	8	9	10

[出示卡片]

A2．产品方面重要性评价	完全不重要									极为重要
1．外观（色泽 / 花纹）	1	2	3	4	5	6	7	8	9	10
2．耐磨性能 / 使用寿命	1	2	3	4	5	6	7	8	9	10
3．防扎 / 防爆性能	1	2	3	4	5	6	7	8	9	10
4．质量的稳定性	1	2	3	4	5	6	7	8	9	10
5．轮胎的可操纵性（防滑性能 / 抓地力）	1	2	3	4	5	6	7	8	9	10
6．耐高温性能 / 散热性能	1	2	3	4	5	6	7	8	9	10
7．减振性能	1	2	3	4	5	6	7	8	9	10
8．减噪能力 / 安静性能	1	2	3	4	5	6	7	8	9	10
9．高速性能（主要是指在高速行驶状态下轮胎使用的稳定性）	1	2	3	4	5	6	7	8	9	10
10．花纹、品种齐全	1	2	3	4	5	6	7	8	9	10

[出示卡片]

A3．服务方面重要性评价	完全不重要									极为重要
1．产品信息推荐（宣传单 / 小册子的提供和派发）	1	2	3	4	5	6	7	8	9	10
2．提供产品使用指导	1	2	3	4	5	6	7	8	9	10
3．对产品质量的承诺	1	2	3	4	5	6	7	8	9	10
4．销售人员服务态度	1	2	3	4	5	6	7	8	9	10
5．销售人员专业性	1	2	3	4	5	6	7	8	9	10
6．销售环境及休息环境	1	2	3	4	5	6	7	8	9	10
7．销售过程中增值服务的提供（如免费检测等）	1	2	3	4	5	6	7	8	9	10
8．销售产品的质量跟踪	1	2	3	4	5	6	7	8	9	10
9．对投诉 / 理赔的处理	1	2	3	4	5	6	7	8	9	10
10．理赔人员的专业性	1	2	3	4	5	6	7	8	9	10
11．售后的增值服务提供（如免费热线、拖车、联保等）	1	2	3	4	5	6	7	8	9	10

[出示卡片]

A4．物流方面重要性评价	完全不重要									极为重要
1．货源的充足性	1	2	3	4	5	6	7	8	9	10
2．购买和安装的便捷性	1	2	3	4	5	6	7	8	9	10

B 部分　满意度评价

提醒被访者：以下关于轮胎使用方面的一些评价还是针对您现在使用的 读出配额答案 品牌轮胎，请根据您实际的使用情况作答。

B1. 总体来说，您对 读出配额答案 品牌轮胎在产品、服务、物流等各方面综合表现有多满意呢？10 分表示“非常满意”，1 分表示“非常不满意”，请在 1～10 分之间打出最能体现您意见的分数。

非常不满意									非常满意
1	2	3	4	5	6	7	8	9	10

B2. 请问您对 读出配额答案 品牌轮胎在各方面综合表现与您事先对该品牌轮胎的预期情况相比，接近程度如何呢？10 分表示“超出预期很多”，1 分表示“远远达不到预期”，请在 1～10 分之间打出最能体现您意见的分数。

远远达不到预期									超出预期很多
1	2	3	4	5	6	7	8	9	10

B3. 请问您觉得 读出配额答案 品牌轮胎在各方面综合表现与您心目中的理想轮胎相比，接近程度如何呢？10 分表示“非常接近理想水平”，1 分表示“非常不理想”，请在 1～10 分之间打出最能体现您意见的分数。

非常不理想									非常接近理想水平
1	2	3	4	5	6	7	8	9	10

B4. 品牌形象方面满意度

B4-1a. [出示卡片] 以下是关于品牌知名度方面的一些描述性语句，对于 读出配额答案 品牌，您的认可程度如何？请用 10 分制评价，10 分表示非常同意，1 分表示非常不同意。

	非常不同意									非常同意
1. 广告的投放力度很大	1	2	3	4	5	6	7	8	9	10
2. 广告创意好，吸引人	1	2	3	4	5	6	7	8	9	10
3. 产品销量很大，购买的人多	1	2	3	4	5	6	7	8	9	10

B4-1b. 总体来说，您觉得 读出配额答案 品牌知名度如何呢？请用 10 分制进行评价，10 分表示知名度很高，1 分表示知名度很差。

知名度很差									知名度很高
1	2	3	4	5	6	7	8	9	10

B4-2a. [出示卡片] 以下是关于品牌实力方面的一些描述性语句，对于 读出配额答案 品牌，您的认可程度如何？请用 10 分制评价，10 分表示非常同意，1 分表示非常不同意。

	非常不同意									非常同意
1. 是名牌产品	1	2	3	4	5	6	7	8	9	10
2. 公司规模大 / 是大品牌	1	2	3	4	5	6	7	8	9	10
3. 公司技术领先，花纹品种多	1	2	3	4	5	6	7	8	9	10
4. 与大型汽车厂配套多	1	2	3	4	5	6	7	8	9	10

B4-2b. 总体来说，您对 读出配额答案 品牌的品牌实力评价如何？请用10分制进行评价，10分表示实力很强，1分表示实力很差。

实力很差									实力很强
1	2	3	4	5	6	7	8	9	10

B4-3. 请问您本人认为 读出配额答案 品牌的口碑如何？请用10分制评价，10分代表口碑非常好，1分代表口碑非常差。

口碑非常差									口碑非常好
1	2	3	4	5	6	7	8	9	10

B4-4a. [出示卡片]以下是关于品牌信誉和信心方面的一些描述性语句，对于 读出配额答案 品牌，您的认可程度如何？请用10分制评价，10分表示非常同意，1分表示非常不同意。

	非常不同意									非常同意
1. 是专业人士或维修师傅推荐的品牌	1	2	3	4	5	6	7	8	9	10
2. 是同事、朋友或其他使用者推荐的品牌	1	2	3	4	5	6	7	8	9	10

B4-4b. 总体来说，您对 读出配额答案 在品牌信誉方面的表现感觉如何呢？请用10分制进行评价，10分表示品牌信誉非常好，1分表示品牌信誉非常差。

信誉非常差									信誉非常好
1	2	3	4	5	6	7	8	9	10

B4-5. 总体来说，您对 读出配额答案 在促销活动方面的表现感觉如何呢？请用10分制进行评价，10分表示非常满意，1分表示非常不满意。

非常不满意									非常满意
1	2	3	4	5	6	7	8	9	10

B5. 产品方面满意度

[出示卡片]下面我想向您了解一下您对 读出配额答案 品牌在产品方面的一些满意度评价。请用10分制进行评价，10分表示非常满意，1分表示非常不满意。

B5. 产品方面满意度评价	非常不满意									非常满意
1. 外观	1	2	3	4	5	6	7	8	9	10
2. 耐磨性能 / 使用寿命	1	2	3	4	5	6	7	8	9	10
3. 防扎防爆性能	1	2	3	4	5	6	7	8	9	10
4. 质量的稳定性	1	2	3	4	5	6	7	8	9	10
5. 轮胎的可操纵性（防滑性能 / 抓地力）	1	2	3	4	5	6	7	8	9	10
6. 散热性能 / 耐高温性能	1	2	3	4	5	6	7	8	9	10
7. 减振性能	1	2	3	4	5	6	7	8	9	10
8. 减噪能力 / 安静性能	1	2	3	4	5	6	7	8	9	10
9. 高速性能（在高速行驶状态下轮胎使用的稳定性）	1	2	3	4	5	6	7	8	9	10
10. 花纹、品种齐全	1	2	3	4	5	6	7	8	9	10

B6. 服务方面满意度

[出示卡片]您对 读出配额答案 品牌在以下服务内容方面有怎样的评价呢？请用 10 分制进行评价，10 分表示非常满意，1 分表示非常不满意。

B6. 服务方面的满意度评价			
二级指标	二级指标满意度得分（1～10 分）	三级指标	三级指标满意度得分（1～10 分）
1. 售前服务		产品信息推荐（宣传单 / 小册子的提供和派发）	
		提供产品使用指导	
2. 售中服务		对产品质量的承诺	
		销售人员服务态度	
		销售人员专业性	
		销售环境及休息环境	
		销售过程中增值服务提供（如免费检测等）	
3. 售后服务		销售产品的质量跟踪	
		理赔人员专业性	
		投诉、理赔处理的及时性	
		投诉、理赔处理的合理性	
		售后增值服务提供（如免费热线、拖车等）	
4. 促销推广		促销频率与力度	
		促销的吸引程度	

B7. 物流方面满意度

在以下物流方面，您怎么评价 读出配额答案 品牌的表现呢？请用 10 分制进行评价，10 分表示非常满意，1 分表示非常不满意。

B7. 物流方面满意度评价										
	非常不满意									非常满意
1. 货源充足性	1	2	3	4	5	6	7	8	9	10
2. 购买和安装的便捷性	1	2	3	4	5	6	7	8	9	10

B8. 品牌价值的感知

B8-1. 总体来说，您觉得 读出配额答案 产品的性价比如何呢？请用 10 分制评价，10 分代表性价比非常高，1 分代表性价比非常低。

非常低									非常高
1	2	3	4	5	6	7	8	9	10

B8-2. 您觉得 读出配额答案 的产品、服务、物流等方面能否满足您实际的需求？请用 10 分制评价，10 分代表非常满足需求，1 分代表非常不能满足需求。

非常不能满足需求									非常满足需求
1	2	3	4	5	6	7	8	9	10

B8-3. 您觉得您购买的 读出配额答案 轮胎是否物有所值？请用 10 分制评价，10 分代表非常值得购买，1 分代表非常不值得购买。

非常不值得购买									非常值得购买
1	2	3	4	5	6	7	8	9	10

C部分　忠诚度评价

C1. 如果下次您需要更换轮胎，您再次选择<u>读出配额答案</u>品牌轮胎的可能性有多大呢？请用10分制评价，10分代表非常有可能，1分代表完全不可能。

完全不可能									非常有可能
1	2	3	4	5	6	7	8	9	10

C2. 如果您有同事或是朋友需要更换轮胎，您向他们推荐<u>读出配额答案</u>品牌的可能性有多大呢？请用10分制评价，10分代表非常有可能，1分代表完全不可能。

完全不可能									非常有可能
1	2	3	4	5	6	7	8	9	10

C3. [出示卡片]对于您目前使用的<u>读出配额答案</u>品牌轮胎，如果它的价格发生如下变动的话，您继续使用该品牌轮胎的可能性有多大？请用10分制评价，10分代表非常有可能，1分代表完全不可能。

	完全不可能									非常有可能
+5%	1	2	3	4	5	6	7	8	9	10
+10%	1	2	3	4	5	6	7	8	9	10

D部分　品牌使用状况

D1. 请问您选用<u>读出配额答案</u>品牌轮胎的主要原因是什么？

D2. 您觉得<u>读出配额答案</u>品牌轮胎的主要卖点是什么？

D3. 您觉得<u>读出配额答案</u>品牌轮胎在哪些方面需要改善？

E部分　产品需求

E1. 请问您所驾驶的汽车过去一年购买并更换过＿＿＿＿＿条轮胎。

E2. [出示卡片]您一般选择什么渠道更换轮胎呢？（多选）

1. 汽车厂家指定的维修/检测店　2. 4S服务店　3. 汽车维修店
4. 轮胎专营店　5. 其他渠道（请注明：　　　　　）

E3. [出示卡片]请问您平时主要通过哪些渠道获取关于轮胎品牌方面的信息呢？（多选）

1. 朋友/同事的推荐　2. 汽车维修、轮胎行业专业人士推荐
3. 电视广告　4. 平面媒体广告（报纸、杂志等）　5. 户外广告（车身、广告牌等）
6. 网络广告　7. 产品宣传单　8. 其他渠道（请注明：　　　）

E4. [出示卡片] 您觉得自己对轮胎产品以及轮胎知识的了解程度如何？（单选）

1. 非常了解	2. 比较了解	3. 了解一些	4. 完全不了解

E5. 您购买的读出配额答案品牌轮胎的零售价格是多少？________元 / 条

E6. [出示卡片] 对于这个价位的读出配额答案品牌轮胎，您觉得是属于以下哪个档次？（单选）

1. 高档产品	2. 中档偏上	3. 中档产品	4. 中档偏下	5. 低档产品

E7. [出示卡片] 结合您的实际使用经验，您觉得读出配额答案品牌轮胎的定价情况属于以下哪种呢？（单选）

1. 定价太高	2. 稍微有些高	3. 比较合理	4. 稍微有些低	5. 定价太低

E8. 请问您知道您购买的读出配额答案品牌轮胎的型号 / 规格吗？（单选）

1. 知道	2. 不知道 / 不清楚	3. 不记得

[选 2-3，访问员自己抄录至 E10]

E9. 那么您购买的读出配额答案品牌轮胎的型号 / 规格是什么呢？访问员记录被访者所说的规格：________

E10. 若受访者不清楚或不记得使用轮胎品牌的型号 / 规格，则访问员自己从胎侧抄写轮胎的产品规格：________

T 部分 背景资料

最后还要了解一些有关您个人的背景资料，这些资料仅供此次研究之用，绝对不会公开，请不要介意。

T1. 记录被访者性别：1. 男性　　2. 女性

T2. 请问您目前驾驶的车辆平均每月行驶多少公里？（单选。注意，若平均每月行驶里程恰为 500 公里，请选择答案 2 而不选 1，以此类推）

1. 500 公里以下	2. 500 ~ 1 000 公里	3. 1 000 ~ 1 500 公里	4. 1 500 ~ 2 000 公里
5. 2 000 ~ 5 000 公里	6. 5 000 ~ 10 000 公里	7. 10 000 公里以上	

T3. 可以告诉我您所驾驶车辆的品牌和型号吗？品牌：________ 型号：________

T4. [出示卡片] 请问您的教育程度是以下卡片上哪一项？（单选）

1. 初中及以下	2. 高中 / 中专 / 技校	3. 大专	4. 本科及以上

T5. [出示卡片] 请问您个人每月可支配的收入（用于投资、还贷、赡养费的开支除外）属于卡片上哪一项？（单选。注意，若您的每月可支配收入恰为 1 000 元，请选择答案 2 而不选 1，以此类推）

1. 1 000 元以下	2. 1 000 ~ 2 000 元	3. 2 000 ~ 3 000 元	4. 3 000 ~ 4 000 元
5. 4 000 ~ 5 000 元	6. 5 000 ~ 6 000 元	7. 6 000 ~ 7 000 元	8. 7 000 ~ 8 000 元
9. 8 000 ~ 9 000 元	10. 9 000 ~ 10 000 元	11. 10 000 元以上	

********** 访问结束，检查问卷并再次感谢被访者 **********

第四章 抽样调查技术

本章学习目标

- 了解抽样调查的基本概念、特点及程序
- 掌握抽样方案的设计方法
- 掌握各种概率抽样与非概率抽样的方法
- 掌握抽样误差的测定方法、样本量的确定与总体资料的统计推断方法

第一节　抽样调查的基本思想

在日常生活和工作中，人们经常自觉或不自觉地在应用抽样方法。例如：炒菜过程中往往要取一点菜，尝尝菜的咸淡如何；生产过程中常抽取一定数量的产品，检验其质量并以此判定整批产品质量的优劣；商家抽取一部分消费者，了解其消费需求及偏好等。这样的例子不胜枚举。抽样也许是市场调查最为神奇的环节：仅仅通过对部分进行的（甚至很小的一部分）调查，最终却可以得到有关全体的信息。

一、普查与抽样调查

一般来说，为了获取研究总体的信息及特征，有两种方法可供选用：一是普查，二是抽样。人口调查通常采用普查的方式，即对全部人口一一加以调查，有时政府的经济调查也采用普查方法，如工业普查、农业普查、第三产业普查等。相比而言，企业的市场调查以抽样调查方式最为普遍。这是因为，普查方式需要投入大量的人力、物力，成本高昂，远非一般企业所能承担；组织工作量大，超越了企业自身的能力；时间消耗也较长，无法满足企业决策的需要。绝大多数市场决策过程必须赶在一定时间内完成，致使决策所需的市场资料不得不在较短的时间内收集妥当，这就使得抽样调查在企业的市场调查中被普遍采用。事实上，与普查相比，抽样调查往往更能提高调查结果的正确性。普查时，由于投入的调查人员太多，难以确保百分之百的训练有素，调查时也就难免会出现各种错误和纰漏。而采用抽样调查方法时，所需调查人员较少，可集中施以专业训练，从而提高调查结果的准确性。另外，采用抽样调查方法还可用统计推断技术来估计调查总体的各项指标及误差的大小。

1. 普查

在全国范围内，主要进行的普查包括经济普查、农业普查和人口普查。

经济普查旨在全面掌握我国第二、第三产业的发展动态，涵盖劳动力资源、自然资源、

社会产品产量与产值、对外经济能源等多个方面，每 5 年进行一次，标准时点为普查年份的 12 月 31 日。至今，我国已完成 4 次全国经济普查，分别在 2004 年、2008 年、2013 年和 2018 年。第五次全国经济普查现场登记已于 2024 年 1 月 1 日启动。

农业普查则侧重于全面了解“三农”的发展状况，覆盖农村住户、农业生产经营户等多个方面，每 10 年进行一次，尾数逢 6 的年份为普查年度，标准时点为普查年度的 12 月 31 日。我国已进行 3 次全国农业普查，分别在 1996 年、2006 年和 2016 年。

人口普查旨在全面查清全国人口的数量、结构、分布等情况，每 10 年进行一次，从 1990 年开始，尾数逢 0 的年份为普查年度，标准时点为普查年份的 11 月 1 日零时。中华人民共和国成立以来，我国已进行 7 次全国性人口普查。

2. 抽样调查

抽样调查又可称为样本调查，是指按照随机原则，从研究总体各单位中抽取部分单位作为样本，然后以样本的调查结果对总体的数量特征做出具有一定可靠程度和精确度的估计或推断的一种调查方法。抽样调查的理论基础是概率论，概率论中诸如中心极限定理等一系列理论，为抽样调查提供了科学的依据。

二、抽样调查的分类

根据样本抽取方法的不同，抽样调查可以分为概率抽样调查和非概率抽样调查两大类，如图 4-1 所示。通常所说的抽样调查，如果未加限定，大多指狭义的抽样调查，即概率抽样调查。在市场调查实践中，概率抽样调查与非概率抽样调查这两类方法都经常被采用，也就是说，在市场调查实践中所说的抽样调查是广义的抽样调查，在使用系统抽样、分层抽样等各种概率抽样调查方法的同时，也广泛使用方便抽样、判断抽样、配额抽样等各种非概率抽样调查方法。

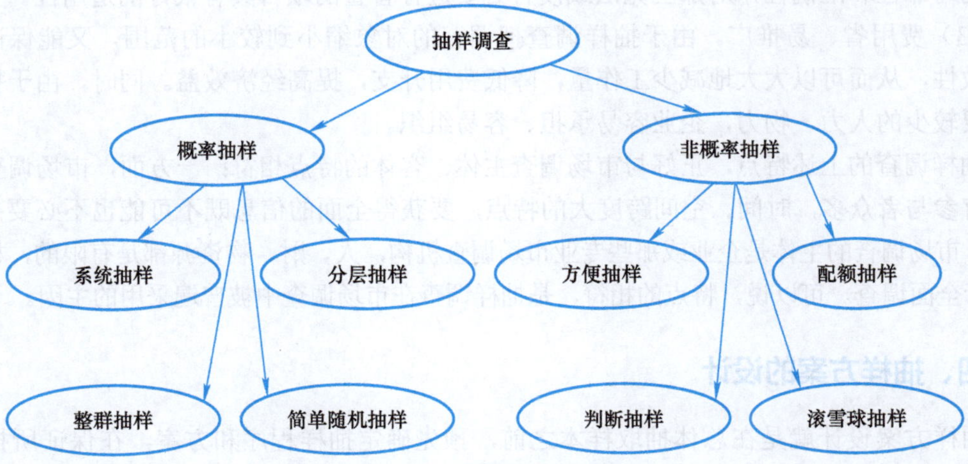

图 4-1 抽样调查的分类

概率抽样也称随机抽样，是指按照随机原则抽取样本，即在抽取样本时排除主观因素的影响，不进行有意识的挑选，使每个单位都有一定的机会被抽中。在进行概率抽样时，样本的抽取通过一定的随机化程序来实现。遵循随机原则，一方面可使抽出来的单位，即样本的分布情况有较大的可能性接近总体的分布状况，从而使根据样本所得出的结论对总体具有充分的代表性；另一方面，有助于调查人员准确地计算抽样误差，并加以有效的控制，从而提高调查的精度。概率抽样的最大特点和优点是，可以用样本数据对总体参数进行估计，并计算总体参数可能落入的范围。因此可以说，从概率样本中所获取的信息的含金量较高。但概率抽样也具有局限性，抽取概率样本的技术操作相对复杂，同时必须有抽样框，因而概率抽样的成本较高，对抽样设计人员的专业技术要求也较高。

非概率抽样是相对于概率抽样而言的，它不遵循随机原则，而是从方便、快捷的角度出发抽取样本，或是根据主观判断有目的地挑选样本。因此，非概率抽样主要依赖研究者个人的经验和判断，抽样效果的好坏在很大程度上取决于抽样者的主观判断能力和经验。与概率抽样相比，非概率抽样的最大特点和优点是操作简便、时效快、成本低，尤其适用于探索性研究和预调查，但它无法估计和控制抽样误差，无法用样本的定量资料采用统计的方法来推断总体。

三、抽样调查的特点

与普查相比，抽样调查具有经济性好、实效性强、适应面广、准确性高等显著特点。抽样调查虽然是非全面调查，但它的目的却在于取得反映总体情况的信息资料，因而也可起到全面调查的作用。抽样调查的特点具体表现在以下方面。

（1）时间短、收效快。抽样调查涉及面较小，取得调查结果比较快，能在较短的时间内获得与普查大致相同的调查效果，还可以运用抽样调查技术来检验普查及有关资料的正确性，并给予必要的修正。

（2）质量和可信度较高。抽样调查是建立在数理统计基础之上的科学方法，只要由专业人员主持抽样调查，严格按照抽样调查的要求进行抽样，就可以确保获取的信息资料具有较高的可靠性和准确性，对那些无法或没有必要进行普查的项目具有很好的适用性。

（3）费用省、易推广。由于抽样调查把调查的对象缩小到较小的范围，又能保证调查的有效性，从而可以大大地减少工作量，降低费用开支，提高经济效益。同时，由于抽样调查需要较少的人力、物力，企业容易承担、容易组织。

抽样调查的上述特点，正好与市场调查主体、客体的特点相符：一方面，市场调查的客体具有参与者众多，时间、空间跨度大的特点，要获得全面的信息既不可能也不必要；另一方面，市场调查的主体是企业或那些专业市场调查机构，人、财、物资源都是有限的，根本无力进行全面调查。可以说，特点的相符，是抽样调查在市场调查中被普遍采用的主因。

四、抽样方案的设计

抽样方案设计就是在总体抽取样本之前，预先确定抽样程序和方案，在保证所抽选的样本对总体有充分代表性的前提下，力求取得最经济、最有效的结果。

1. 抽样方案设计的基本内容

如何兼顾抽样效果和所付出的代价，使之能有机结合，一直是摆在抽样方案设计者面前的一个重要问题，也是抽样方案设计的难点所在。按照国外的调查经验，在制订抽样方案时，常将相关人员召集到一起，包括调查资料使用者、抽样专家、实际调查工作组织者和数据处理人员，这些人员一同交流意见，协商探讨各种问题，最后提出一个合理可行的抽样方案。抽样方案设计的基本内容如下。

（1）确定抽样调查的目的。

（2）确定调查对象（总体）范围的抽样单位。

（3）确定抽取样本的方法。

（4）确定必要的样本量。

（5）对主要抽样指标的精度提出要求。

（6）确定总体目标量的估算方法。

（7）制订实施总体方案的办法和步骤。

2. 抽样方案的设计程序

在一个完整的抽样程序中，前三步为抽样方案设计程序，如图 4-2 所示。

第一步：定义有关的总体。

定义有关的总体，即明确调查的全部对象及其范围。定义有关的总体是抽样调查的第一个步骤，是抽样调查的前提和基础。只有对象明确，才能有的放矢，取得真实、可靠、全面的信息资料。只有明确了调查总体，才能从中进行正确的抽样，并保证抽取的样本符合要求。抽样中最基本的问题是确定目标人群或总体，首先要解决的问题是究竟要研究谁。

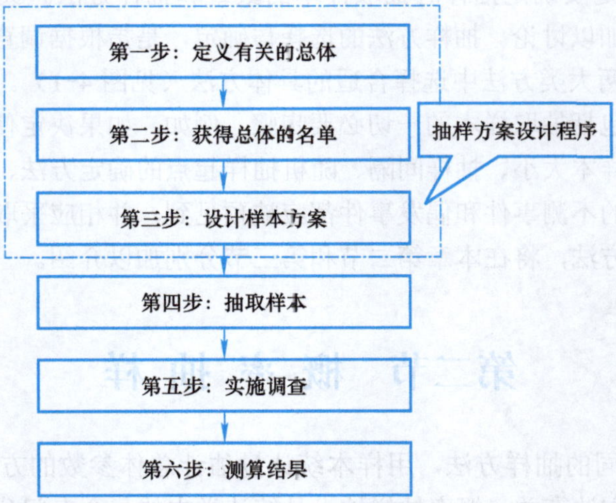

图 4-2　抽样程序

一个定义明确的总体包含以下几个方面。

（1）抽样的单位是什么（例如，是个人还是家庭）。

（2）时限是怎样的，即要获取的信息属于哪一段时间。

（3）空间限制如何、是哪些地区、是否限于城市或者城市的繁华街区。

第二步：获得总体的名单。

获得总体的名单也就是建立抽样框。抽样框是构成总体全部单位的“详细名单”，样本可由此抽选出来。社区居民名录、企业名录、通讯录、访客名单、会员名单等都是市场调查中常用的抽样框。不借助抽样框，研究者就难以保证以同等概率抽取样本。在没有现成名单的情况下，可由调查人员自行编制名单。应该注意的是，在利用现有名单作为抽样框时，要先对该名单进行检查，避免有重复、遗漏等情况发生，以提高样本对总体的代表性。如果抽样框不能完全代表所要研究的人群，那么这二者之间的差异（抽样框误差）就会影响分析结果的可靠性。这种误差是构成抽样误差的主要来源之一。

调查实例 4-1 小米智能家居市场调查的抽样设计

2022 年 12 月至 2023 年 3 月，某调研组织在武汉市实施了一项小米智能家居潜在客户挖掘与价值分析的市场调查。本次调查采用了三阶段抽样获得抽样框。第一阶段利用代码法实施不等概率 PPS 抽样，以武汉市 13 个行政区的人口数作为各行政区相应单元的大小，抽中江岸、江汉、汉阳、洪山这四个中心城区，以及东西湖、蔡甸、黄陂这三个新城区；第二阶段通过比较二手房房价，将第一阶段入样的七个行政区的所有小区划分为高档、中档、低档三个等级并进行分层抽样，最终抽取高档小区 11 个、中档小区 13 个、低档小区 11 个；在第三阶段采用系统抽样，根据各小区总户数确定间距进行抽取，从各小区抽取 35 个单元。在每个家庭中随机选取一名具有一定消费能力且愿意积极配合调查的代表，并对其发放问卷。共计获得 1 120 份问卷，有效问卷 939 份。

第三步：设计样本方案。

设计样本方案就是要确定抽样时抽取样本的数量和抽样方法。关于样本抽取数量的确定，将在本章第五节加以讨论。抽样方法的选择与确定，是指根据调查的目的和特点，从概率抽样和非概率抽样两大类方法中选择合适的具体方法（见图 4-1）。在设计样本方案时，对于抽样方法的描述包括抽取样本的一切必要步骤。例如，如果决定使用系统抽样，抽样方法应详述样本构架、样本大小、抽样间隔、随机抽样起点的确定方法、合格条件限制和再限制及替换过程。所有的不测事件和偶发事件都应被预见到，并相应采取防备。关于具体的概率抽样和非概率抽样方法，将在本章第二节和第三节分别加以介绍。

第二节 概率抽样

概率抽样中有不同的抽样方法，用样本统计量估计总体参数的方法及这种方法估计的精确度都与具体抽样方法有关。概率抽样技术是统计学中的一个专门分支，本书只对概率抽样中几种最基本的方法进行简要介绍。

一、简单随机抽样

简单随机抽样又可称为单纯随机抽样、纯随机抽样，是所有概率抽样方法中最简单的一种，它对调查总体不经过任何分组、排队，完全凭着偶然的机会从中抽取个体加以调查。这种方法一般适用于调查总体中各个体之间差异较小的情况，或者调查对象不明，难以分组、分类的情况。如果市场调查范围较大，总体内部各个体之间的差异较大，则要同其他概率抽样结合使用。

简单随机抽样母体中的每一个个体被抽中的机会皆相等，符合概率抽样要求。这种抽样方法又可称为无限制的随机抽样，因为个别单位从母体中抽出时并未受到任何限制，是最完全的概率抽样。在简单随机抽样条件下，抽样概率的计算公式为

$$抽样概率 = 样本单位数 / 总体单位数$$

例如，如果总体单位数为10000，样本单位数为400，那么抽样概率为4%。

1．简单随机抽样常用的方法

简单随机抽样的随机化抽样程序主要通过以下三种方式实现。

（1）抽签法。用抽签法抽取样本，先将调查总体的每个个体编上号码，然后将号码写在卡片上并打乱顺序，任意从中抽选，抽到一个号码，就对应一个个体，一直到抽足预先规定的样本数目为止。这种方法适用于调查总体中个体数目较少的情况。

（2）随机数字表法。随机数字表法是指先给母体中的全部个体分别赋予 1 ～ n 的编号，然后利用随机数字表随机抽出所需的样本。随机数字表又称乱数表，是一种按双位或多位编排的大小数互相间杂的数表，利用特制的摇码机器或计算机，用随机方法编制而得，从客观上讲，表内任何数码都提供了相等的出现机会。例如，某项市场调查欲研究某一地区家庭对某种产品的消费支出情况，拟造访 10 个家庭分别探询。假定已取得该地区各户的名单（即母体），首先分别给各家庭编码，如果整区的家庭总数为 80，则各家庭编号自然为 01 ～ 80。然后，任意从随机数字表（从随机数字表中选取 500 个数字，见表 4-1）中的任何一行或列开始抽样。例如，从第 6 行第 12 列开始抽样，因取样所需的数目只要两位即够，则第 6 行第 12 列为 37，其下为 04、10、42 与 17，再往下为 83，因其在母体数目之外（家庭总数 80）而被舍弃，越过 83 后再顺次取 11、45、56、34，再越过 89 而至 12，于是 10 个所需号码便选定为：37、04、10、42、17、11、45、56、34 和 12。如果母体大于 100，则可取至相当的三位数。

表 4-1　随机数字表

03	47	43	73	86	36	96	47	36	61	46	98	63	71	62	33	26	16	80	45	60	11	14	10	95
97	74	24	67	62	42	81	14	57	20	42	53	32	37	32	27	07	36	07	56	24	51	79	89	73
16	76	62	27	66	56	50	26	71	07	32	90	79	78	53	13	55	38	58	59	88	97	54	14	10
12	56	85	99	26	96	96	68	27	31	05	03	72	93	15	57	12	10	14	21	88	26	49	81	76
55	59	56	35	64	38	54	82	46	22	31	62	43	09	09	06	18	44	32	53	23	83	01	30	30
16	22	77	94	39	49	54	43	54	82	17	37	93	23	78	87	35	20	96	43	84	26	34	91	64
84	82	27	53	31	57	24	55	06	88	77	04	74	47	67	21	76	33	50	26	83	92	12	06	76
63	01	63	78	59	16	95	55	67	19	98	10	50	71	75	12	86	73	58	07	44	39	52	38	79
33	21	12	34	29	78	64	56	07	82	52	42	07	44	38	15	51	00	13	42	99	66	02	79	54
57	60	86	32	44	09	47	27	96	54	49	17	46	09	62	90	52	84	77	27	08	02	73	43	28
18	18	07	92	46	44	17	16	58	09	79	83	86	19	62	06	76	50	03	10	55	23	64	05	05
26	62	38	97	75	84	16	07	44	99	83	11	46	32	24	20	14	85	88	45	10	93	72	88	71
23	42	40	64	74	82	97	77	77	81	07	45	32	14	08	32	98	94	07	72	93	85	79	10	75
62	36	28	19	95	50	92	26	11	97	00	56	76	31	38	80	22	02	53	53	86	60	42	04	53
37	85	94	35	12	83	39	50	08	30	42	34	07	96	88	54	52	06	87	98	35	85	29	48	39

（续）

70 29 17 12 13	40 33 20 38 26	13 89 51 03 74	17 76 37 13 06	07 74 21 19 30
56 62 18 37 35	96 83 50 87 75	97 12 25 93 47	70 33 24 03 54	97 77 46 44 80
99 49 57 22 77	88 42 95 45 72	16 64 36 16 00	04 43 18 66 79	94 77 24 21 90
16 08 15 04 72	33 27 14 34 09	45 59 34 68 49	12 72 07 34 45	99 27 72 95 14
31 16 93 32 43	50 27 89 87 19	20 15 37 00 49	52 85 66 60 44	38 68 88 11 80

（3）计算机抽取。统计软件中都有抽取随机样本的功能，其原理是利用软件中的相应程序产生随机数，然后由计算机完成抽取。通常，抽样框中的信息都可以形成文件，存储于计算机中，这种方法抽取样本十分快捷。需要指出的是，通过大量的模拟实验发现，计算机产生的随机数是伪随机数，其随机性并不十分理想，在市场调查实践中要意识到这一点。

2. 简单随机抽样的优点和局限性

简单随机抽样的优点在于，它看起来简单，并且满足概率抽样的一切必要的要求，保证每个总体单位在抽选时都有相等的被抽中的机会。简单随机抽样可以通过计算机系统随机抽取调查对象。

尽管简单随机抽样在理论上是最符合随机原则的，但在实际应用中则有一定的局限性，会遇到“样本可能分布不均匀”及“没有好的抽样框”等问题。当调查总体的标志变异程度较大时，简单随机抽样的代表性就不如经过分组后再抽样的代表性强。而且，简单随机抽样必须对总体中的个体加以编号，而实际所需调查的总体往往是十分庞大的，个体非常多，逐一编号几乎是不可能的。

二、系统抽样

系统抽样又称等距抽样或机械抽样，是首先将总体中各单位按一定顺序排列，根据样本容量要求确定抽选间隔，然后随机确定起点，每隔一定的间隔抽取一个单位的一种抽样方式。

排序所依的标志有两种：一种是按与调查项目无关的标志排序。例如，在入户调查时，选择住户可以按住户所在街区的门牌号码排序，然后每隔若干个号码抽选一个进行调查。另一种是按与调查项目有关的标志排序。例如，在对住户进行调查时，可按住户平均月收入排序，再进行抽选。

进行等距抽样时，在排序的基础上，还要计算抽选距离（间隔），其计算公式为

$$\text{抽选距离} = \frac{N}{n} = k \tag{4-1}$$

式中　N——调查总体数；

n——样本数；

k——最接近$\frac{N}{n}$的一个整数。

确定抽选距离之后，可以采用简单随机抽样的方式，从第一段距离中抽取第一个个体。为简化工作并防止出现某种系统性偏差，也可以从距离的$\frac{1}{2}$处抽取第一个个体，并按抽选

距离继续抽选余下的个体，直到抽够数量为止。

例如，从某小区600户家庭中抽选50户进行消费调查，可以利用小区物业管理的现有名册按顺序编号排序，从第1号编至第600号，则

$$抽选距离=\frac{N}{n}=\frac{600}{50}=12\ 户$$

从第一个12户中用简单随机抽样的方式抽取第一个样本个体，假设抽到的是8号，则依次抽中的是20号、32号、44号……

系统抽样的突出特点是操作简便，因为它只需要随机确定一个起始单位，整个样本就自然确定了，而不像其他抽样方式那样需要抽取多个单位。系统抽样对于抽样框的要求也比较简单，只要求总体单位按一定顺序排列，而不一定是一份具体的名录清单，因而非常便于某些内容的现场调查。另外，与简单随机抽样相比，系统抽样可使选中个体比较均匀地分布在调查总体中，尤其当被研究现象的标志变异程度较大，而在实际工作中又不可能抽选更多的样本个体时，这种方式更为有效。因此，系统抽样是市场调查中广泛应用的一种抽样方式。

系统抽样也有一定的局限性，表现在以下两个方面。

（1）运用系统抽样的前提是要有每个个体的有关材料，特别是按有关标志排序时，往往需要有较为详细、具体的相关资料，这是一项很复杂、很细致的工作。

（2）系统抽样要防止周期性偏差，因为它会降低样本的代表性。例如，军队人员名单通常按班排列，10人一班，班长排第1名，若抽样距离也取10，则样本或全由士兵组成或全由班长组成，这样就会发生系统性偏差（即各样本标志值偏向一边），从而影响系统抽样的代表性。

三、分层抽样

分层抽样在市场调查中被较多采用，它是指先将调查总体的所有个体按某一重要标志进行分类（组），然后在各类（组）中采用简单随机抽样或系统抽样方式抽取样本个体的一种抽样方式。分层抽样：由于通过划类分层，增大了各类型中单位间的共同性，容易抽出具有代表性的调查样本。该方法适用于总体情况复杂、各单位之间差异较大、单位较多的情况，可以避免简单随机抽样的样本过于集中于某种特性或完全无某种特性的现象。

分层抽样的具体程序是：把总体各单位分成两个或两个以上的相互独立的层（如男性和女性），在两个或两个以上的层中进行随机抽样，样本相互独立。总体各单位按主要标志加以分层，分层的标志与关心的总体特征相关。例如，正在进行有关啤酒品牌知名度方面的调查，初步判别，在啤酒方面男性的知识与女性的不同，那么性别应是划分层次的适当标准。如果不以这种方式进行分层抽样，分层抽样就得不到什么效果。

在分层抽样中，样本量如何在各层中进行分配，可以有不同的方法。根据样本量在各层中分配方法的不同，分层抽样可分为等比例分层抽样和非等比例分层抽样两种。

1. 等比例分层抽样

等比例分层抽样是指按各层（或各类型）中的个体数量占总体数量的比例分配各层的样本数量。

例如，某类产品的潜在用户共有8 000个，按用户的“年平均支出”将其分为“多用”“中等”“少用”三类。其中，“多用”为2 000个，占总体的25%；“中等”为4 000个，占总体的50%；“少用”为2 000个，占总体的25%。从中抽选200个用户进行消费情况调查，则各类型应抽取的样本数分别为

“多用”样本数=200个×25%=50个

“中等”样本数=200个×50%=100个

“少用”样本数=200个×25%=50个

这种方法简便易行、分配合理、计算方便，适合于各类型之间差异不大的分层抽样调查。如果各类之间差异过大，则不宜采用，而应采用非等比例分层抽样。

2. 非等比例分层抽样

各层之差异或标准差的差别过大，就不适宜用等比例分层抽样，因为有些层的重要性大于其他层，此时应采用非等比例分层抽样或最佳比例分层抽样。非等比例分层抽样的主要目的在于减小各层之间的标准差，使母体平均数的估计更为精确。应用非等比例分层抽样法时，各层的样本数目（n_i）的计算公式为

$$n_i = n\frac{N_iS_i}{\sum N_iS_i} \tag{4-2}$$

式中 n_i——各层应抽出的样本数；

n——总样本数；

N_i——各层的调查单位总数；

S_i——各层调查单位的标准差。

援引上例中的数据，改用非等比例分层抽样法进行抽样，相关计算结果见表4-2。

表4-2 非等比例分层抽样计算表

层 i	每层中的潜在用户 N_i	样本标准差 S_i	乘积 N_iS_i
1（多用）	2 000	100	200 000
2（中等）	4 000	150	600 000
3（少用）	2 000	200	400 000
Σ	8 000	—	1 200 000

改用非等比例分层抽样法进行抽样，各层应抽取的样本数应为

$$n_1 = n\frac{N_1S_1}{\sum N_iS_i} = 200\times\frac{200\,000}{1\,200\,000} = 33$$

$$n_2 = n\frac{N_2S_2}{\sum N_iS_i} = 200\times\frac{600\,000}{1\,200\,000} = 100$$

$$n_3 = n\frac{N_3S_3}{\sum N_iS_i} = 200\times\frac{400\,000}{1\,200\,000} = 67$$

非等比例分层抽样不是按各层中个体数占总体数的比例分配样本个体，而是根据其他因素（如各层平均数或成数标准差的大小，抽取样本的工作量和费用大小等）调整各层的样本个体数，即有的层可多抽些样本个体、有的层可少抽些样本个体，这种分配方法大多适用

于各类总体的个体数相差悬殊或标准差相差较大的情形。在调查个体悬殊的情况下，如按等比例抽样，可能在总体个体数少的类型中抽取样本个体数过少，代表性不足，此时可适当多抽样本个体；同样，标准差较大的，也可多抽此样本个体，这样可起到平衡标准差的作用。但是，在调查前准确了解各组标志值变异程度的大小是比较困难的。

分层抽样实质上是把科学分组方法和抽样原理结合起来，前者能划分出性质比较接近的各组，以减少标志值之间的变异程度；后者按照随机原则，可以保证大数法则的正确运用。因此，分层抽样一般比简单随机抽样和系统抽样更为精确，能够通过对较少的抽样个体的调查，得到比较准确的推断结果，特别是当总体数目较大、内部结构复杂时，分层抽样常常能取得令人满意的效果。

四、整群抽样

前面所述的几种抽样方式都是从调查总体中一个一个地抽取样本。在实际工作中，采用简单随机抽样往往会遇到一些困难，如所抽出的样本单位可能极为分散，在各区域皆有，因此有可能增加调查费用。再者，要取得整个被调查单位母体的名单，有时也非易事。如果仅集中调查几个区域，则此困难便可减少。因此，市场调查人员往往采用整群抽样的方法，以避免简单随机抽样所发生的缺陷。整群抽样也称分群抽样，是指将总体分解为群，抽样直接抽取群，对抽中群中的个体单位全部或随机抽取部分进行调查（对抽中群中的所有个体进行调查称为一级整群抽样；对抽中群中的个体随机抽取一部分进行调查称为二级整群抽样；对抽中群中的子群随机抽取一部分子群，并对抽中子群中的个体随机抽取一部分进行调查称为三级整群抽样），以此来推断总体的一般特性。例如，对工业产品进行质量调查时，每隔 5h 抽取 1h 的产品进行百分之百的检验。

在进行整群抽样时，将调查区域分成若干个群，各群之间应具有相同性，但每一群内则应具有差异性。在这方面，整群抽样与分层抽样刚好相反。分层抽样要求各层之间的差异很大，层内个体或单元差异小。整群抽样方法的运用，需要与分层抽样方法区别开来。当某个总体是由若干个有着自然界限和区分的子群（或类别、层次）所组成，同时不同子群相互之间差别很大，而每个子群内部的差异不大时，则适合于分层抽样的方法；反之，当不同子群之间差别不大，而每个子群内部的异质性比较大时，则特别适合于采用整群抽样的方法。

整群抽样的优点是组织抽样和实施调查较为方便，确定一群后就可以抽出许多个体进行调查，可以大大节省费用和时间。但是，正因为以群为单位进行抽选，抽选个体比较集中，明显地影响了样本分布的均匀性。而且，往往由于不同群之间的差异较大，由此而引起的抽样误差往往大于简单随机抽样。因此，整群抽样和其他抽样方式相比，在抽样个体数目相同的条件下抽样误差较大，代表性较差。在抽样调查实践中，采用整群抽样时，一般都要比其他抽样方式抽选更多的个体，以降低抽样误差，提高抽样结果的准确程度。

当然，整群抽样的可靠程度主要还取决于群与群之间差异的大小。各群间的差异越小，整群抽样的调查结果就越准确。因此，在大规模的市场调查中，当群体内各个个体间的差异较大而各群之间差异较小时，最适合采取整群抽样方式。

在整群抽样时，每群的个体数可以相等也可以不等。每一群中的具体抽选方式，既可以采用简单随机抽样方式也可以采用系统抽样方式。但不管采用何种方式，都只能用不重复抽样的方法。

五、几种概率抽样方法的选择及比较

在选择概率抽样方法时，要考虑以下三个方面的因素。

1. 对抽样误差大小的要求

在简单随机抽样的条件下，抽样误差的大小主要受总体方差的影响。

在分层抽样的条件下，按某个标志值进行分类再抽样，实际上各类（组）都进行了调查，抽样误差不再受各组间方差的影响，而只受各组内方差大小的影响。因此，在抽样个体数一定的情况下，分层抽样的抽样误差要小于简单随机抽样。按有关标志值排序的系统抽样实际上是一种分类更细的分层抽样，其抽样误差更小；按无关标志值排序的系统抽样，其误差与简单随机抽样相似。

整群抽样对所抽中的群（组）中的所有个体都一一加以调查，因此其抽样误差的大小不再受各群（组）内方差的影响，而主要取决于群（组）间方差的大小，但群（组）间方差往往较大。

根据调查经验，通常按有关标志值排序的系统抽样方式的抽样误差最小，其次是分层抽样、按无关标志值排序的系统抽样、简单随机抽样和整群抽样。在进行实际调查时，可根据对调查误差的不同要求，选择适当的概率抽样调查方式。

2. 调查对象本身的特点

有些现象，事先没有关于总体中各个体全面、详细的资料，就无法采用按有关标志值排序的系统抽样，而只能采用其他抽样方式，同时还要考虑对调查对象所能了解的程度。对调查对象了解得越周全，就越能采用准确性较高的抽样方式。

3. 人力、物力、经费和时间等各种调查条件

在调查前考虑到抽出的样本可能极为分散，就应增加调查往返的时间和费用，可采用整群抽样方式，使调查样本相对集中，调查员行动半径缩小，以节省人力、费用和时间。

应该指出的是，强调根据调查要求和调查对象特点选择适宜的抽样方式，并不否认结合运用上述几种方式的优势。在实际调查中，也往往是根据具体情况结合使用这几种方式的。此外，在许多情况下，特别是在复杂的、大规模的市场调查中，调查个体一般不是一次性直接抽取的，而是采用两阶段或多阶段抽取的办法，即先抽取大的调查单元，在大单元中抽取小单元，再在小单元中抽取更小的单元，这种抽样方式称为多阶段抽样。我国城市住户调查采用的就是多阶段抽样，先从全国各城市中抽取若干个城市，再在城市中抽选街道，然后在各街道中抽选居民家庭。多阶段抽样在抽取样本及组织调查时很方便，但在设计抽样调查方案、计算抽样误差和推断总体时比较麻烦。

第三节 非概率抽样

由于概率抽样需要掌握较高的抽样技术，市场研究者必须拥有丰富的经验，加上所需时间长、费用高，因此为经济与快捷起见，在某些情形下，市场调查者往往更倾向于采用配额抽样等非概率抽样方法。这些情形主要包括：①由于客观条件的限制，无法从容进行概率

抽样；②调查人员具有丰富的经验积累，凭经验就可以抽选出很好的样本；③调研委托方对抽样误差没有过多要求，不需要对总体参数进行区间估计。在上述情形尤其是第三种情形之下，市场调查者一般会借助各种非概率抽样方式来抽选合适的调查样本。

常用的非概率抽样方式主要有方便抽样、判断抽样、配额抽样和滚雪球抽样四种。

一、方便抽样

方便抽样又称便利抽样或任意抽样，样本的抽选完全从调查者的方便或便利出发。另外，由被调查者主动提供信息的方式也属于方便抽样。方便抽样包括以下一些情形。

（1）在入户调查中，调查员选择家中有人的住户。

（2）没有认定被调查者身份的拦截式访问，如在商场入口或街头向行人进行询问调查。

（3）利用客户的名单进行调查。

（4）将问卷登在宣传媒体上，被调查者自填写后提交。

方便抽样的基本假定，显然是认为母体中的每一个单位皆相同，因此任意选出某一样本单位并无差别。方便抽样的最大特点是节省费用与时间，但样本的信息不适用于对总体参数的推断。在市场研究中，采用方便抽样来提供信息的主要目的是帮助调研者产生想法和认识，常在“预调查”或“试查”中采用，也可用于调查收尾时补缺，比较正式的调查中则较少采用。

二、判断抽样

判断抽样也称立意抽样，是指根据调查人员的主观意愿、经验和知识，从总体中选择具有典型代表性的样本作为调查对象的抽样方法。这种方法在我国的市场调查中得到了广泛的应用。例如，某进口商欲调查各零售商销售其产品的情况，根据自己的判断，选定具有代表性的零售商作为调查对象。

判断抽样可以有两种具体做法。一种是由专家判断并选择样本，一般采用平均型或多数型的样本作为调查个体，通过对典型样本的研究，由专家来判断总体的状态。所谓平均型样本，是指从调查总体中挑选出代表平均水平的个体作为样本，以此作为典型样本，再推断总体。所谓多数型样本，是指从调查总体中挑选占多数的个体作为样本来推断总体。另一种做法是利用统计资料判断、选择样本，即利用调查总体的全面统计资料，按照一定的标准选择样本。

判断抽样的优点主要包括：简便、易行、及时，符合调查目的和特殊需要，可以充分利用调查样本的已知资料，被调查者配合较好，资料回收率高等。但是，这种方法易产生由主观判断产生的抽样误差，同时由于不知道抽样中各个调查个体被抽取的概率，因而无法计算抽样误差和可信程度。如果调查者的经验丰富、知识面广、判断能力强，抽取的样本代表性就大，反之则小。

判断抽样多应用于总体小而内部差异大的情况，以及在总体边界无法确定或研究者的时间与人力、物力有限时采用。

三、配额抽样

配额抽样也称定额抽样，是指将总体中的各单位按一定的标准划分为若干个类别，将样本数额分配到各类别中，在规定的数额内由调查人员任意抽选样本。

配额抽样是非概率抽样中最流行的一种，它与分层抽样法有相似之处，都是事先对总体中所有的个体按其社会或经济的属性、特征分类。这些属性、特征称为控制特性，如市场调查中的消费者的性别、年龄、收入、职业和文化程度等，然后再在每一控制特性所分出的各类中按一定比例分配样本数额。但它与分层抽样又有区别，主要体现在层内的抽样方法不同。分层抽样是按随机原则在层内抽取样本，而配额抽样则是由调查人员在配额内主观判断选定样本。例如，需调查 100 个性别为男性、月收入在 3 000 元以上的样本，只要被调查者符合上述两项规定的要求，即可被列为访问对象。显然，配额抽样方法是假定具有某些相同特性的访问对象，其行为、态度与反应皆为相近，没有必要对同一类被调查者再进行随机抽样。因抽样误差不大，只要问卷设计良好，分析方法正确，所得结果一样可靠。配额抽样是让调查人员根据所规定的控制特性来自由选择被调查者，而被调查者的数额分配已为既定，配额抽样正由此而得名。

配额抽样与判断抽样也有区别。一是抽取样本的方式不同。配额抽样是指分别从总体的各控制特性的层次中抽取若干个样本，而判断抽样是指从总体的某一层次中抽取若干个符合条件的典型样本。二是抽样要求不同。配额抽样注重“量”的分配，而判断抽样注重“质”的分配。三是抽样方法不同。配额抽样方法复杂、精密，判断抽样方法简单、易行。

1. 配额抽样的分类

按照配额的要求不同，配额抽样可分为独立控制配额抽样和相互控制配额抽样两大类。

（1）独立控制配额抽样。独立控制配额抽样是指调查人员只对样本独立规定一种特征（或一种控制特性）下的样本数额。例如，在消费者需求调查中，按年龄特征分别规定不同年龄段的样本数目，就属于独立控制配额抽样。人们通常把消费者的年龄、性别、收入分别进行配额抽样而不考虑三个控制特性的交叉关系。例如，在某项调查中，确定样本总数为 150 个，可单独选择收入水平、年龄和性别三个标准中的一个进行抽样。按独立控制配额抽样，其各个特性样本配额数见表 4-3。

表 4-3　独立控制配额分配

收入水平		年龄		性别	
高	50	20 ～ 29 岁	40	男	75
中	50	30 ～ 44 岁	40	女	75
低	50	45 ～ 64 岁	40		
		65 岁及以上	30		
总计	150	总计	150	总计	150

这种方法的优点是简单、易行，调查人员的选择余地较大。缺点是调查人员可能图一时方便，选择样本过于偏向某一组别，如过多地抽选女性消费者，从而影响样本的代表性。这个缺点可通过相互控制配额抽样来弥补。

（2）相互控制配额抽样。与独立控制配额抽样相反，相互控制配额抽样是指在按各类控制特性独立分配样本数额的基础上，再采用交叉控制安排样本的具体数额的抽样方式。在上例中，如果采用相互控制配额抽样，就必须对收入水平、年龄和性别这三项特性同时规定样本分配数。从表 4-4 可以看出，相互控制配额抽样对每一个控制特性所需分配的样本数都做了具体规定，调查人员必须按规定在总体中抽取调查个体。由于调查面明显扩大，相互控制配额抽样克服了独立控制配额抽样的缺点，提高了样本的代表性。

表 4-4　相互控制配额分配表

性别		收入水平			总计
		高	中	低	
		男女	男女	男女	
年龄	20～29 岁	4　4	6　6	10　10	40
	30～44 岁	6　6	8　8	12　12	52
	45～64 岁	3　3	5　5	11　11	38
	65 岁及以上	2　2	3　3	5　5	20
总计		15　15	22　22	38　38	150

对调查人员而言，独立控制配额抽样的优点是简单、易行，某种规定特性的样本数目，可根据官方的次级资料求得。由于配额表的编制较为简单，费用因此也较低廉。其缺点是调查人员可能为方便起见，选择样本过于偏重于某一子组。例如，可能偏重年龄大的女性应答者，或者偏重年轻的男性应答者，这自然会影响样本的代表性。用相互控制配额抽样则可预先将应答者做较广泛的分配。

2. 配额抽样的工作程序

配额抽样的工作程序一般分为以下四个步骤。

第一步：选定控制特性。调查人员可事先根据调查目的和客观情况，将调查对象的控制特征作为总体分类的划分标准，如年龄、性别、收入和文化程度等。

第二步：根据控制特征对总体分层，计算各层占总体的比例，确定各层之间的比例关系。假设选定的控制特性为家庭月总收入与家庭主妇的年龄，根据政府所公布的统计资料，可编制配额比例，见表 4-5（数字为假定）。

表 4-5　两个控制特性的配额比例

家庭月总收入	家庭主妇年龄		总计
	30 岁以下	30 岁及以上	
5 000 元以下	42%	50%	92%
5 000 元及以上	1%	7%	8%
合计	43%	57%	100%

表 4-5 中各层（格）的百分比表示母体的构成比例，因此样本也应依此比例抽取。

第三步：确定各层（格）的样本数。首先确定样本总数，然后根据每层（格）占总体的比例决定每层（格）应抽取的样本数。

假设样本总数为 300 人，则各层应抽出的样本为

层 1——5 000 元以下，30 岁以下：300 人 ×42%=126 人

层 2——5 000 元以下，30 岁及以上：300 人 ×50%=150 人

层 3——5 000 元及以上，30 岁以下：300 人 ×1%=3 人

层 4——5 000 元及以上，30 岁及以上：300 人 ×7% =21 人

总计：　　300 人

以上是两个控制特性相互控制配额抽样的样本分配情况，控制特性越多，则层（格）数越多，计算越烦琐。

第四步：配额分配。当各层（格）应抽取的样本数确定后，调查人员就可在指定的样本配额限度内选择样本。

3. 配额抽样的优点及局限性

配额抽样的优点有：①调查费用较概率抽样低，符合经济性原则；②执行容易，省却了抽样手续及概率抽样的补访调查；③调查时间缩短，调查结果的时效性增加；④适用于无母体名单的情况。

配额抽样的局限性表现在：①配额抽样通常采用政府人口调查资料作为组别划分和样本在各组中分配的基础，但人口统计资料有过时的可能，如果根据过时的资料分组和分配配额，可能影响调查结果的准确性；②随着控制特性增多，各组（格）的资料将不一定齐备；③调查人员是否会按规定寻找符合条件的应答者，也较概率抽样方法更难以控制，一旦在选择上有偏见，样本的代表性自然将大打折扣；④由于不是用随机方式抽选样本，配额抽样无法估计抽样误差。

四、滚雪球抽样

滚雪球抽样又称推荐抽样，是指采用随机方式选择一组调查对象或个体，在对他们进行调查后，根据他们所提供的信息或由他们推荐选择下一组调查对象或个体。这样，通过上一组选择下一组，像滚雪球一样一波一波地继续下去，直到调查结束。虽然第一组调查个体是通过概率抽样选择出来的，但是最终的样本是非概率样本。

滚雪球抽样大都因受限于研究对象数量稀少或条件特殊，使调查者必须通过人际关系网络才能收集到调查样本数。例如，某位研究人员正进行社会性交易现况的研究调查，受限于被调查者身份隐匿与总体人数有限，调查者需要透过特殊渠道介绍先找出一位曾从事性交易的受访者进行调查，结束后请这位受访者推荐或帮忙联系下一位受访者接受调查。如此一个接着一个如滚雪球一般直到满足数量要求，并且没有其他新的受访者为止。

由于滚雪球抽样法依赖受访者推荐，因而受访者推荐是否有效，将影响研究人员后续调查的时间与数量。因此，研究人员在请求受访者推荐时，应把推荐条件说清楚（如经验、性别、年龄等），否则无用推荐将使研究人员浪费后续的研究时间和资源。

滚雪球抽样法的优点在于可收集到少数且条件特殊的调查样本，此方法使用得当不但费用少且简单有效，同时无须过多的事前规划与调查人力。许多媒体记者或社会工作调查者，均利用滚雪球方法收集独家新闻报道或了解社会特殊服务行业的现况。滚雪球抽样法的

缺点主要在于研究样本的产生全都依赖受访者的推荐，在无法证明每个样本的代表性的情况下，使得研究结果常受到质疑。而受访者推荐时，由于物以类聚与个人熟悉度，推荐样本常具有极高的相似性，使调查样本容易受限于整个调查范围下的某个小团体。

拓展阅读

在线样本技术

在线样本技术指的是利用互联网平台和工具，快速定位并连接到符合特定研究需求的调查对象。与线下样本技术相比，在线样本技术的优势在于其速度和范围。线下技术通常需要通过电话、面对面访谈等方式进行，耗时且成本高昂；而线上技术则可以迅速触达全国乃至全球的用户，不受地理位置限制。然而，在线样本技术也存在不足，如样本质量控制难度较大，以及对互联网覆盖和用户上网习惯的依赖。

在线样本技术被大量应用在新产品概念测试、口味测试、价格测试、包装测试、品牌监测、品牌价值研究、广告创意测试、广告效果评估、客户满意度测试、营销诊断等众多领域，能够完成大部分传统调查的业务。

在线定量研究样本的主要来源包括：①在线样本库（Panel），适合长问卷调查。②精准推送。基于平台用户标签进行筛选，适用于低渗透样本、下线城市以及小众兴趣人群的研究，通常问卷时长控制在 5～10 分钟。③企业私域。基于私域用户标签进行筛选，样本具有较高的品牌亲和度，适用于品牌产品和服务的反馈研究，但不适合进行长问卷调查。

第四节 抽样误差及其测定

一、有关的基本概念

1. 总体和样本

总体是指所要调查对象的全体，其中的每个被调查对象称为个体。样本是指从总体中抽选出来的要直接观察的全部个体。例如，调查某企业员工的平均月收入和支出，采用抽样调查方法从企业所有员工中抽取部分员工，那么企业的所有员工就是总体，每个员工就是个体，抽中的那部分员工为样本。

2. 总体指标和抽样指标

总体指标是指根据调查总体中各个个体标志值计算的综合指标。常用的总体指标有总体平均数、总体成数、总体方差和标准差。

（1）总体平均数。总体平均数是指调查总体所研究标志的平均值，有简单式和加权式两种计算方法。

（2）总体成数。总体成数是指一个现象有多种表现时，其中具有某种标志的个体数在总体中所占的比重。例如，产品可分为合格品和不合格品，产品总体中的合格品率或不合格品率就称为成数。

（3）总体方差和标准差。总体方差和标准差是指用来说明总体标志变异程度的指标，是理解和应用抽样调查时很重要的基础指标，可分别计算平均数和成数的方差与标准差。

抽样指标是指根据样本总体的各个个体标志值计算的综合指标。常用的抽样指标有抽样平均数、抽样成数、抽样方差和标准差。

3. 重复抽样和不重复抽样

从总体中具体抽取样本个体的方法有两种：重复抽样和不重复抽样。

重复抽样又称回置抽样，是一种在总体中允许多次重复抽取样本个体的抽样方法，即从总体中随机抽出一个样本个体后，将它再放回去，使它仍有被抽取的机会，在抽样过程中总体个体数始终相同，被抽中样本个体的概率也完全相等。

不重复抽样又称为不回置抽样，即先被抽取的个体不再放回到总体中去，任何个体一经抽出，就不会再有第二次被抽取的可能性。在抽样过程中，总体的个体数是逐渐减少的，越抽到后来，留在总体中的个体越少，被抽中的可能性越大。

抽取样本方式的不同，将会导致样本组合总数不同。在重复抽样时，每次都从所有总体的个体数 N 中抽取，因此可能抽到的样本组合总数多于不重复抽样。例如，总体的个体数为 8（N=8），样本的个体数为 2（n=2），用重复抽样方法抽选样本，可能得到的样本组合总数为 8×8=64（个），而用不重复抽样方法抽选样本，则可能得到的样本组合总数为 8×7=56（个）。样本组合总数的不同将导致抽样误差大小的差异。

4. 总体分布和样本分布

总体分布是指调查总体中的各标志值经过分组所形成的变量数列，而样本分布是指所有可能的样本指标经过分组而形成的变量数列。两者概念不同，但有着密切联系。一般来讲，当总体分布为正态分布时，则样本分布也一定是正态分布；但当总体分布不是正态分布时，样本分布是否为正态分布，则主要取决于样本数量的大小。抽样调查的基本要求是使抽样分布尽可能接近总体分布。

5. 大样本和小样本

大样本和小样本是根据抽样调查中所抽选样本容量的不同而划分的。当样本数目大于或等于 30 时，称为大样本；当样本数目小于 30 时，称为小样本。在市场调查中，一般要求样本的个体数目足够多，这是由大数法则决定的。由于调查研究的客观对象是在很多错综复杂的因素影响下形成的，总体内各个个体受各因素影响的方向和程度不同，各因素相互结合的方式也不相同。因此，个体的数量变化带有一定的偶然性，只有通过大数观察，才能消除偶然的、次要的因素所引起的个别差别，显示出调查总体特征变化的规律性。大数法则是统计研究的重要定律，也是对复杂总体进行市场调查时应遵守的法则。

二、调查误差和抽样误差

在市场调查中，无论是普查还是抽样调查都有可能产生误差。调查误差是指调查的结果和客观实际情况的出入和差数，一般有两种误差存在，即登记性误差和代表性误差。

登记性误差又称为工作性误差，是指在现场调查工作的过程中，由于抄写、登记、计算等工作过程上的过错而引起的误差。这种误差有可能存在于任何一种调查方式中，市场调查对象范围越广、规模越大、内容越复杂、调查环节越多、参加人员越庞杂，产生这种误差的可能性也就越大。但是，这种误差是能够通过采取一定的措施而避免的。

代表性误差是指在抽样调查中，由于选取的部分调查个体对总体的代表性不足而产生的调查误差。它只在抽样调查中存在，普查不存在这种误差。在抽样调查中，这种代表性误差又分为两种：一种是由于调查者违背抽样的随机原则，人为地选择偏高或偏低的个体进行调查而产生的误差，称为系统性误差，这种误差应力求避免；另一种则是在不违背随机原则的情况下必然出现的误差，是抽样调查固有的代表性误差，称为抽样误差。

因此，抽样误差是指按照随机原则抽样时，所得样本指标与总体指标的实际差数，主要是指样本平均数与总体平均数之差、样本成数与总体成数之差。这种误差不包括抽样调查时的登记性误差，也不包括破坏随机原则而可能发生的系统偏差。抽样误差的大小与样本的代表性成反比，即抽样误差越大，所抽样本的代表性越低；反之，样本的代表性越高。

抽样误差的大小主要受以下三个因素影响。

（1）被研究总体各个个体标志值的变异程度。总体的方差和均方差越大，抽样误差就越大；反之，则抽样误差越小。如果总体中各个个体标志值之间没有差异，那么抽样指标和总体指标相等，抽样误差也就不存在了。

（2）抽取的调查个体的数目。在其他条件不变的情况下，抽样个体数越多，抽样误差就越小；反之，抽样误差就越大。当抽样个体数扩大到与总体个体数相同时，也就相当于普查，抽样误差也就不存在了。

（3）抽样调查技术。抽样误差也受抽样调查技术的影响。一般来说，按照系统抽样和分层抽样方式抽样，由于经过划类或排队，可以缩小差异程度，因而抽取相同数目的样本，其抽样误差要比用简单随机抽样方式小些。

三、抽样平均误差

在抽样调查中，往往可以根据调查的需要，从同一调查总体中抽出很多组样本；每组样本都有相同或不同的样本容量，同时可以计算出每组样本相应的抽样平均数或抽样成数。这样，从理论上讲，可以计算出许多个抽样误差，为了反映这些误差的一般水平，就要计算抽样平均误差。

抽样平均误差是指所有样本抽样误差的平均数。它不是一个简单的算术平均数，而是抽样平均数或抽样成数的标准差，即可能出现的样本指标的平均离差。因此，抽样平均误差被用作衡量样本指标对总体指标代表性高低的尺度。

由于抽样指标有平均指标和成数指标之分，抽样方法又有重复抽样和不重复抽样两种，因此计算抽样平均误差的方法也有所差别。

1. 抽样平均数的平均误差公式

（1）重复抽样。重复抽样的计算公式为

$$\mu_x = \frac{\sigma}{\sqrt{n}} \tag{4-3}$$

式中　μ_x —— 抽样平均数的平均误差；

σ —— 总体标准差；

n —— 样本单位数。

（2）不重复抽样。不重复抽样的计算公式为

$$\mu_x=\sqrt{\frac{\sigma^2}{n}\left(\frac{N-n}{N-1}\right)} \tag{4-4}$$

式中 N——总体单位数。

当 N 很大时，式（4-4）可变形为

$$\mu_x=\sqrt{\frac{\sigma^2}{n}\left(1-\frac{n}{N}\right)} \tag{4-5}$$

2. 抽样成数的平均误差公式

（1）重复抽样。重复抽样的计算公式为

$$\mu_P=\sqrt{\frac{P(1-P)}{n}} \tag{4-6}$$

式中 μ_P——抽样成数的平均误差；

P——成数。

（2）不重复抽样。不重复抽样的计算公式为

$$\mu_P=\sqrt{\frac{P(1-P)}{n}\left(\frac{N-n}{N-1}\right)} \tag{4-7}$$

当 N 很大时，式（4-7）可变形为

$$\mu_P=\sqrt{\frac{P(1-P)}{n}\left(1-\frac{n}{N}\right)} \tag{4-8}$$

3. 应用抽样平均误差应注意的问题

（1）重复抽样和不重复抽样平均误差公式的区别在于：不重复抽样时要乘以一个修正系数，由于这个修正系数小于 1，因此不重复抽样时的抽样误差总是小于重复抽样时的抽样平均误差。如果样本的个体数很小，而总体的个体数很大，则修正系数接近 1，对于平均抽样误差的影响不大。因此，在实际应用中按不重复抽样方法抽取样本时，也往往采用重复抽样的公式计算抽样平均误差。

（2）计算抽样平均误差要有总体标准差的资料，而这些资料常常是没有的，为了能够计算出抽样平均误差，可采取以下四种解决办法。

1）用样本方差代替总体方差。经验证明，只要组织工作得当，抽样数目充足，一般都能获得令人满意的结果。

2）用估计的资料。例如，在产品销售量抽样调查中，可用预计销售量的资料计算出方差或均方差来代替总体方差或均方差。

3）用过去调查所得的数字，即可用过去普查或抽样调查所得的总体方差资料。若有几个不同的资料，则可取离报告期较近的或数值较大的总体方差资料。

4）如果以前没有进行过这种调查，可在大规模调查前组织一次小规模的试点调查，以获得有关方差资料，并取代总体资料。

（3）以上所述的抽样平均误差计算公式是在简单随机抽样方式下推导得到的。其他几种抽样方式的平均误差计算公式，都可在简单随机抽样公式的基础上变换得到。

（4）影响抽样平均误差的因素与影响抽样误差的因素基本相同，只是应注意重复抽样和不重复抽样对抽样平均误差大小的影响。

四、极限抽样误差

抽样平均误差可以用来测定抽样指标对总体指标的可能离差。根据概率原理，用一定的概率可以保证抽样误差不超过某一给定的范围，这个给定的范围称为极限抽样误差（允许误差）。

极限抽样误差的计算方法是用概率度与抽样平均误差之积求得，其计算公式为

$$\Delta=t\mu_x \tag{4-9}$$

式中 Δ——极限抽样误差（允许误差）；

μ_x——抽样平均误差；

t——概率度［测量估计可靠性即置信度的参数，置信度 $F(t)$ 是 t 的分布函数，一定的置信度对应一定的 t 值，反过来也一样］。

由上可见，极限抽样误差和概率度说明的问题不同，但它们之间又有着密切联系。极限抽样误差是 t 倍的抽样平均误差，随着 t 值的变化，极限抽样误差可能大于或小于抽样平均误差，也可能等于抽样平均误差。当 t 值小时，允许误差范围缩小，调查的精度虽然提高了，但把握程度却降低了；当 t 值大时，允许误差范围扩大，调查的精度虽然降低了，但把握程度却会提高。在实际调查中，采用多大的精度和把握程度是调查人员所关注的问题，不能一概而论，要根据所研究问题的性质而定。通常对于一般指标，把握程度可低些，而对于十分重要的指标，把握程度应相应提高。

中心极限定理已证明，概率度（t）和概率（P）成函数关系，即 $P=F(t)$，t 每取一个值，都有一个唯一确定的 P 值与之相对应。在实际工作中，为了使用方便，将不同的 t 值与相应的 P 预先算好，编成概率表，供调查时查用。

有了概率度即可查出概率，反过来也可在一定的概率保证下（即预定的准确程度）查出概率度，进一步计算出总体平均数或总体成数的可能范围。

拓展阅读

收视率调查

我国收视率调查始于20世纪80年代中期，主要是采用记录仪和抽样调查等技术手段和方法，对观众收看节目的情况进行调查、统计和分析，相关数据可作为衡量相应节目版权价值、相应时段广告价值的参考。我国收视率调查共经历了四个阶段。

1．2009年之前：索福瑞和尼尔森两大体系

自20世纪90年代起，我国广播电视系统与外资合作，形成索福瑞和尼尔森两大收视率评估体系。索福瑞，即CMS，成立于1997年，是央视市场研究（CTR）与法国索福瑞集团的合资企业。尼尔森由AC尼尔森和WPP投资成立，专门从事媒介视听率调研。两者都使用抽样调查法评估收视率，但样本容量不同，导致评估结果有差异。例如，《亮

剑》在 CCTV1 播出时，索福瑞给出的收视率为 8.4%，尼尔森为 7.88%。然而，对中国市场而言，数万样本仍显局限，抽样调查法存在争议。索福瑞与尼尔森的竞争持续至 2008 年，后因 WPP 退出尼尔森并入股索福瑞，加上金融危机影响，尼尔森退出中国市场，索福瑞随后主导市场。

2．2009—2013：**索福瑞独居首位**

自 2009 年以来，索福瑞公司不仅运营全国电视收视率监测网络，还扩展到省级和城市级监测网络。收视率受多种因素影响，如地理位置、播出时段等，导致波动。索福瑞建立这些网络以提供精确数据，满足广告商需求。不同受众群体需要不同监测网络的数据。索福瑞迅速发展，CSM 收视率成为行业标准。尽管有新公司出现，但索福瑞仍占领先地位。然而，样本量不足和数据可操作性导致收视率造假问题频现。城市级监测网络受影响尤其大，长期治理不力。

3．2014—2021：**各大平台大数据**

随着智能电视与流媒体服务的广泛普及，实时监测数据的需求日益增长，索福瑞公司长期面临数据反馈滞后的挑战。为应对这一问题，酷云、勾正、欢网等技术平台应运而生。与传统抽样调查方法不同，这些平台通过与电信运营商的合作，直接从智能电视端获取数据，有效避免了传统抽样调查中覆盖面有限的问题。技术的辅助使得酷云等平台的收视率数据产出更为直接和高效，网络实时传输减少了对观众的干扰，同时增加了收视数据造假的难度。

4．2021 **至今：中国视听大数据**

中国视听大数据项目由国家广播电视总局领导，整合了全国主要城市的电视和网络视听数据，覆盖超过 300 个地级市和 2 800 个县级行政区。该系统包括有线电视、直播卫星、IPTV、互联网电视等渠道，统计超过 3 200 个节目频道。技术上，该项目采用云计算和大数据分析，取代传统抽样调查，旨在实现精准数据收集。数据清洗遵循《电视收视数据清洗规范》，以黄金时段电视剧收视为统计对象。数据更新频率为每周一次，因其大容量、高科技和低污染的特性，已成为业界权威的收视率参考指标。

第五节　样本量的确定

在开始组织抽样调查之前，确定抽选样本的数量是个很重要的环节，抽选的数目过少，会使调查结果出现较大的误差，与预期目标相差甚远；而抽选的数目过多，又会造成人力、财力和时间的浪费。因此，合理地、经济地确定一个抽样数目，既满足抽样误差的要求，又使抽样调查所需成本最少，是组织抽样调查中需要解决的一个重要问题。专业的市场调查公司在这方面会根据调查者的具体情况及调查性质进行综合权衡，选择一个最优的样本容量。

一、影响抽样数目的因素

一般情况下，确定样本量需要考虑调查的目的、性质和精度要求，以及实际操作的可行性、经费承受能力等。根据调查经验，市场潜力和推断等涉及量比较严格的调查需要的样本量比较大，而一般广告效果等人们差异不是很大或对样本量要求不是很严格的调查，样本量相对可以少一些。实际上，确定样本量大小是比较复杂的问题，既要有定性的考虑也要有定量的考虑。从定性的方面考虑，决策的重要性、调研的性质、变量的数目、数据分析的性质、资源约束等都决定样本量的大小。具体地说，更重要的决策，需要更多的信息和更准确的信息，这就需要较大的样本；探索性研究，样本量一般较小，而结论性研究，如描述性的调查，就需要较大的样本；收集有关许多变量的数据，样本量就要大一些，以减少抽样误差的累积效应；如果需要采用多元统计方法对数据进行复杂的高级分析，样本量就应当较大；如果需要特别详细的分析，如做许多分类等，也需要大样本；针对子样本分析比只限于对总样本分析所需样本量要大得多。但是，这只能原则上确定样本量大小，具体确定样本量时还需要从定量的角度考虑。

从定量的方面考虑，有具体的统计学公式，不同的抽样方法有不同的公式。归纳起来，样本量的大小主要取决于以下五个因素。

（1）被调查对象标志的差异程度。被调查对象的差异程度越大，抽样数目也越多。

（2）允许误差的大小。允许误差与抽样数目成反比。允许误差越小，抽样数目越多；允许误差越大，抽样数目越少。允许误差的大小，主要取决于调查的目的和力量。调查结果要求比较精确，又有掌握抽样调查技术的队伍，允许误差可小些；反之，允许误差可以放大些。

（3）对调查结果要求的把握程度。要求的把握程度越大，抽样数目越多；要求的把握程度越小，抽样数目越少。

（4）抽样方法。在同等条件下，不重复抽样比重复抽样需要的样本数目少。

（5）抽样技术。采用分层抽样和系统抽样方式比简单随机抽样需要的样本数目少些。

此外，根据调查经验，调查表的回收率的高低也是影响样本量的一个重要因素，在回收率低的情况下应适当加大样本数目。

二、样本量的确定方法

确定样本量的基本方法很多，但是公式检验表明，当误差和置信区间一定时，不同的样本量计算公式计算出来的样本量是十分相近的。所以，完全可以使用简单随机抽样计算样本量的公式去近似估计其他抽样方法的样本量。

在简单随机抽样的条件下，在统计教材中可以很容易找到确定调查样本量的公式。

1. 简单随机抽样方式平均数的必要抽样数目计算公式

（1）重复抽样。重复抽样的计算公式为

$$n=\frac{t^2\sigma^2}{\Delta_x^2} \tag{4-10}$$

式中　Δ_x——平均数极限抽样误差。

（2）不重复抽样。不重复抽样的计算公式为

$$n=\frac{t^2N\sigma^2}{N\Delta_x^2+t^2\sigma^2} \tag{4-11}$$

2. 简单随机抽样方式成数的必要抽样数目计算公式

（1）重复抽样。重复抽样的计算公式为

$$n=\frac{t^2P(1-P)}{\Delta_P^2} \tag{4-12}$$

式中　Δ_P——成数极限抽样误差。

（2）不重复抽样。不重复抽样的计算公式为

$$n=\frac{t^2NP(1-P)}{N\Delta_P^2+t^2P(1-P)} \tag{4-13}$$

从以上公式可以看出，必要样本容量（n）与总体方差、置信水平、极限抽样误差之间具有下述关系：在其他条件不变的情况下，总体方差越大，必要样本容量越大，必要样本容量与总体方差成正比；置信水平越高，必要样本容量越大，二者成正相关；极限抽样误差越大，样本容量越小，二者成反相关。

【例】某企业对某批产品的每包平均重量和合格率进行检验。根据以往资料，每包平均重量的标准差为10g，产品合格率为92%。现用重复抽样的方式，在置信水平为95.45%、每包产品平均重量的抽样极限误差不超过2g、合格率的抽样极限误差不超过4%的条件下，应抽取多少包产品进行调查？

在重复抽样的条件下，抽检平均每包重量，由σ=10，t=2（置信水平95.45%所对应的t值），Δ_x=2（每包产品平均重量的抽样极限误差），得

$$n=\frac{t^2\sigma^2}{\Delta_x^2}=\frac{2^2\times10^2}{2^2}=100$$

在重复抽样条件下抽检合格率，由P=92%，t=2，Δ_P=4%（合格率的抽样极限误差），得

$$n=\frac{t^2P(1-P)}{\Delta_P^2}=\frac{2^2\times0.92\times(1-0.92)}{0.04^2}=184$$

所以，抽检平均每包重量指标时需要抽取100包产品，抽检合格率指标时需要抽取184包。而在一次抽样中，若要求同时抽检平均每包重量和合格率指标时，则应采用样本单位较多（即184）的方案。

三、总体资料的推算

抽样调查的特点之一，就是可以用抽样指标推算调查总体指标，包括点估计和区间估计两种方法。

1. 点估计

点估计也称定值估计，是直接用样本指标代替总体指标的推算方法。点估计方法的优点是简单，但不足之处是没有考虑抽样误差问题，也没有一定的概率做保证，因而无法说明

估计的准确程度和把握程度。例如，在 5 000 名消费者中随机抽出 100 名，对其月消费额进行调查，计算得到这 100 名消费者的月平均生活费支出为 2 000 元，采用点估计方法，可以说所有 5 000 名消费者月平均生活费支出为 2 000 元，总生活费支出为 1 000 万元。

2. 区间估计

区间估计也称数值范围估计，是在一定的概率把握程度下，根据样本指标和抽样平均误差去推算总体指标所在可能范围的方法。其计算公式为

$$\bar{x} \pm \Delta_x \tag{4-14}$$

$$P \pm \Delta_P \tag{4-15}$$

式中 $\bar{x}$ —— 样本平均数；

P —— 样本成数。

或表示为

$$\left\{\bar{x} - t\frac{\sigma}{\sqrt{n}},\ \bar{x} + t\frac{\sigma}{\sqrt{n}}\right\} \tag{4-16}$$

$$\left\{P - t\frac{\sigma}{\sqrt{n}},\ P + t\frac{\sigma}{\sqrt{n}}\right\} \tag{4-17}$$

3. 案例分析

某电信营业厅为提高其服务水平和质量，除了加强营业厅的设备设施建设和提高服务人员的素质外，还广泛征求顾客的意见，对某日前来服务厅办理业务的 100 名顾客进行调查，了解顾客的等候时间和对等候时间长短的满意程度。得样本平均值为 $\bar{x}$ =40.9min，样本标准差为 S=12.66min，样本中不满意人数的比重为 P=59%。试根据 95% 的可靠性，对总体指标进行推断，并根据推断结果进行评价和分析。

（1）顾客平均等候时间的估计。其计算公式为

$$\mu_x = \frac{S}{\sqrt{n}} = \frac{12.66\text{min}}{\sqrt{100}} = 1.266\text{min}$$

$$\Delta_x = t\mu_x = 1.96 \times 1.266\text{min} \approx 2.48\text{min}$$

平均等候时间的区间下限：$\bar{x} - \Delta_x$=（40.9−2.48）min =38.42min

平均等候时间的区间上限：$\bar{x} + \Delta_x$=（40.9+2.48）min =43.38min

平均等候时间为 38.42 ～ 43.38min，其可靠性为 95%。

（2）不满意人数比重的估计。其计算公式为

$$\mu_P = \sqrt{\frac{P(1-P)}{n}} = \sqrt{\frac{0.59(1-0.59)}{100}} \approx 4.92\%$$

$$\Delta_P = t\mu_P = 1.96 \times 4.92\% \approx 9.64\%$$

不满意人数比重的区间下限：$P - \Delta_P$=59%−9.64%=49.36%

不满意人数比重的区间上限：$P+\Delta_p=59\%+9.64\%=68.64\%$

对于等待时间不满意人数的比重区间为 49.36% ～ 68.64%，可靠性为 95%。

从调查资料和计算结果看，该电信营业厅要想真正提高其服务质量，除了硬件设施齐备外，还应不断提高服务人员的专业水平和敬业精神，进一步缩短服务等待时间。等待时间过长，会造成顾客的急躁心理，增加对营业厅的不满意程度，影响营业厅的整体声誉和形象。因此，作为营业厅的管理者和决策者，要根据调查和分析的结果，制订出培训和提高服务人员服务水平的措施和方法，同时加强服务人员的服务意识。

本章小结

抽样调查也称样本调查，是按照随机原则从研究总体的所有单位中抽取部分单位作为样本，然后以样本的观测或调查结果对总体的数量特征做出具有一定的可靠程度和精确度的估计或推断的一种调查方法。抽样调查是市场调查中被广泛采用的一种科学方法。

抽样方法可以分为概率抽样方法与非概率抽样方法两类。概率抽样方法是指对总体中每一个体都给予平等的抽取机会的抽样方法。非概率抽样方法是指总体中每一个个体不具有被平等抽取的机会，而是根据一定的主观标准来抽选样本的抽样方法。这两种抽样方法各有其特点和适用范围。

概率抽样方法又分为简单随机抽样、分层抽样、系统抽样和整群抽样，非概率抽样方法一般分为便利抽样、判断抽样、配额抽样和滚雪球抽样四种类型。

为了提高抽样方法的有效性，需要切实控制抽样误差，严格遵循抽样调查的程序，并合理选用抽样方法。

重要概念

1. 抽样调查（Sampling Survey）
2. 抽样框（Sampling Frame）
3. 概率抽样（Probability Sampling）
4. 非概率抽样（Non Probability Sampling）
5. 简单随机抽样（Simple Random Sampling）
6. 系统抽样（Systematic Sampling）
7. 分层抽样（Stratified Sampling）
8. 整群抽样（Cluster Sampling）
9. 方便抽样（Convenience Sampling）
10. 判断抽样（Judgment Sampling）
11. 配额抽样（Quota Sampling）
12. 滚雪球抽样（Snowball Sampling）

自测题

一、单项选择题

1．通过随机抽样方法从总体中随机抽取一定数量具有代表性的观察单位组成的样本进行调查，然后根据样本信息来推断总体特征的调查方法是（　　）。

A．普查　　B．重点调查　　C．抽样调查　　D．全面调查

2．某校大一年级学生共 2 000 人参加考试，将 2 000 份试卷编好号码后，从中随机抽取 80 份计算平均成绩，此种抽样方法为（　　）。

A．简单随机抽样　　B．等距抽样　　C．分层抽样　　D．整群抽样

3．对农作物单位面积产量的调查，按平原、丘陵、山区分组来抽选样本单位，此种抽样方法为（　　）。

A．简单随机抽样　　B．等距抽样　　C．分层抽样　　D．整群抽样

4．为了了解某地区职工家庭生活状况，调查时将职工家庭按居委会分组，并以居委会为单位进行简单随机抽样，再对抽中的居委会所辖每户职工家庭一一进行调查，这种调查组织方式为（　　）。

A．等距抽样　　B．整群抽样

C．分层抽样　　D．简单随机抽样

5．一居民区有 200 户居民，拟抽出 25 户进行食糖需求调查，按无关标志排队从 1 号排队到 200 号，采用等距抽样方式抽取样本，若第三户抽中的是 19 号，则第十户样本为（　　）。

A．85 号　　B．75 号　　C．93 号　　D．105 号

6．在其他条件不变的情况下，抽样误差（　　）。

A．与样本单位数目无关　　B．不受抽样组织方式的影响

C．与总体标志变异程度成正比　　D．不受抽样方法不同的影响

7．街道拦截访问法属于（　　）。

A．分类抽样　　B．方便抽样

C．判断抽样　　D．简单随机抽样

8．由专家有目的地抽选其认为有代表性的样本进行调查，这种方法属于（　　）。

A．判断抽样　　B．等距抽样

C．简单随机抽样　　D．随意抽样

9．通过受访者推荐寻找另外的受访者，像滚雪球一样找到既定数量的受访者，这种抽样方式称为（　　）。

A．连带抽样　　B．便利抽样　　C．判断抽样　　D．滚雪球抽样

10．抽样误差与样本单位数的多少（　　）。

A．成正比例关系　　B．成反比例关系

C．实际关系不大　　D．无关系

二、多项选择题

1．简单随机抽样所适应的条件是（　　）。

A．总体的标志变异程度不很大　　B．总体单位分布较为均匀

C．无明确的抽样框　　D．有明确的抽样框

2．与全面调查相比，抽样调查的优点有（　　）。

A．速度快　　B．费用少

C．能够控制抽样估计的误差　　D．适用范围广

3．下列有关抽样误差的叙述中，正确的有（　　）。

A．系统误差是不可控制的

B．随机误差是不可避免的

C．代表性误差越小，则样本代表性越高

D．样本数目越少，误差越小

4．在抽样推断中，样本单位数的多少取决于（　　）。

A．总体标准差的大小　　B．允许误差的大小

C．抽样估计的把握程度　　D．抽样方法

E．抽样组织形式

三、简答题

1．应如何定义目标总体？

2．在市场调查实践中，人们为什么通常选择抽样调查而不选择普查？

3．怎样区分概率抽样与非概率抽样？

4．为什么一个具体城市的电话号码簿常常不能作为满意的抽样框？

5．分层抽样和配额抽样有哪些不同？

6．什么是抽样误差？影响抽样误差的因素有哪些？

四、计算题

1．对迪士尼乐园的调查表明，有 60% 的顾客喜欢玩滑行铁道。若要调查顾客对一种新式滑行铁道的态度，并要求误差不超过 2%，置信水平为 95%，那么需要多大的样本容量？

2．为调查某市城区 72 000 户居民家庭中拥有新能源汽车的成数，随机抽取了其中的 400 户，结果有 92 户拥有新能源汽车，试求总体成数的置信水平为 95% 的置信区间。

第五章 市场调查数据采集

本章学习目标

- 掌握主要的市场调查方法
- 理解文案调查法的含义及其优点和局限性，了解文案调查资料的来源
- 掌握焦点小组座谈会的实施过程
- 了解投射技术的含义及方法
- 对比各种询问调查法，了解如何选择适当的询问调查方法
- 理解观察法的含义，掌握观察法的类型
- 理解实验法的含义，了解实验法的类型

数据采集是指使用特定的调查方法收集数据的过程。在市场调查过程中，数据采集是至关重要的一个环节。采用什么样的调查方法，关系到调查目标是否能够完成、调查结果是否可信及调查预算的执行情况。按照所收集数据的类型，市场调查方法分为文案调查法和实地调查法两类。常用的实地调查法有焦点小组访谈法、深度访谈法、询问调查法、观察调查法及实验调查法等。

第一节 文案调查法

一、文案调查法概述

1. 文案调查法的含义

文案调查法又称间接调查法或桌面调查法，是指利用市场调查机构内部和外部现有的各种信息，对调查内容进行分析研究的一种调查方法。文案调查法所收集的资料以文献性信息为主，通常是已经加工过的次级资料，又称二手资料，如年鉴、报纸、期刊和报表等。

2. 文案调查法的优点和局限性

（1）文案调查法的优点：

1）应用范围广，受调查时间、空间和费用的限制比较少。

2）操作方便、简单。

3）成本低。相对实地调查法而言，成本较低。

4）间接性。可以研究那些研究者不能直接接触的研究对象，并且研究对象不受研究者的影响。

（2）文案调查法的局限性：

1）调查人员的素质对调查结果影响较大。调查人员的专业眼光、知识及技能，直接影响调查结果的可靠程度。

2）所收集资料的质量差异较大。二手资料来源繁杂，其时效性、真实性、准确性及针对性程度参差不齐，必须经过甄别、筛选、组织才能使用。

3）时限性。文案调查法所收集的主要是调查对象的历史资料，无法收集现实资料。

4）不可得性。有些问题可能根本不存在二手资料，因而无法收集。

3．文案调查法的作用

在市场调查中，文案调查法通常被视为首选方法，主要发挥着以下几个方面的作用。

（1）常规性调查方法。与实地调查法相比，文案调查法操作简单，节省时间和精力，成本较低，适合作为市场调查机构的常规性调查方法。市场调查机构可以建立文案调查系统，系统地收集、整理并分析有关的二手资料，为决策者提供决策支持。

（2）实地调查法的基础。文案调查法可以作为实地调查法的基础，为后者提供基础数据、背景资料、调查假设和理论指导。在市场调查实践中，市场调查人员可以利用文案调查法收集调查对象的背景信息，并提出调查假设，而后用实地调查法所收集的结果验证调查假设，从而为营销决策提供数据和建议。

（3）实地调查法的替代方法。在某些情况下，由于调查内容或调查经费等因素的限制，无法进行实地调查，只能采用文案调查法。例如，某企业制定国际市场营销战略，必须对国际市场进行调查，受到经费限制，只能采用文案调查法。

调查实例 5-1　我国机电类工业品出口非洲市场的市场调查

我国机电类工业品在全球市场的竞争力正在不断增强。非洲作为新兴市场之一，展现出巨大的发展潜力和广阔的市场前景。为了深入理解非洲市场的需求并抓住出口的机遇，一家专注于机电产品的中国企业委托 S 市场调查公司，对非洲市场进行了详尽的市场调研。这些调研结果将用于制定精确的市场营销策略，以提升该企业产品在非洲市场的竞争力和市场份额。

S 公司根据委托企业需求，制订调查方案。调查内容包括非洲各国政治、法律、经济、文化、技术和生态环境，以及机电类工业品的市场规模、竞争格局、供应量状况和消费者需求等。调查方法如下。

（1）数据收集：通过政府公开数据、国际组织报告、行业研究报告、市场调研公司数据、相关网站数据等获取宏观环境和行业数据。

（2）深度访谈：与当地行业协会、企业代表、分销商、终端用户等进行一对一访谈，获取第一手信息。

（3）焦点小组：组织特定人群进行小组讨论，深入了解消费者需求和市场趋势。

（4）网络调研：利用在线问卷、社交媒体、专业论坛等网络工具收集信息。

（5）现场考察：实地考察非洲市场，了解当地市场环境、消费者行为、竞争对手情况等。

二、文案调查资料的来源

文案调查资料的来源主要有以下几种。

1. 政府资料

政府资料通常由官方机构发布，涵盖官方公告、法律法规、政策文件、统计数据、政府报告、政府预算与决算、政府采购信息、政府服务指南、政府公文以及政府出版物等。此类资料具有正式性、时效性和政策导向性等特点。资料来源包括政府官方网站、政府公报、新闻发布会、政府信息公开平台等。例如，国家统计局发布的《中国统计年鉴》，海关总署发布的进出口贸易数据，工业和信息化部发布的工业生产数据的。

2. 行业资料

行业资料常由行业协会、专业论坛、专业数据供应商以及信息服务平台进行搜集和发布，其特点在于专业性、针对性以及市场导向性。例如，国际电信联盟（ITU）发布的全球电信行业报告，中国互联网络信息中心（CNNIC）发布的中国互联网络发展状况统计报告等。国内的专业数据供应商和数据信息平台众多，如阿里云数据平台、腾讯云数据平台、百度云数据平台、华为云数据平台、天云大数据、数美、聚合数据、数据宝、京东万象、阿里指数、艾瑞咨询、易观、赛诺数据、Quest Mobile、中国统计信息网等。

3. 市场研究报告

由市场研究公司发布的市场研究报告，因其深入的分析和详尽的数据支持，具有极高的专业性。如艾瑞咨询发布的移动应用市场研究报告，尼尔森发布的全球消费者信心指数报告，麦肯锡发布的关于全球零售业的转型报告，波士顿咨询集团（BCG）发布的关于数字化转型的研究等。

4. 学术论文和报告

大学、研究所等学术机构发布的研究报告、论文、调查数据等，具有较高的学术价值和研究深度。资料来源包括各类学术数据库，如中国知网、万方数据以及大学图书馆和研究机构的官方网站等。如清华大学发布的关于人工智能的研究报告，斯坦福大学关于自动驾驶技术的研究论文等。

5. 公开出版物

公开出版物包括书籍、杂志、报刊等，可以为公众提供广泛的信息和观点，其提供的信息具有多样性、普及性和可获取性等特点。如《财富》杂志发布的全球500强企业排名，《财经》杂志发布的经济趋势分析，英国《金融时报》关于全球经济形势的报道等。

6. 企业内部资料

企业内部资料包括财务报表、销售记录、客户数据库、员工档案、内部通信、会议记录、研究报告、项目文档等。这些资料的特点是具有较高的可靠性和保密性。资料来源包括企业的各个部门以及企业内部的网络系统和数据库。

调查实例 5-2 “丝绸之路经济带”沿线中东欧国家白酒市场研究的二手资料收集

为探究我国白酒行业在“一带一路”倡议背景下的国际化之路，收集并分析中东欧国家总体饮酒消费特征、消费趋势、消费偏好等数据，提出中国白酒企业开拓中东欧白酒市场的策略建议。

研究选取世界卫生组织的全球酒精和健康信息系统中全世界有记录的人均饮酒消费量（15 岁以上，以纯酒精为计量口径，单位为 L）里各中东欧国家数据，对中东欧国家人均饮酒消费情况分析；选取“中国一带一路网”、世界银行、中国外交部、世界卫生组织的有关数据为样本，对中东欧国家白酒市场营销环境开展定性与定量分析。指标体系及数据来源见表 5-1。

表 5-1 中东欧国家白酒市场营销环境分析指标体系及数据来源

指标类型	一级指标	二级指标	数据来源
定性	文化	宗教信仰	中国一带一路网
		饮酒习惯	中国一带一路网
	国家安全	社会治安	中国一带一路网
定量	人口	人口总量	世界银行
		城镇人口	世界银行
		人口密度	世界银行
	经济	GDP	世界银行
		人均国民总收入	世界银行
		对外贸易总额	中国外交部
		与中国双边贸易总额	中国外交部
	酒类消费情况	人均酒精消费总量	世界卫生组织
		人均酒精（烈酒）消费量	世界卫生组织
	营商环境	营商环境便利度排名	世界银行

拓展阅读

文案调查的国内互联网资源

1. 国家统计局官网：提供全国及各地区经济和社会发展统计数据。
2. 中国互联网络信息中心（CNNIC）：发布中国互联网发展状况统计报告。
3. 艾瑞咨询：提供互联网行业分析报告和市场数据。
4. 易观：专注于互联网和数字营销领域的市场研究和数据分析。
5. Quest Mobile：提供移动互联网行业数据和分析报告。
6. 199IT（中文互联网数据资讯网）：汇总互联网行业各类数据报告和信息。
7. 中华人民共和国商务部：发布国内外贸易和市场运行的相关数据和分析。
8. 中国产业信息网：提供各行业市场调查数据和分析报告。
9. 中国报告大厅：提供各类行业市场调查报告和数据。
10. 艾媒咨询：专注于新经济领域的市场研究和数据分析。

第二节　焦点小组访谈法

一、焦点小组访谈法概述

1. 焦点小组访谈法的含义

焦点小组访谈法又称焦点小组座谈会法，是指在小组焦点座谈会上，主持人引导一组参与者进行开放和深入的讨论，而不是简单地提出问题并征得参与者回答。

2. 焦点小组访谈法的优点和局限性

（1）焦点小组访谈法的优点：

1）应用范围广。

2）收集资料速度快。由于同一时间内同时访问多个被调查者，因此数据收集和分析过程都相对较快。

3）操作灵活。可以根据谈话的实际情况及时调整讨论主题的广度和深度。

4）科学监测。可以通过单向镜及录音录像设备，对数据的收集进行密切监视，观察者可以亲自观看座谈的情况并可以将讨论过程录制下来用作后期分析。

5）被调查者之间相互影响。小组讨论与个人访谈相比，容易得到更广泛的信息和更深入的看法。被调查者之间会相互激发，产生灵感。

（2）焦点小组访谈法的局限性：

1）主持人对调查结果影响大。要求主持人具有较丰富的经验和组织控制能力。

2）小组成员对调查结果影响大。小组成员选择不当会影响调查结果的准确性和客观性。

3）数据分析困难。抽样人数少，访谈结果散乱，使后期对资料的分析和说明都比较困难。

4）有些涉及隐私、保密的问题，很难在会上讨论。

3. 焦点小组访谈法的作用

焦点小组访谈法可以帮助市场调研机构深入了解消费者内心的想法，广泛用于概念测试、产品测试、产品包装测试、广告概念、顾客满意度、用户购买行为等市场调查项目。

（1）新产品开发。在新产品开发的构想阶段，焦点小组访谈法可以确定消费者对于现有产品的反应，以及对于新产品构想的反应，从而预测消费者对新产品的反应。

（2）广告测试。在广告从概念到创意讨论、草案形成直至正式投放之前的每个阶段，焦点小组访谈均可测试消费者对于广告的接受度、喜爱度及购买倾向。

二、焦点小组访谈法的实施

1. 准备阶段

（1）明确座谈会主题。通常一个座谈应有一个明确的主题，而且是到会者共同关心和了解的话题，这样才能调动每个到会者参与讨论的积极性。

（2）确定访谈进行的场所和时间。焦点小组访谈通常在一个焦点小组测试室中进行。焦点小组访谈进行的时间一般为 90 ～ 180 分钟。

（3）确定访谈组数或次数。这主要取决于问题的性质、细分市场的数量、访谈产生新想法的数量、时间与经费等。一个项目的焦点访谈通常需要数个小组。

2. 聘请主持人

主持人的选择对于焦点小组访谈法的效果起着至关重要的作用。对于主持人的要求主要有以下三个方面。

（1）市场调查专业知识。要求主持人深入了解调查背景、调查目的及调查程序。主持人应该与市场调查机构和代理机构共同制订座谈会大纲。

（2）沟通能力。主持人应该熟悉被调查者的背景资料，创造轻松的会议气氛，鼓励与会者畅所欲言，保持倾听的态度，准确理解被调查者的发言。

（3）组织能力。主持人应该把握讨论的主题，既要防止一个话题占用过多时间，又要防止偏离讨论主题。支持人应该引导被调查者之间的讨论达到彼此激发灵感的效果，控制每个人的发言时间和频次，避免出现“一言堂”或“各说各话”的现象。

3. 邀请和甄别被调查者

一般而言，座谈会的参与者以 8 ～ 12 人为宜。研究员根据座谈会的主题确定被调查者的条件，由访问员邀请符合条件的候选人，并从中甄选参加座谈会的被调查者。研究表明，被调查者参与焦点小组访谈的动因，按重要性排序依次是报酬、对调查内容感兴趣、时间、对调查课题比较了解、好奇、有发表观点的机会等。

通常，从以下几个方面甄别被调查者。

（1）经历或经验。与会者对座谈会的主题有一定的经验或经历。例如，在大学生对新手机的购买意向调查中，候选人的条件是：打算在最近三个月购买第一部手机或更换手机的大学生。

（2）个性特点。性格开朗、友好热情、思维活跃、见解独到、表达流利的人是座谈会的最佳邀请对象。

（3）均分配额。对于设定的配额要平均分配，一般每个配额放大 2 ～ 3 人进行预约。此外，被调查者的年龄、居住的地区应平均分布，行业与职业则应尽可能分散。

（4）排除对象。排除专业性强的被调查者，如律师、记者和教师等，他们很容易掌握讨论的主动权、影响他人的观点。排除曾经参加过焦点小组座谈的人。避免参与者之间存在亲友或同事关系，因为这种关系会影响发言和讨论。

拓展阅读

在线焦点小组

传统的焦点小组通常要求参与者亲自聚集在特定的地点，这种做法不仅限制了参与者的地理范围，还可能由于面对面交流的压力，影响其自然反应和真实意见的表达。随着互联网和社交媒体的广泛普及，人们越来越多地通过网络进行交流和互动，这为在线焦点小组（Online Focus Group）的出现提供了坚实的技术基础。在线焦点小组能够突破地理限制，节约时间和成本，同时提供一个相对匿名的环境，鼓励参与者更自由地表达自己的观点。组织者通过社交媒体、电子邮件、在线社区等渠道招募符合特定条件的参与者，使用专业软件进行线上会议。

目前，在线焦点小组的局限性主要表现在：①缺乏非语言信息：在线交流可能无法完全捕捉到面对面交流中的非语言信息，如肢体语言和面部表情。②参与度控制：在线环境下可能难以控制参与者的参与度和注意力。③安全性与隐私：需要确保讨论内容的安全性和参与者的隐私保护。

展望未来，随着人工智能和机器学习技术的不断进步，在线焦点小组可能会集成更多智能分析工具，自动识别和分析讨论中的关键信息和情感倾向。虚拟现实（VR）和增强现实（AR）等技术的成熟可能会为在线焦点小组带来新的互动方式，提供更加沉浸式的讨论环境。社交媒体、即时通信工具和专业在线焦点小组平台的整合将使参与者更容易参与和分享。

4. 举行座谈会

（1）拟定座谈会通知书。座谈会通知书的内容一般包括：项目名称、通知书填写日期、座谈会召开的城市、组别、日期、主持人及其他参与人员、地点、场地，录音、录像、摄像设备，笔录、同传的要求，参加者的年龄和性别、使用某类产品等条件及其他注意事项和要求，如代购产品、场地通风、食品、餐食要求等。

（2）会场布置。座谈会的场所可以是办公室或会议室，也可以是主持人或某一参与者的家中。最理想的焦点小组座谈会场所，则是市场调查公司内专门用于座谈会的会议室。会议室内有一张大圆桌和舒适的椅子，某个隐蔽的角落安装有麦克风和摄像头，此外还有一面单面镜。单面镜的另一侧则是观察室，方便客户观看讨论的进行情况。

座谈会开始前，组织者将主持人和被调查者的名牌按照座位顺序摆放在桌子上，这样可以方便参与者就座，便于记录员记录和整理发言，同时便于主持人的主持工作。

此外，不同的调查项目会需要不同的现场布置。例如：广告效果座谈会需要投影仪和屏幕；概念测试需要制作概念板；产品口味测试需要更多的准备，饮用水、测试产品、笔、纸等都要提早到位。

（3）座谈会的过程。整个座谈会的进程大致按以下步骤进行。

1）自我介绍。主持人首先进行自我介绍，而后请被调查者逐一进行自我介绍，初步营造轻松的会议气氛。

2）会议规则说明。在正式开始讨论之前，主持人明确会议的规则，如每人每次发言不得超过 2 分钟；发言时不允许批评其他人；别人发言结束之前，不要插话。

3）正式讨论。主持人明确提出讨论的主题，并按照座谈会大纲依次提出讨论的问题，由被调查者进行讨论。一般而言，座谈会的时间控制在 2 小时左右为宜。

（4）会议结束。会议结束后，由会议的组织人员整理会场，同时关闭录像设备，为下一组座谈会做好准备工作。

5. 座谈会总结

座谈会结束后需要进行总结工作，包括以下几个方面。

（1）观看座谈会录像。主持人或市场研究人员观看座谈会录像，除被调查者的发言外，重点观察被调查者的肢体语言，从而全面分析被调查者的观点。

（2）座谈会记录。及时整理、分析座谈会记录，检查记录是否准确、完整，及时查缺补漏。

（3）核实关键信息。对于被调查者提到的关键事实或数据，进行必要的核实。

（4）填写反馈表。反馈表通常由代理机构设计，由市场研究机构或主持人填写，内容包括甄别条件合格度、配额、出席率、对被调查者的控制能力、笔录质量和硬件设施状况等。

（5）座谈会报告。内容包括调研目的、调查的主要问题、访谈过程、调研发现及建议。

三、投射技术

1. 投射技术的含义

投射技术又称投射测验，原本是心理测量中用于人格评估的一种方法。所谓投射，是指个人把自己的态度、愿望、情绪和动机等人格特征不自觉地反应于外界事物或他人的一种心理现象。投射测验就是通过被调查者对于结构不明确、模糊不清的刺激的反应来分析、推断其相应的人格特征。刺激本身并不含有一定的意义，然而它们所引发的反应则是有特殊意义的，此意义来自被调查者对测验刺激的主观解释和想法，在不知不觉中，投射出其心理上的需要、情绪、动机、冲突和防御等内在状态。被调查者表面上在谈论其他人或其他事情，实际上却透露了自己的内在情感。

2. 投射技术的优点和局限性

（1）投射技术的优点：

1）测验目的不会明确地告知被调查者，避免被调查者有意防范而提供虚假答案。

2）测验形式比较灵活，容易引起被调查者的参与兴趣。

3）很多测验的材料是非文字的，可适用于不同文化背景和年龄范围的人群。

（2）投射技术的局限性：

1）解释比较复杂，需要一定的专业知识和经验。

2）分析结果带有投射测试者的主观色彩。

3）调查费用相对较高。

3. 投射技术的应用

投射技术通常与焦点小组访谈法或深度访谈法组合使用，用于产品测试、概念测试及广告效果测试等项目。焦点小组访谈法研究的真实目的对调查对象不加掩饰或本来就很明显，属于直接方法。投射技术则试图掩饰研究的真实目的，属于间接方法。

4. 投射技术的方法

（1）联想法。联想法又称为词语联想法，是指由访谈者向被调查者提供某一刺激物，要求后者在 3 秒之内说出脑海中出现的第一种事物，借此了解被调查者真实感受的一种方法。研究者所感兴趣的词语称为测试词语，分布在词语列单中。词语列单中还包括一些中立的或过滤的词语，用来掩饰研究目的。根据被调查者的不同反应，分析他们的情感或态度。词语联想法常用于选择品牌名称、广告主题和标语等。

（2）完成法。所谓完成法，是指访谈者给出一种不完全的刺激情景，要求被调查者来完成，包括句子完成法和故事完成法。

1）句子完成法。给出一些不完整的句子，让被调查者去完成。例如：“拥有一套住房

______。”“在大兴隆超市购物的人是______。”被调查者通过完成句子，将本人对特定事物的认识、态度与情感表现出来。

2）故事完成法。访谈者提出一个能引起人们兴趣但未完成的故事，由被调查者来完成。例如，一位男士为买西服去他最喜欢的百货商店购物。他花了45分钟试了好几套西服，最后选中了喜欢的一款。当他向收款台走去的时候，有一名导购走到他面前问他：“先生，我们这里的西装与您的这件价格相同，但质量更好，您是否愿意去看一下呢？”这个顾客会有什么样的反应？为什么？这个故事的完成将揭示这位顾客的购物行为和购物心理。

（3）构筑法。构筑法要求被调查者以故事、对话或绘图的形式来构造一个回答，主要有以下三种方法。

1）漫画测试法。通过使用漫画图像或连环画，创造出高度的投射机制。典型的漫画测试包含两个人物：一个人的话框中写有对话，而另一个人的话框则是空白的，留待被调查者完成。在漫画测试中，图像是模糊的且没有任何解释，这么做是为了使被调查者不会得到任何暗示某种规定答案的“线索”。

2）被调查者绘图法。无论被调查者是否精通绘画，一般均可将人物的年龄、性别和生活状态等重要特征画出来。例如，代理公司请30名消费者分别画出购买A、B两种品牌商品的消费者的形象。结果显示，A品牌商品的消费者是带小孩的年轻妈妈，而B品牌商品的消费者则是充满青春气息的女大学生。

3）照片归类法。被调查者通过一组照片来表述他们对品牌的感受，这组照片展示不同类型的人群，被调查者将照片与其认为这个人应该使用的品牌连在一起。例如：为通用电气公司进行的照片归类调查发现，消费者认为这个品牌的使用者是保守而年长的商界人士。

（4）表达法。表达法是指给被调查者提供一个语言或视觉场景，要求将场景与别人的感受和态度联系起来。被调查者表达的不是自己而是别人的感受或态度。角色扮演法与第三人称法是表达法的两种主要形式。

1）角色扮演法。角色扮演法要求被调查者扮演某一角色或采取某人的行为，研究人员假设被调查者会把他们自己的感受投射在角色中，通过分析回答来揭示他们的感受。

2）第三人称法。这种方法不直接问一个人的感受，而是用“你的邻居”“大多数人”或其他第三人称来表述问题。

第三节　深度访谈法

一、深度访谈法概述

1. 深度访谈法的含义

深度访谈法是一种无结构访问方法，事先不编制问卷或访问的标准程序，由访问员与被调查者就某些问题自由而深入地交谈，从而揭示被调查者对某一问题的潜在动机、态度和情感。

2. 深度访谈法的分类

（1）自由式访谈。自由式访谈一般适用于平级关系或工作时间弹性较大（机动时间较多）的被调查对象。在自由式访谈中，被调查者可以自由地发表意见和回答问题，不受讨论时间的限制，也没有讨论提纲和制约，只要是和主题相关的内容，就可以畅所欲言。自由式访谈的目的在于从更深层次发掘主题内涵，捕捉深度信息。

（2）半控制式访谈。半控制式访谈一般适用于工作很忙的被调查对象，如经理人员、工程专家等。半控制式访谈要求调查者具备良好的人际沟通能力和公关能力，否则很难接近被调查对象，或者很难获得足够的信息资料。

3. 深度访谈法的优点和局限性

（1）深度访谈法的优点：

1）发掘消费者的动机和态度。在深度访谈中，访问员可以通过被调查者的语言、表情和动作判断其提供信息的真实、准确程度，从而挖掘消费者真正的动机和态度。

2）操作灵活。在深度访谈中，访问员可以根据访谈的效果，灵活调整访谈的气氛、节奏和内容。

3）便于对一些保密、敏感的问题进行调查，如个人的财政状况和假牙等问题。

（2）深度访谈法的局限性：

1）对访问员的素质要求高。访问员既要具备与项目相关的专业知识，也要掌握深度访谈的技巧和心理学的知识。

2）调查结果常常难以解释和分析。原因在于样本通常较小，代表性不够。

3）由于访问时间长，故需要的经费较多。

二、深度访谈法的实施

1. 准备阶段

（1）拟订访谈大纲。在进行深度访谈前，访问员必须拟订好访谈大纲，内容包括谈话目的、谈话步骤和谈话问题等。

（2）准备访问用品。访问用品包括访问员的身份证、工作证、摄像机、录音机、录音笔，以及纸、笔和图片资料等，此外还应准备给被调查者的礼品或礼金。

（3）预约访问时间。由于深层访问一般时间较长，而且访问的对象有些是身居要职的人员，因此最好事先进行电话接触，约定在被调查者方便的时间进行访问。

2. 选择被调查者

被调查者必须对所研究的问题有一定的经验或经历，有时间接受访问，同时比较健谈。例如，某保健品的深度访谈，合适的访问对象应该是那些近期购买并经常服用该产品的消费者。

3. 进行访谈

（1）介绍说明。介绍说明就是访问员做自我介绍。一般有两种方式：一是正面接近，即开门见山，先介绍自己的身份，直接说明调查的意图，之后就可开始正式访问，这种方式在访问调查中最常用，它节省时间、效率高，但有时显得简单、生硬；二是侧面接近，即先在某种共同的活动中接近被调查者，如与被调查者一起开会、学习和娱乐等，但不公开身份，等到与被调查者建立起一定的友谊或有共同语言时，再在一种自然、和谐的气氛中说明来意，进行正式访问，这种方法有利于消除对方紧张的戒备心理，能收集到比较真实、可靠的资料，但调查比较费时、费力。

（2）访谈。访谈是深度访问获取信息的关键步骤，它往往需要从活跃气氛开始，然后转入正题。在访谈中，访问员应该注意以下事项。

1）善于倾听。访问员提出的第一个问题应该是一般性的问题，能引起被调查者的兴趣，并鼓励后者自由地谈论其感觉和意见。一旦被调查者开始畅谈，访问员应避免打岔，应做一个被动的倾听者。为了掌握访问的主题，有些问题可以直截了当地提出来。访问员提出的问题必须是开放式的，不可有任何的提示或暗示给被调查者。

2）表达清楚。访问的气氛有时也因被调查者对询问的问题不知如何作答而受到影响，出现这种情况，常与访问员的语言陈述不清楚或太抽象等因素有关。所以，访问员在询问时，必须尽量把问题表述清楚。

3）巧妙转移话题。当被调查者的谈话偏离主题时，访问员要选择适当的机会，不知不觉地将话题转移到正题上来。当被调查者对所提问题不理解或有误解时，访问员应巧妙地加以引导。当被调查者的回答含糊不清或过于笼统时，访问员则应适当追问，以使访谈能够顺利进行。

（3）结束访谈。首先，对照访谈大纲总结访谈结果，避免遗漏重要项目。其次，再次征求被调查者的意见。最后，访问员将礼品或礼金送给被调查者。

调查实例 5-3　网易云音乐的市场研究与产品决策

在进行云音乐产品开发时，研究者致力于深入理解不同音乐偏好人群的特征。通过选择用户年龄和音乐喜好程度作为关键变量，研究旨在识别潜在的市场增长领域和保守用户群体。年龄作为研究变量的原因在于其与音乐消费行为紧密关联。不同年龄段的用户在音乐消费频次和需求上表现出显著差异。例如，18～24岁之间的用户通常展现出较高的音乐聆听频率，这与他们的音乐风格偏好形成和音乐需求量大有关；而30岁以上的用户，由于工作和生活压力，聆听时间可能减少。

研究者通过构建一个包含年龄和音乐喜好程度的四象限坐标系，将用户群体细分为不同象限，每个象限代表一类用户群体。在此基础上，研究者进一步丰富用户画像，整合用户的使用习惯、聆听场景等信息，以构建完整的用户群体模型。

研究识别出四类主要用户群体：首先是将音乐作为消遣方式的用户，通常年龄在24～30岁，属于典型的白领阶层，音乐喜好程度一般，听音乐的习惯和品味相对固定。其次是将音乐视为心理寄托和陪伴的用户，这类用户对音乐有较高的喜好程度，分为18～24岁的青春期末期用户和30岁以上的成熟用户。最后是资深音乐爱好者，他们对音乐有深刻的理解和认识，收藏大量专辑，购买实体CD，并阅读音乐媒体和杂志。

通过这种用户群体划分，研究为产品决策提供了支持。例如，研究发现资深音乐爱好者在云音乐平台上的数量已足够多，形成了一个重要的用户圈子。因此，未来的产品策略应聚焦于那些将音乐作为消遣方式的用户群体，他们数量庞大且尚未成为云音乐的用户。通过了解这些潜在用户的特征和需求，研究为产品开发提供了决策依据。

第四节　询问调查法

一、询问调查法的含义与类型

1. 询问调查法的含义

询问调查法是指调查人员采用访谈询问的方式向被调查者了解市场信息的一种方法。询问调查法通常将所要调查的问题陈列在调查表中，并按照该表的要求进行询问，因此又称调查表法。

2. 询问调查法的类型

1）根据访问的方式，询问调查法可以分为直接访问法和间接访问法。

2）根据访问的内容，询问调查法可以分为标准化访问和非标准化访问。

3）根据调查人员与被调查者的接触方式，询问调查法可以分为面谈访问法、电话访问法、邮寄访问法和网络访问法等。

二、主要的询问调查法

1. 面谈访问法

面谈访问法是指调查者根据调查提纲直接访问被调查者，当面询问有关问题，既可以是个别面谈，也可以是群体面谈。

（1）面谈访问法的优点：

1）拒答率较低。与其他方式相比，面谈访问容易得到较高的回答率，这是其最突出的优点。

2）灵活性高。调查者与被调查者面对面地交流，调查者可以随时了解被调查者的情况，及时解决访问中出现的问题。对于某些敏感的问题，调查者可以采取灵活的方式提问。

3）调查资料的质量较好。在访问过程中，由于调查者在场，因而既可以对访问的环境和被调查者的表情、态度进行观察，又可以对被调查者回答问题的质量加以控制，从而使调查资料的准确性和真实性大大提高。

4）调查对象的适用范围广。由于人员访问主要依赖于口头语言，因此适用的调查对象范围十分广泛，既可以用于文化水平较高的调查对象，也可以用于文化水平较低的调查对象。

（2）面谈访问法的局限性：

1）调查费用较高，主要表现为调查者的培训费、交通费、工资及问卷的制作成本等。

2）对调查者的要求较高。可以说，调查结果的质量在很大程度上取决于调查者本人的访问技巧和应变能力。

3）匿名性较差。对于一些敏感性问题，往往难以通过个人访问来收集资料。

4）访问调查的周期较长。

2. 电话访问法

电话访问法是指由调查人员通过电话向被调查者询问了解有关问题的一种调查方法。

由于彼此不直接接触，而是借助电话这一中介工具进行访问，因而是一种间接的调查方法。

（1）电话访问法的要求。电话访问法的自身特点决定了要想成功进行访问，首先必须解决好以下几个方面的问题。

1）设计好问卷调查表。这种问卷调查表不同于普通的问卷调查表，由于受通话时间和记忆规律的约束，大多采用两项选择法向被调查者进行访问。

2）挑选和培训好调查员。电话访问法对调查员的要求主要是口齿清楚、语气亲切、语调平和。

3）调查样本的抽取。通常的做法是随机抽取几本电话号码簿，再从每个电话号码簿中随机抽取一组电话号码，作为正式抽中的被调查者。

4）访问时间的选择。访问时间的选择需要考虑调查内容和被调查者的生活习惯等因素。例如，调查广告对年轻人产生的效果问题，最好选择在工作日的晚上，而对老年人购买习惯的访问，则可以选择在白天。

（2）电话访问法的优点和局限性。电话访问法的突出优点是信息反馈快、费用低、辐射范围广。其局限性主要表现在以下几个方面。

1）由于电话访问法调查的项目过于简单、明确，而且受通话时间的限制，因而调查内容的深度远不及其他调查方法。

2）电话访问法的结果只能推论到有电话的对象这一总体，因而先天存在着母体不完整的缺陷，不利于资料收集的全面性和完整性。

3）不能使用视觉的帮助。有一些调查项目需要得到被调查者对一些图片、广告或设计等的反应，电话访问法无法达到这些效果。当然，调查者可以提前把类似的资料寄给被调查者。

4）由于电话访问法是通过电话进行调查的，调查者不在现场，因而很难判断所获信息的准确性和有效性。

尽管电话访问法存在着诸多缺陷，但对那些调查项目单一、问题相对简单明确、并需要及时得到调查结果的调查项目而言，仍不失为一种理想的访问方式。

3. 邮寄访问法

邮寄访问法是指将调查问卷邮寄给被调查者，由被调查者根据调查问卷的填写要求填好后寄回调查部门或公司的一种调查方法。一般利用现有的各种通讯录、花名册、电话簿等抽取被调查者；有时也可以在专业的报纸、杂志和书籍上刊登或附带调查问卷，请读者填写后邮寄给调查单位。

（1）邮寄访问法的优点：

1）调查空间范围广。邮寄访问可以不受被调查者所在地域的限制，只要是通邮地区都可以被选为被调查对象。

2）调查成本低。与其他访问方法相比，邮寄访问的成本是最低的。例如，与面谈访问法相比，邮寄访问法所需的邮资费用远比面谈访问法所需的差旅费用要少得多。

3）调查内容多。邮寄访问法可以给予被调查者更加宽裕的时间作答，便于被调查者深入思考或从他人那里寻求帮助，而且可以避免面谈访问中可能受到的调查人员的倾向性意见的影响。

（2）邮寄访问法的局限性：

1）问卷回收率低。因调查者无法对被调查者填写并寄回问卷进行控制，如被调查者工作繁忙或因不感兴趣而不答卷，会导致问卷回收率低的情况。据一份国外的统计资料表明，一般情况下，邮寄问卷的回收率只有5%～24%。

2）问卷回收期长，时效性差。由于各种原因，问卷滞留在被调查者手中的时间较长，这就产生一个问题，当问卷回收到的时候，资料的时效性已大大降低，甚至已经失去分析研究的价值了。

3）容易产生理解差错。在邮寄访问中，调查者无法判断被调查者的性格特征和其回答的可靠程度。被调查者的文字理解能力和表达能力会影响其对问题的理解程度。

邮寄访问法最大的问题是问卷回收率较低。为了提高回收率，常用的方法有以下几种。

1）选择被调查者比较关心的问题，这样可以获得有效的回收资料。

2）可以附回邮信封并贴上邮票，这样便于被调查者在填好问卷后，及时将其以邮寄的方式寄回公司。

3）承诺购物优惠券或一定的咨询费，或者附寄礼品、礼券，或者赠送新产品的样品或小礼物等。

4）提前通知。利用电话或信件的方式提前通知被调查者，是有效增加问卷回收率和加快回收速度的有效办法。

5）可以使用邮寄固定样组的方式。它是一种特殊的形式，是在某一调查区域选定一些家庭，这些家庭会定期收到问卷，填写完整后寄回调查公司。

4. 网络访问法

网络访问法，又称在线调查法，是一种利用互联网收集数据的市场调查方法。它通过在线问卷、电子邮件、社交媒体或专门的在线调查平台来收集受访者的意见和信息。

（1）网络调查法的类型：

1）电子邮件调查。通过发送电子邮件问卷链接给目标受众，收集反馈。适用于已建立联系的客户或潜在客户，成本较低，但响应率可能不高。

2）网站调查。在特定网站上嵌入问卷，访问者可以直接参与。适用于网站流量较大且目标受众明确的场景，可以实时收集数据。

3）社交媒体调查。通过社交媒体平台发布问卷链接，利用社交网络的广泛覆盖进行调查。适用于年轻受众或希望通过社交渠道进行互动的调查。

4）实时在线调查。在特定事件或活动进行时，通过在线方式实时收集反馈。适用于需要即时数据的市场研究或活动评估。

（2）网络调查法的主要工具：

1）问卷星。提供丰富的问卷模板，操作简便，支持多种题型，包括单选题、多选题、矩阵题等。支持数据统计和分析，有免费版和付费版可供选择。被广泛用于学术研究、市场调研、教育培训等领域。

2）腾讯问卷。界面简洁，操作直观。支持自定义问卷设计，数据收集和分析功能强大，可以与腾讯社交产品如QQ、微信等进行便捷分享。

3）问卷网。提供免费的问卷创建服务，支持多种题型和逻辑设置，可以设置问卷的访问权限，支持导出多种格式的数据报告。

4）百度问卷。百度公司提供的在线问卷调查工具，界面友好，操作简单。支持多种题型，可以快速收集和分析数据，与百度云盘等服务集成。

5）麦客。提供简单易用的表单设计工具，可以与微信等社交平台集成，方便用户分享和推广。

（3）网络调查法的优点：

1）实施与管理的便捷性。在线调查流程的简易性使其易于操作和管理。例如，市场研究公司能够借助在线调查平台轻松创建问卷、发布调查并收集数据，而无须进行烦琐的培训或复杂操作。

2）迅速获取大量数据的能力。通过互联网，可以在短时间内收集到大量数据，从而提升调查的效率。例如，电商平台能够在短短几天内通过在线调查收集到数万份消费者对新产品的反馈，进而迅速调整其产品策略。

3）数据收集过程的自动化，降低人为错误。在线调查工具能够自动记录和整理数据，可以减少因人为操作而导致的错误。

4）实时数据分析与报告的可行性。在线调查平台通常配备实时数据分析功能，使调查者能够及时获取调查结果并迅速生成报告。

（4）网络调查法的局限性：

1）样本偏差。考虑到目标群体并非全部成员都上网，调查结果可能无法准确反映整个目标人群的真实情况。例如，一些老年人可能不擅长使用互联网，这可能会造成他们的意见在网络调查中被忽略。

2）被访者要求。参与调查者需有基本的网络使用能力，否则完成问卷调查可能会遇到困难。例如，一些参与者可能不熟悉在线问卷的填写方法，或在填写过程中碰到技术问题。

3）网络隐私与安全问题。在进行网络调查时，个人信息的搜集与传递可能引发数据泄露及隐私保护的问题。例如，网络钓鱼等非法行为可能导致调查数据被盗取，个人信息面临泄露的风险。

4）不适用情况。相较于面谈访问法，网络调查法在处理某些复杂问题时存在局限性。例如，捕捉交流过程中的非语言信息、探究受访者情感和动机等问题。

调查实例 5-4 防止机器人攻击在线调查的 10 种方法

答题机器人，也称自动化应答程序，是设计用于自动填写网络问卷调查的软件。它能独立完成问卷填写，不需要人工参与。这种机器人通过快速大量填充预设答案，可能损害问卷数据的完整性和真实性，影响调查结果的准确性，甚至用于不当利益。防御答题机器人的策略主要是提高攻击成本和降低潜在收益。以下是十种防止机器人攻击的策略。

（1）提高参与的门槛。用户需登录或验证手机号码才能参与调查，以减少机器人答题，但额外步骤可能会导致真人流失，需平衡操作复杂度与调查效率。

（2）设置智能验证。智能验证有助于区分机器人与目标用户。验证越复杂，抵御机器人攻击的成本越高，效果越好。但复杂验证同样会增加真人答题难度，尤其是中老年人。

（3）限制参与次数。限制单一 IP 地址、设备或微信号的问卷提交次数，可增加答题机器人的攻击成本，防止其滥用问卷系统。

（4）使用 IP 过滤。建立一个机器人 IP 黑名单，发现机器人后即刻封锁其 IP 并永久阻止。也可购买第三方提供的黑名单服务以识别和阻止机器人。

（5）行为分析。分析受访者的行为以检测典型的机器人行为模式。例如，非常快地提交问卷、答案高度一致、同一时段密集提交问卷都可表明是机器人活动。

（6）监控流量。监控流量，注意异常或激增活动。流量突然大增或在非高峰时段收到大量答卷，可能意味着调查遭受机器人攻击。

（7）设置诱饵。可以设置一些对用户不可见但可以被机器人检测并填写的隐形字段。如果这些字段被填写，可以将其标记为来自机器人的回复。

（8）取消或延迟奖励。提供奖励可调动被调查者参与的积极性，但若遇到机器人攻击可能会造成资金损失。取消奖励可避免此类情况发生，但可能减慢调查进度或使其停滞。延迟奖励，待审核后再发放，可降低机器人获奖机会并增加其等待成本。

（9）随机化字段。机器人可能会通过多次尝试来发现可以绕过答题筛选或质量检测的答题路径。针对这种情况，设置选项随机是一个较好的方法。

（10）选用专业的在线样本服务平台。在线样本服务平台通常会大量投资于研发，使用系统化、专业和智能的方法全面监控和防御机器人攻击。此类平台一般还具备多维度信息和丰富的经验，能够准确识别和处理潜在的机器人行为。

三、询问调查法的选择

通过上面的分析了解到，询问调查法包括很多种具体形式，每一种都有其优点和缺点。没有最好的调查方法，但是有最适宜的调查方法。调研人员必须综合考虑特定调研项目的需要和调研机构的各种主客观条件，权衡利弊，选择最恰当的调查方法，见表 5-2。

表 5-2 询问调查法的比较

比较项目	面谈访问法	电话访问法	邮寄访问法	网络访问法
效率	高	很高	低	最高
空间限制	大	小	小	小
时间限制	小	大	小	小
成本	高	中等偏低	最低	低
问卷复杂程度	高	低	低	低
应答率	高	低	最低	低
曲解可能性	低	中等	高	高
应答者的匿名性	低	中等	高	高
访问员的影响程度	高	中等	无	无
回访的难易程度	难	易	易	较难

第五节 观察调查法

一、观察调查法概述

1. 观察调查法的含义

观察调查法是指调查员凭借自己的感官和各种记录工具，在被调查者未察觉的情况下，直接观察和记录被调查者的行为，以收集市场信息的一种方法。观察调查法不直接向被调查者提问，而是从旁观察被调查者的行动、反应和感受。

2. 观察调查法的类型

（1）按照是否使用仪器划分。按照是否使用仪器划分，观察调查法包括直接观察法和测量观察法。直接观察法是指观察员直接到商店、家庭和街道等处进行实地观察，如观察消费者选购商品时的表现。测量观察法是指运用电子仪器或机械工具进行记录和测量，主要包括电气反射实验、透视镜研究法、瞳孔计测验、节目分析法、UPC 法等方法。

1）电气反射实验。电气反射实验。又称测谎仪法、电位法。人的感情发生变化，人体出汗情况也会相应变化，因此可以通过测定人体出汗情况来描述人的感情变化。这种方法的优势在于记录被测试者无法控制的或无意识的反应。这种方法不仅可以用于文案测试，而且可用于某些效果测定。

2）透视镜研究法。透视镜又称单面镜。这种镜子的一面是镜子，另一面则是透明的玻璃。透视镜安装在相邻两个房间中间的墙壁上。在其中一个房间，看到的是一面镜子，被调查者和访问员在这个房间进行访问；在另一个房间，看到的是透明的玻璃，观察员可以通过玻璃看到隔壁房间的访问情况。透视镜研究法可以使被调查者在自然的状态下被观察和测试。

3）瞳孔计测验。人的瞳孔受到光的刺激时会缩小，受到黑暗的刺激时则张大。运用该原理测验被调查者对某些物品反应的方法称为瞳孔计测验。被调查者若对测试物品感兴趣，瞳孔会张大，反之瞳孔不变或变小。此方法可以借助仪器测定瞳孔张大或缩小与对测试物品的反应之间的关系，一般用于效果测试。

4）节目分析法。节目分析法是指通过播映节目来测试被调查者对节目的反应。测试时，被调查者对节目感兴趣就按绿色按钮，不感兴趣就按红色按钮，两者皆不是则不按按钮。测试结束后，统计被调查者的反应。这种方法一般用于效果测定。

5）UPC 法。UPC 法是通过运用产品标签代码（Universal Product Code，UPC）进行观察的方法。UPC 是由一组规则排列、明暗相间的条、空及其对应字符组成的标记，是商品的信息代码。通过扫描设备（如收款机）扫描商品的信息代码，就能在预先建立的数据库中查询该产品的各类信息，还可以帮助商家进行库存管理。

（2）按照观察时间周期划分。按照观察时间周期划分，观察调查法包括连续性观察和非连续性观察。连续性观察是指在比较长的一段时间内，对被观察对象连续做多次、反复的观察调查。连续性观察适用于对动态性事件的观察，可以定期进行，也可以不定期进行。

非连续性观察不同于连续性观察，只是在较短时期内的一次性观察调查，一般适用于对过程性、非动态性事件的观察。

（3）按照观察所采取的方式划分。按照观察所采取的方式划分，观察调查法包括隐蔽性观察和非隐蔽性观察。隐蔽性观察是指被观察者在没有意识到自己正在受到观察的情况下进行的一切观察活动。

非隐蔽性观察则是指被观察者了解市场调查的真正目的，知道自己处于被观察状态。隐蔽性观察相对非隐蔽性观察而言，获取的信息更为真实、客观。

（4）按照调查者扮演的角色划分。按照调查者扮演的角色划分，观察调查法包括参与性观察和非参与性观察。参与性观察是指调查者参加到被观察对象群体中并成为其中的一员，直接与被观察者发生关系以收集有关资料的一种调查方法。

非参与性观察是指调查者以局外人的身份从外围现场收集资料的一种调查方法。一般而言，非参与性观察必须事先制订周密的观察计划，严格规定观察内容和记录方式。另外，非参与性观察往往需要配备一定的观测设备和记录设备，如望远镜、摄像机、录音设备、记数仪器和记数表格等，以尽量保障观察的隐蔽性，降低调查人员的记录负担，提高资料的可靠程度。

非参与性观察比起参与性观察，调研费用更低，但对调查者的责任心和敬业精神要求更高。非参与性观察一般适用于描述市场状况而不追究其原因的市场调查类型。

（5）按照调查者对观察环境施加影响的程度划分。按照调查者对观察环境施加影响的程度划分，观察调查法包括结构性观察和非结构性观察。一般而言，结构性观察必须按照既定的调查计划执行，调查人员不得随意更改观察计划。非结构性观察则不预先制订计划，调查人员根据具体情况确定观察内容、观察方式和观察对象。这种方法对调查人员的要求很高，只有受过良好训练的调查者才能胜任，一般适用于探索性观察。

3. 观察调查法的优点和局限性

（1）观察调查法的优点：

1）可以观察到被调查者在自然状态下的行为表现，获得的结果比较真实。

2）可以在当时实地观察到行为的发生、发展，能够把握当时的全面情况、特殊的气氛和情境。

3）对被调查者要求低。观察调查法对调查对象的合作要求非常低，甚至根本无要求。

（2）观察调查法的局限性：

1）表面性。观察调查法只能观察被调查者的公开行为，无法了解动机、态度、情感及私下行为。

2）时限性。被观察到的当前行为并不能代表未来的行为。

3）如果被观察的行为不经常发生，那么观察调查会很耗时间，而且成本很高。

4. 观察调查法的应用

观察调查法可以应用于：观察顾客流量，观察顾客的特征和行为，观察产品的使用现场，观察商店柜台及橱窗布置，观察商品需求情况，观察企业经营状况和竞争环境情况，观察商品库存情况，观察产品的质量，观察广告的效果，观察商店的选址情况及神秘购物观察。其中，神秘购物观察是指让调查员扮成消费者到零售店观察并记录产品的价格、服务及促销手段等，以收集市场资料的方法。

二、观察调查法的实施

1. 观察调查法的原则

观察调查法的运用是观察人员的主观活动过程。为使观察结果符合客观实际，要求观察人员必须遵循以下几个原则。

（1）客观性原则。观察人员必须持客观的态度对市场现象进行记录，切不可按其主观倾向或个人好恶歪曲事实或编造情况。

（2）全面性原则。观察人员必须从不同层次、不同角度进行全面观察，避免出现对市场片面或错误的认识。

（3）持久性原则。市场现象极为复杂，并且随着时间、地点和条件的变化而不断变化。市场现象的规律性必须在较长时间的观察中才能被发现。

2. 观察调查法的步骤

（1）制订观察计划。计划确定后，就要围绕计划设计观察提纲，一般包括谁、什么、何时、何地、怎么样、为什么等内容。另外，为便于使用，观察提纲可制成观察表、卡片等形式。

（2）确定观察目标。明确观察目的，确定观察对象，包括观察范围、数量、内容、对象、时间、次数、方式、手段及采用的工具等。

（3）进入观察环境。保持被调查者的自然状态，避免干扰。接触观察对象，与其建立适当的关系，尽可能减少观察活动对被调查者的干扰。正确和灵活地安排观察顺序。

（4）认真做好观察记录。记录的方式可以多样，尽可能地利用设备进行观察，如摄像、录音等。记录方法有利用音像设备、填写预测登记卡及记笔记等。

（5）分类整理、登记、存放观察记录。观察后所得的资料一般是凌乱、分散的。在观察后，及时进行整理，按预定计划对资料进行分类、归档，对缺漏、错误记录进行及时修正与追补，使之条理化。

（6）分析、报告。最后要进行分析，撰写观察报告。

第六节　实验调查法

一、实验调查法概述

1. 实验调查法的含义

实验调查法是指在市场调查中，通过实验对比来取得市场情况第一手资料的调查方法。它将自然科学中的实验求证理论移植到市场调查中来，在给定的条件下对市场经济活动的某些内容及其变化加以实际验证、调查分析，从而获得市场资料，属于因果性研究。

2. 实验调查法的优点和局限性

（1）实验调查法的优点：

1）客观性。实验调查法是一种真实的或模拟真实环境下的具体调查方法，因此结果比较客观，具有一定的可信度。

2）可控性。可以有控制地分析、观察某些市场现象之间是否存在着因果关系及相互影响的程度。

（2）实验调查法的局限性：

1）只适用于对当前市场现象的调查，而无法研究历史和未来的市场情况。

2）实验时间长。市场实验一般持续的时间较长，难以满足在市场调查中短时间内取得结论的要求。

3）成本高。实验调查过程中要实际销售、使用商品，因而费用也较高。

4）操作难度高。实验调查法需要寻找科学的实验场所，模拟真实的市场状况，控制无关因素的影响，使实验接近于真实情况，难度非常高。

3. 实验调查法的应用

（1）产品价格实验。了解消费者对产品价格能否接受和接受的程度。

（2）市场饱和度实验。例如，当某类产品出现滞销时，为了查明市场需求是否饱和，可向市场投放一种改进后的同类产品，观察销售量的变化，测试市场是否仍有潜力。

（3）广告效果实验。通过某产品广告前和广告后销售量的比较，分析促销对销售量的影响。

（4）促销效果测试。通过某产品促销前和促销后销售量的比较，分析促销对销售量的影响。

二、实验调查法的类型

1. 实验单位前后对比实验

实验单位前后对比实验是最简便的一种实验调查形式。在同一个市场内，实验前在正常的情况下进行测量，收集必要的数据；然后进行现场实验，经过一定的实验时间以后，再测量收集实验过程中（或事后）的资料数据；最后进行事前与事后对比，通过对比观察，了解其效果。此方法通常用于调查改变产品品质、包装、价格和广告等对企业销售额和利润的影响。

调查实例 5-5　实验单位前后对比实验

某食品厂营销人员认为：改变产品的外包装可以增加产品的销售额。为了估计包装改变对销售额的影响程度，采用实验单位前后对比实验进行市场调查。

选择 A、B 两种产品作为实验对象，实验期一个月。实验步骤如下：

（1）统计未改变包装前一个月两种产品的销售额：A 产品为 120 万元，B 产品为 240 万元。

（2）改变包装，销售产品。

（3）统计改变包装后两种产品的销售额：A 产品为 150 万元，B 产品为 280 万元。

（4）实验前后对比，A 产品销售额变化量 =（150−120）万元 =30 万元，B 产品销售额变化量 =（280−240）万元 =40 万元。两种产品总的销售额变化量 =（150+280）万元 −（120+240）万元 = 70 万元。

可见，改变包装可以增加销售额。因此，应该改变包装。

2. 控制组与实验组对比实验

控制组是指非实验单位（企业、市场），它是与实验组做对照比较的，又称对照组；实验组是指实验单位（企业、市场）。控制组同实验组的对比实验，就是以实验单位的实验结果同非实验单位的情况进行比较而获取市场信息的一种实验调查方法。

控制组与实验组对比实验调查的优点是：实验组和控制组可以在同一时间内进行对比，不需要按时间顺序分事前与事后对比，这样就可以排除由于对比时间不同而可能出现的外来变数的影响。例如，在实验对比时间不同的条件下，往往由于市场形势的发展、商品购买力变化及价格、消费心理、季节的变动等，不同程度地影响到实验效果。而在同一时间进行对比实验，则可大大提高实验的准确性。

但是，应用控制组与实验组对比实验调查，也仍有其局限性或难以达到要求的地方，这就是控制组与实验组之间的可比性，包括两组所处的客观环境和各种主观、客观经营能力等。从理论上说，这些条件应完全一样才能进行对比，但事实上很难找到完全符合上述条件的两个组。

3. 有控制组的事前事后对比实验

有控制组的事前事后对比实验是一种最复杂也是最科学的实验调查法。它是指控制组事前与事后同实验组事前与事后之间进行对比的一种实验调查方法。应用控制组和实验组事前事后对比实验，必须对实验组和控制组分别进行事前测量和事后测量，然后再进行对比，以判断实验效果。不难看出，控制组和实验组事前事后对比实验是前两种实验方法的综合，有利于消除实验期间外来因素的影响，从而可以提高实验变数的准确性。这实际上是一种双重对比的实验法，它吸收了前两种方法的优点，也弥补了前两种方法的不足。

三、实验调查法的实施

（1）界定研究变量。调查问题确定以后，首先要界定研究变量，即分析哪些变量与研究的问题有关，然后确定在实验中对其中的多少个变量进行观察和测量，这一步是实验调查能否成功的前提。例如，调查某商品价格变化对销售量的影响，与调查课题有关的变量就包括价格、销售量、销售地区、季节、商店、广告和商标等。

（2）界定实验单元。界定实验单元就是明确实验对象的基本单位。实验单元的选择应遵循代表性原则，即实验单元应该对被研究事物有较强的代表性。如果实验单元是商品，则应是合格商品；如果实验单元是人，也应该具有代表性。

（3）实验设计。在实验单元确定以后，如何控制实验环境和实验单元，从而验证研究假设，达到实验目的，是实验设计所要解决的问题。

（4）实验的实施。实验的实施就是指按照实验设计具体实施实验，包括抽取实验单元、分配处理和观察记录三个方面的内容。

（5）控制实验环境。实验环境的控制直接关系到实验能否取得成功。只有实验环境控制好了，实验结果才能比较准确地反映自变量和因变量之间的相互关系。例如，要实验价格变化对销售量的影响，就必须控制其他因素（如销售地区、季节、商店、广告和包装等），使其尽量保持不变，否则，销售量的变化就可能包含其他因素的影响。

本章小结

按照所收集数据的类型，市场调查方法分为文案调查法和实地调查法两类。

文案调查法是指利用市场调查机构内部和外部现有的各种信息，对调查内容进行分析研究的一种调查方法，其数据来源主要有内部资料和外部资料两种。文案调查法包括免费获取法、有偿获取法、参考文献查找法、检索工具查找法、报刊剪辑分析法和情报联络网法。文案调查的程序有准备工作、收集资料、加工资料和提交调查报告。

常用的实地调查法有焦点小组访谈法、深度访谈法、询问调查法、观察调查法及实验调查法。其中，焦点小组座谈法和深度访谈法属于定性调查法。焦点小组访谈法的实施包括准备阶段、聘请主持人、甄选被调查者、实施座谈会和座谈会总结五个步骤。投射技术常与焦点小组座谈法或深度访谈法同时使用，主要有联想法、完成法、构筑法和表达法四种。深度访谈法属于无结构式调查，主要有自由式访谈和半控制式访谈两类。

询问调查法主要有面谈访问法、电话访问法、邮寄访问法和网络访问法四类，每种方法各有其优点和局限性。

观察调查法是指调查员凭借自己的感官和各种记录工具，在被调查者未察觉的情况下，直接观察和记录被调查者的行为，以收集市场信息的一种方法。可以按照是否使用仪器、观察时间周期、观察所采取的方式、调查者扮演的角色、调查者对观察环境施加影响的程度进行分类。

实验调查法是指在市场调查中，通过实验对比来取得市场情况第一手资料的调查方法，主要有实验单位前后对比实验、控制组与实验组对比实验、有控制组的事前事后对比实验三种方法。

重要概念

1. 数据采集（Data Collection）
2. 文案调查法（Desk Research）
3. 二手资料（Secondary Data）
4. 焦点小组访谈法（Focus Group Discussion）
5. 投射技术（Projective Research）
6. 深度访谈法（Depth Interview）
7. 询问调查法（Survey Research）
8. 观察调查法（Observation Research）
9. 实验调查法（Experimental Research）

自测题

一、单项选择题

1. 文案调查法获取的是（　　）。

A. 原始资料　　B. 二手资料

C. 未加工过的资料　　D. 初级资料

2. 被调查者的活动不受外在因素的干扰，处于自然的活动状态，因而取得的资料更加接近实际的方法是（　　）。

A. 访问法　　B. 观察法　　C. 实验法　　D. 询问法

3. 就方法本身来说，介于面谈调查法和邮寄调查法之间的一种方法是（　　）。

A. 留置调查　　B. 电话调查　　C. 实地调查　　D. 文案调查

4. 在访问法中，获得信息量最大的是（　　）。

A. 面谈调查　　B. 邮寄调查　　C. 电话调查　　D. 留置调查

5. 在访问法中，最节省调查时间的是（　　）。

A. 面谈调查　　B. 邮寄调查　　C. 电话调查　　D. 留置调查

6. 下列有关信息，可通过实验调查法获得的是（　　）。

A. 国民收入的变动对消费行为的影响

B. 物价指数的变动对消费行为的影响

C. 股价对房价的影响

D. 改变包装对消费行为的影响

7. 下列市场调查法不属于观察法的是（　　）。

A. 参加商品博览会

B. 商场安装摄像机记录顾客的购物行为

C. 参加展销会

D. 询问商场营业员商品的销售情况

8. 伪装购物是（　　）最典型的代表形式。

A. 参与观察　　B. 现场观察

C. 非参与观察　　D. 公开观察

9. 在市场调研活动中，市场调研的主体是（　　）。

A. 企业　　B. 消费者　　C. 内部部门　　D. 外部部门

10. 观察法是调查者到现场利用（　　）来收集被调查者的行为表现及有关市场信息资料的一种方法。

A. 感官　　B. 仪器

C. 录像机　　D. 感官及仪器

11．将市场调查划分为日用品市场调查、食品市场调查等，其划分标准是（　　）。

A．按商品消费目的不同　　B．按流通领域环节不同

C．按产品层次不同　　D．按空间层次不同

12．在下列选项中，属于调查资料完整性审核的是（　　）。

A．被调查者是否在规定的样本范围内　　B．调查对象是否齐全

C．调查资料是否存在明显的错误　　D．调查资料的计算方法是否统一

二、多项选择题

1．网络调查法的优点包括（　　）。

A．实施便捷　　B．自动化收集数据

C．能迅速获取大量数据　　D．可进行实时数据分析

2．观察法的原则有（　　）。

A．客观性原则　　B．全面性原则

C．持久性原则　　D．灵活性原则

三、简答题

1．文案调查法的含义是什么？文案调查资料的来源是什么？

2．什么是焦点小组访谈法？其实施的步骤如何？

3．什么是深度访谈法？其实施的步骤如何？

4．什么是询问调查法？其有哪些类型？

5．什么是观察调查法？其主要的类型有哪些？

6．什么是实验调查法？其有哪些主要的方法？

四、计算题

某公司所属四个门店进行某种商品的包装改革实验，控制组用原包装，实验组在实验期间用新包装，实验前后对比时期各为三个月，实验前后的销售量见表 5-3。

表 5-3　某商品实验前后销售量对比表　　（单位：kg）

组别	实验前三个月销售量	实验后三个月销售量	实验前后变化量
实验组	20 000	30 000	10 000
控制组	19 500	26 000	6 500

请计算：采用新包装后，该商品较原包装实际增加多少销售量？

五、案例分析

2024 年夏季，广东一家日用品公司从北京某学校聘用了一批放暑假的大学生做兼职调查员。让他们将一瓶本公司近期生产的洗发水和一张调查问卷亲自送到北京某些居民家中。调查表的内容是：原来使用何种洗发水？该洗发水的各项品质（如头发的光泽度、蓬松程度和去屑能力等）如何？试用新产品后，各项品质如何？经过一段时间后，由这些学生将调查表收回交给该公司。请问：

1．你认为这种调查方法效果如何？

2．通过这种方法收集到的相关信息资料可为公司的决策提供哪些参考？

第六章 市场调查数据整理与分析

本章学习目标

- 理解数据整理的含义和程序
- 掌握数据审核的含义、类型和方法
- 掌握数据编码的方法
- 了解数据录入的方法和程序
- 掌握统计分组的方法
- 掌握数据的集中趋势分析方法和离散趋势分析方法
- 理解数据的相对程度分析指标
- 了解数据的多变量分析方法

第一节 数 据 整 理

一、数据整理的含义和程序

1. 数据整理的含义

数据整理就是根据调查目的，对调查所得的各种原始资料进行审核、编码、录入、分类和汇总，并借助各种综合指标，对调查对象的相互联系、总体特征及发展规律做出概括性的说明。

2. 数据整理的程序

（1）设计和编制数据整理方案。资料的整理往往不是整理一个或两个指标，而是整理由多个有联系的指标组成的指标体系。

（2）数据审核。对原始资料进行审核。

（3）数据编码。把原始资料转化成为符号或数字。

（4）数据录入。将编码后的资料输入到计算机内存储起来。

（5）数据分组。对原始资料进行分类、分组和汇总，并编制统计表。

二、数据审核

1. 数据审核的含义

数据审核是指对已经收集到的资料进行审查和核实，检查其是否齐全、是否有差错，以决定是否采用此份调查资料的过程。数据审核是数据整理过程中必不可少的步骤，原因在于：一方面，数据审核可以确保信息的质量，避免出现逻辑错误。对于遗漏问题，及时补充；对于错误信息，及时纠正。另一方面，在数据录入之前进行数据审核，可以避免重复劳动，从而提高效率、降低成本。

2. 数据审核的类型

数据审核可以分为实地审核和办公室审核两种。

实地审核是指在数据采集过程中随时进行的，由组织市场调查的现场管理人员负责执行的审核。其主要目的是确保市场调查按照既定的方法和程序进行，一旦发现问题及时纠正或补救。

办公室审核是指在数据采集过程结束后进行的，由对市场调查过程熟悉的人员负责执行的审核。其主要目的是完整、全面地审核全部数据。

3. 数据审核的内容

（1）真实性审核。市场研究人员在进行数据审核时，首要的工作是辨别数据的真伪。调查方法的选择直接影响数据真实性审核的难易程度。在文案调查法中，研究人员可以通过数据或资料的来源来辨别其真伪。在焦点小组访谈法或深度访谈法中，研究人员可以通过笔录、录音或录像来辨别数据的真伪。在询问调查法中，研究人员可以通过陪访或回访等形式来核实数据的真伪。

（2）完整性审核。完整性审核就是检查是否所有的问题均有答案、是否完成了计划的工作。问卷中出现未回答问题的原因一般有四种：被调查者不愿意回答，被调查者不能回答，调查人员忘记提问或记录人员未做记录。若出现遗漏问题，必要时可对被调查者进行回访；如无必要，则可将遗漏答案的问题删除。

（3）一致性审核。一致性审核是针对不同问题或同一问题的不同部分之间的结构关系和逻辑关系来进行的。例如，问卷的逻辑流程假定：如果对问题A回答“否”，则问题B不必回答；相反，如果回答了问题B，那么对问题A的回答一定是“否”。如果不符合上述逻辑，就可以判断问卷的回答存在一致性方面的问题。

（4）及时性审核。审核市场调查资料的及时性就是检查各种市场调查资料是否按规定及时提供。如果迟报，应对迟报的原因进行分析，并提出改进意见，以求做到各单位按时或提前上报，提高市场调查资料的质量。

4. 数据审核的方法

（1）逻辑审核。逻辑审核就是检查市场调查资料内容是否合理，各个项目之间有无相互矛盾的地方。例如，“年龄20岁而工龄已经5年”通常属于逻辑错误，需要弄清情况，核准后予以纠正。

（2）计算审核。计算审核就是审核调查表中各项数字在计算方法和计算结果上是否有误，数字的计量单位有无与规定不符的地方等。例如，其中数一般要小于或等于合计数，横行相加与纵列之和应相等或相吻合，否则就属于计算错误，应重新计算。

（3）抽样审核。抽样审核就是从全部调查资料中抽取一部分资料进行质量检验，用以推断全部调查资料的准确程度，并修正调查结果的方法。

经审核后，接受基本正确、符合要求的调查资料，将问题较多的调查资料作废。对于存在问题较少的调查资料，由调查人员采取适当的措施进行补充、完善后再采用。

三、数据编码

1. 数据编码的含义

编码就是将问卷信息（包括调查问题和答案）转化为统一设计的计算机可识别的数值代码的过程，以便于数据录入和做进一步的处理与分析。

2. 编码设计

编码设计就是确定各问卷中的各问题和问题中各答案对应的代码的名称、形式、范围及与原数据的对应关系，以便能够将调查中所得到的各种回答分成若干有意义且有本质差别的类别。编码设计的具体内容包括问卷代码、变量的定义（名称、类型、位数、对应问题等）及取值的定义（范围、对应含义等）。将这些内容列成表格，称为编码表。编码设计是整个编码过程的基础，科学、合理、准确、全面、有效的编码设计，有助于提高调查数据的分析质量。

问卷代码主要包括访员代码、问卷代码及与抽样或调查对象有关的子总体的代码等。例如，某问卷代码为“1031102”，第一位数字“1”代表航空公司，后面两位数字“03”代表652次航班，再后面两位数字“11”为访员代码，最后两位数字“02”表示该访员在此航班成功完成第二份问卷。问卷代码看上去很简单，但非常必要，因为通过问卷代码不仅可以方便查找问卷、审核访员的工作，还有助于总体间的对比分析。

3. 编码的分类

根据问卷结构的不同，编码可以分为结构式问卷编码设计和非结构式问卷编码设计。

根据问题类型的不同，编码可以分为封闭题、半封闭题和开放题编码设计。

根据编码设计的时间与方法的不同，编码可以分为前编码设计和后编码设计两种。前编码设计主要适用于事先已知答案类别的问题，如结构式问卷中的封闭题和数字型开放题。这种编码表的分类相对更准确、有效，但是比较复杂、费时、费力。

根据调查中收集到的数据类型的不同，编码可分为名称码、定量码和定性码。

（1）名称码。名称码可用于品牌或型号、公司，或者其他诸如电视节目标题或人物姓名等情况。例如，对于一项产品的调研，应该预先列出会占答案主要部分的品牌的代码、零售商或制造商名称的代码。

（2）定量码。定量码用于需要数字答案的问题。建立定量码范畴的规则包括：它们应该彼此独立；如果可行的话，它们的范围应该相等；它们应该对特定的答案系列具有代表性；它们应该与特定调研的市场目的相一致；在可行的情况下，它们应该与现存的数据范畴相对应。

（3）定性码。定性码用于开放式问题，开放式问题不存在供调查对象选择的答案。为了给定性答案设立编码，要求仔细考虑特定的问题为具体的调研提供信息是要达到什么目的。例如，广告效果测试就是使用开放式问题让被调查者回忆广告内容，从而确定该调查对象是否真正地看过某个特定的广告。

4. 数据编码的方法

（1）封闭式问题的编码。封闭式问题的编码方法如下：

1）单选的封闭式问题或量表的编码。无论这种量表有几项备选答案，被调查者只能选择其中的一项。这时只涉及一个变量，变量值即为选项号。

例如：Q1．相比较而言，在您家中，哪位购买家庭日用品最多呢？（单选）

Q1

家庭成员	选项
自己	1
妻子	2
母亲	3
女儿	4
姐妹	5
儿子	6
丈夫	7
父亲	8
兄弟	9
保姆 / 阿姨	0
其他（请注明）	

2）多选的封闭式问题或量表的编码。这类问题需要使用多个变量来表示。根据设立的变量个数及变量取值的不同，通常有两种编码方法。

方法一：所设立的变量个数与问卷提供的选项个数相同，即每个选项就是一个变量，每个变量取值都是“0”或“1”，如果被调查者选择该选项，变量值取“1”，否则取“0”。

例如：Q2．请问您听过 / 见过卡片上列出的哪些牌子的牙膏呢？（复选）

Q2

牙膏品牌	选项
佳洁士	1
高露洁	2
洁诺	3
两面针	4
中华	5
蓝天	6
冷酸灵	7

这种编码方法的优点是编码的结果不用经过转换，可直接分析；缺点是变量随选项的增多而增多，对于大样本，录入工作量较大。

方法二：所设立的变量个数为最多可以选择的选项个数，变量取值为所选择答案的选项号，变量排列顺序即为选择答案的顺序。如果题中没有规定选择的最多项数，则要等到回收问卷后翻阅问卷的回答结果，再根据分析的需要确定变量个数。这种编码方法的优点是便于录入和审核，但是分析前要通过程序把它们转化成取值为“0”或“1”的变量。

3）等级顺序量表的编码。对等级顺序量表的编码同样需要设立多个变量。与多选问题类似，顺序量表的编码也有两种方法，这两种方法对应的问题形式略有差异。

方法一：变量个数即选项个数，按照选项的顺序排列，分别定义各变量为对应选项所排次序号，取值即为次序号。

例如：Q3．下面列出一些影响人们选购牙膏的因素。请您从这些因素中挑选出对您选择牙膏影响最大的五个因素，然后将您挑出的这五个因素按照影响程度的大小进行排序。影响最大的因素请您记为“1”，影响次之的因素请您记为“2”，依次类推。

Q3

影响因素	选项
牙膏的功效	（920）
这个牌子我在广告里见过	（921）
产品在货架的陈列使我很容易找到它	（922）
促销人员的推荐	（923）
朋友的推荐	（924）
我家人 / 我自己收到过该产品的试用装	（925）
有权威的牙防组织推荐	（926）
有买一送一或优惠价等促销措施	（927）
价格有吸引力	（928）
包装醒目	（929）
包装上的产品说明	（930）
它是新的品牌或种类	（931）
它是我 / 家人一直使用的品牌	（932）

如果对所有选项排序，采用此方法与多选题一样，优点是可以直接进行分析，但录入工作量大。

方法二：所设立的变量个数为要求排序项数，依照次序号排列顺序，分别定义各变量为各次序号对应的选项项数，取值即为选项号。采用此方法的优缺点与多选题一样，便于录入，可以减少工作量和出错率，但是分析时要先进行数据转化。

（2）数字型开放式问题的编码。对直接回答数字的问题，变量取值即为该数字。设计编码时变量的测量水平应尽可能高。如果编码时采用低测量水平的变量，后期要想提高测量水平则只能重新编码，成本过高。

根据问卷的填写要求，可规定变量的格式，包括字节数、小数点数和数量单位等。变量所占字节数可以根据事先预计的数字最大值的位数确定。例如，直接询问被调查者的年龄，设计编码时取变量名为NL，所占字节为2，小数点位为0，取值范围为0～60或99（99表示该题缺失）。

（3）文字型开放式问题的编码。市场调查中有些问题的答案事先无法预料或难以完全罗列出来，但又希望能对答案进行定量分析，此时需要进行后编码。后编码要在数据收集完成后根据被调查者的回答进行设计，主要适用于事先无法确定答案类别的问题，如结构式问卷中的文字型开放式问题。

对文字型开放式问题进行定量分析，必须将问题转化为一个或几个变量，为所有可能的答案类别赋予相应代码，同时需要特别注意以下几个事项。

1）确定变量相对简单一些，类似封闭式的单选或多选问题。可对照问题大致翻阅一下可能的回答，甄别出主要变量，然后定义变量的名称、类型和含义。

2）根据问题的回答确定各答案类别，在样本量较小的情况下，可以查阅所有问卷对该问题的回答；在样本量较大的情况下，只要抽取部分问卷来查看回答情况就可以了，但是要注意应尽量获取分布广泛的回答。

3）选定问卷后，仔细阅读每个被调查者对该特定问题的回答，每遇到一个新的答案类别就记录下来，同时记录各答案类别出现的频数，要注意区分答案的表面含义与引申及隐含的含义。

4）对各答案类别进行整理归纳，突出分析重点，将不能编码或个数较少、可以不予考虑的那些答案归入“其他”项。

表 6-1 是某药品的街头拦截访问中的一道开放题（请问您对于这个产品的哪些方面比较满意？）的编码表。

表 6-1　文字型开放式问题编码表实例

代码	具体码	代码	具体码
一、对产品功效的认识及评价		152	价格适合
001	效果好	153	价格合理 / 价格公道
002	止痛效果好	154	物美价廉
003	可以缓解头痛	158	其他
004	可以止痛	五、宣传广告	
005	止痛快	171	广告做得好 / 广告效应
006	可以根治头痛	172	广告多 / 广告做得广
007	能有效防止头痛复发	178	其他
008	可以减少头痛复发次数	六、品牌	
009	可以退烧	181	品牌好
010	退烧效果快	182	口碑好
011	可以提神醒脑	198	其他
012	有调理作用	七、包装	
013	吃了感觉舒服	201	
048	其他	202	
二、安全 / 副作用方面		218	其他
051	安全 / 没有副作用	八、有关产品的其他方面	
052	副作用少	221	
053	吃了不头晕	222	
054	吃了不会口干	248	其他
055	不会引起皮肤过敏	九、其他	
098	其他	998	其他
三、使用方便性方面		999	无
101	使用方便 / 服用方便	301	购买方便 / 到处都有得卖
102	西药服用方便	302	多人食用
138	其他	303	习惯使用
四、价格方面		304	医生推荐的 / 医院开的
151	价格便宜		

四、数据录入

数据录入是指将编码后的资料输入到计算机内存储起来，以便由计算机进行分类和汇总。目前，我国大多数市场调查的数据都是通过计算机终端直接把原始数据录入到统计分析软件的数据库。

1. 常用的统计分析软件

（1）SPSS。SPSS（Statistical Product and Service Solutions），即统计产品与服务解决方案，是世界上应用最广泛的统计分析软件之一。

SPSS 的基本功能包括数据输入、统计分析和数据输出等，可以进行各类统计分析，包括集中趋势分析、离散趋势分析、相对程度分析、相关分析、聚类分析、判别分析及因子分析等。SPSS 可以将统计分析的结果自动生成各种形象、直观的图表，还可以将数据输出或转换为各种格式。

SPSS 操作界面友好、功能完善，只要掌握 Windows 操作技能和基础的统计分析知识，就可以使用该软件。

（2）SAS。SAS 是由美国 SAS 软件研究所研制的一套大型集成应用软件系统。

SAS 的主要功能有数据存取、数据管理、数据分析和数据展现，其中最强大的是数据分析功能。SAS 是一个组合软件，由多个功能模块组合而成，其中最基本的是 Base SAS 模块。SAS 系统的运行，首先必须启动 Base SAS 模块，它除了本身所具有数据管理、程序设计及描述统计计算功能外，还是 SAS 系统的中央调度室。各模块的安装及更新都可通过其安装程序非常方便地进行。SAS 系统具有灵活的功能扩展接口和强大的功能模块，在 Base SAS 的基础上，还可以增加以下不同的模块，从而增加不同的功能。例如，SAS/STAT（统计分析模块）、SAS/GRAPH（绘图模块）、SAS/QC（质量控制模块）、SAS/ETS（经济计量学和时间序列分析模块）、SAS/OR（运筹学模块）、SAS/MI（交互式矩阵程序设计语言模块）、SAS/FSP（快速数据处理的交互式菜单系统模块）、AS/AF（交互式全屏幕软件应用系统模块）等。

SAS 广泛应用于政府行政管理、科研、教育、生产和金融等不同领域。尤其在教育、科研领域，SAS 已成为专业研究人员进行统计分析的实用标准软件之一。

SAS 系统操作至今仍以编程为主，人机对话界面不太友好，系统地学习和掌握 SAS 需要花费一定的时间和精力，这在一定程度上限制了 SAS 的发展。

2. 数据录入的程序

以 SPSS 为例，数据录入包括以下几个步骤。

（1）录入变量。SPSS 软件的数据录入窗口如图 6-1 所示。横行表示样本录入顺序，号码 1、2、3 等由计算机自动生成。纵列表示变量，变量的名称由使用者自己定义。一旦录入数据，计算机就自动生成 Var001、Var002、Var003 等。在录入变量时，可根据 SPSS 软件的提示，分别定义数据的类型、数据的宽度及小数点后数字的位数等。

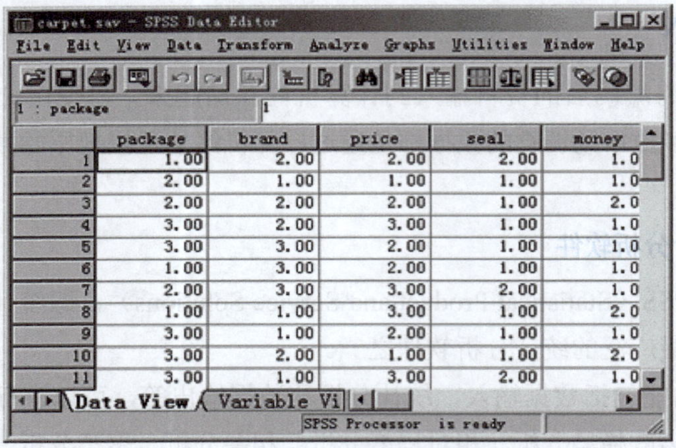

图 6-1 SPSS 软件的数据录入窗口

（2）数据录入。在录入变量后将问卷资料一份一份地录入到相应的表栏中。一般使问卷的编号与计算机自动生成的序号相同，以便今后审核、查找。在录入数据时，有时输入的数据跟设定的数据宽度或类型不符合，计算机会出现提示符号“*”，便于录入人员及时进行纠正。

（3）数据审核。在进行数据分析前，还要先检查数据录入的准确性，以免今后返工浪费人力、物力和财力。数据录入可能出现的错误包括两类：一类是录入的选项在回答项目中根本找不到，如人口性别，编码只有 01 和 02，即男性编码是 01，女性编码是 02，其他都无效；另一类是回答内容不真实。

检查错误的方法有两种：一种是进行数据的二次录入，然后将两次录入的结果加以比较，对不同的数据原始问卷资料进行核对，但这种方法比较费时、费力；另一种是逻辑查错，即先对一些变量进行频次、频率的分析，根据分析结果来判断是否存在错误，这种方法只能查出不符合逻辑的错误，无法判断符合逻辑的错误，而且该方法只能对一些变量进行检查，难以对所有变量进行检查。

五、数据的统计分组

统计分组是指按照数据分析的要求，将总体数据按照一定的标志分为若干组成部分的统计方法。统计分组的结果是把总体数据分为若干组，各组的个体同质，但是组与组之间存在差异。在统计分组的基础上，可以进行更深层次的数据分析，从而揭示调查对象的本质特征。

1. 数据分组的作用

（1）划分现象的类型。在资料的整理过程中，有必要运用统计分类法将所研究的现象总体划分为不同的类型进行研究。

（2）解释现象的内部结构。将总体分组后，各组在总体中所占的比重不同，因此在总体中的地位也不尽相同。

（3）分析现象之间的依存关系。一切社会现象都不是孤立的，而是相互联系、相互制约的。数据分组可以将现象之间的依存关系反映出来。

2. 数据分组的程序

（1）选择分组标志。标志按照其特征可以分为品质标志和数量标志。

品质标志分组是指按反映事物属性的标志分组，如性别、职业等。品质标志应该彼此排斥，并确保包括所有的答案，必要时可以设置“其他”项。

数量标志分组是指按照某一标志的不同数量，将总体单位划分为若干组，如收入、人口、年龄和企业规模等。数量标志应该能够揭示某种经济规律。

（2）确定组距。组距是指组的上限与下限之间的距离。组距应尽可能取整数，同时尽可能用等距分组。

（3）确定分组界限。分组界限是指组与组之间的划分界限，包括组数、组距、组限、组中值的确定。组数是分组的数量。组距是各组中最大值和最小值之间的差额。组距相等的称为等距数列，组距不相等的称为不等距数列。组限是指组距的两个端点。每组的最小值为组的下限，每组的最大值为组的上限。只有上限没有下限或只有下限没有上限的组称为开口组，既有上限又有下限的组称为闭口组。组中值是上限和下限之间的中点数值。

3. 单变量频数分布

在统计分组的基础上，将总体的所有单位按组归类整理，并按一定的顺序排列，形成总体中各个单位在各组间的分布，称为次数分布。分布在各组的个体单位数称为次数，又称频数；各组次数与总次数之比称为比率，又称频率。

例如，某班总共 32 人，市场调查与预测课程的考试成绩见表 6–2。

表 6–2　市场调查与预测课程的考试成绩表

学号	成绩	学号	成绩	学号	成绩	学号	成绩	学号	成绩	学号	成绩	学号	成绩	学号	成绩
1	39	5	70	9	66	13	80	17	69	21	66	25	74	29	76
2	73	6	82	10	76	14	71	18	71	22	62	26	61	30	91
3	53	7	71	11	68	15	77	19	67	23	61	27	75	31	89
4	80	8	62	12	64	16	74	20	69	24	61	28	75	32	69

将考试成绩分为优秀、良好、中等、及格和不及格五组，并统计每组人数所占的比重，见表 6–3。

表 6–3　市场调查与预测课程考试成绩统计表

成绩等级	90 ～ 100 分（优秀）	80 ～ 89 分（良好）	70 ～ 79 分（中等）	60 ～ 69 分（及格）	＜ 60 分（不及格）
人数 / 人	1	4	12	13	2
所占比例（%）	3.13	12.50	37.50	40.62	6.25

4. 多变量频数分布

多变量频数分布是指具有两个或两个以上属性的变量分布情况。由于多变量的分析不可能采用过多的变量，因此大多是针对两个因素的分析。例如，不同年龄、不同性别的 100 名消费者拥有住房的情况见表 6–4。

表 6-4 不同年龄，不同性别的 100 名消费者拥有住房的情况

分组	男		女	
	有	无	有	无
18 岁以下	5	5	6	4
19 ~ 30 岁	10	0	3	7
31 ~ 40 岁	10	0	5	5
41 ~ 50 岁	3	7	6	4
50 岁以上	2	8	4	6
合计	30	20	24	26

5. 累计频数分布

累计频数分布是指将变量数列各组的次数和比率逐组累计，有向上累计和向下累计两种计算方法。向上累计是指将各组的次数和比率由变量值低的组向变量值高的组逐步累计，向下累计则是指将各组的次数和比率由变量值高的组向变量值低的组逐步累计。市场调查与预测课程的考试成绩累计频数分布见表 6-5。

表 6-5 市场调查与预测课程的考试成绩统计表

成绩等级	90 ~ 100 分	80 ~ 89 分	70 ~ 79 分	60 ~ 69 分	< 60 分
人数 / 人	1	4	12	13	2
所占比例（%）	3.13	12.50	37.50	40.62	6.25
向上累计人数	32	31	27	15	2
向下累计人数	1	5	17	30	32

拓展阅读

数据追踪分析技术

数据追踪分析技术是通过在应用程序或网站的关键节点嵌入特定的代码，以实现对用户行为和事件的追踪与记录。这些数据追踪点可能涵盖按钮点击、页面浏览、表单提交等用户交互行为。数据追踪分析技术有助于企业从庞大的用户行为数据中提炼出有价值的信息，洞悉用户的行为模式，评估功能的使用状况，识别潜在的问题和改进点，进而做出基于数据的决策。

数据追踪分析技术的应用范围包括：①用户行为分析，以了解用户在应用中的行为路径，进而优化用户界面和提升用户体验；②功能使用情况评估，以确定特定功能或页面的使用频率，为产品迭代和功能优化提供指导；③营销效果评估，通过追踪营销活动带来的流量和用户行为，以优化营销策略；④产品性能监控，以监控应用性能，及时发现并解决技术问题；⑤客户细分与个性化，依据用户行为数据进行客户细分，提供个性化服务或内容。

随着大数据和人工智能技术的进步，未来的数据追踪分析技术不仅能够提供更深入的用户行为洞察，还能够实时预测用户需求，为个性化服务和动态内容推荐提供有力支持。

第二节 数据分析

数据分析是在审核和整理调查资料的基础上进行的，包括数据的集中与离散趋势分析、数据的相对程度分析及数据的多变量分析等内容。

一、数据的集中与离散趋势分析

一般来说，总体中所有单位的次数分布趋势有集中和离散之分。

1．数据的集中趋势分析

数据的集中趋势分析是对被调查总体的特征进行准确描述的重要前提。集中趋势是指数据分布趋向集中于一个分布的中心，其表现是次数分布中心附近的变量值的次数较多，而相距次数分布中心较远的变量值的次数较少。

平均值、众数和中位数是反映数据集中趋势的常用指标。

（1）平均值。平均值是数据偶然性和随机性的一个特征值，反映了一些数据必然性的特点。平均值是总体中各单位数值之和除以标志值项数得到的数值。平均值的具体计算方法有简单算术平均值、加权算术平均值、调和平均值和几何平均值等几种，其中算术平均值是最简单、最基本的形式，它又视资料分组与否而有简单算术平均值和加权算术平均值之分，见式（6-1）。

$$\overline{X}=\sum x_i / n \qquad (6\text{-}1)$$

利用平均值，可以对处在不同地区、不同单位的某现象进行空间对比分析，以反映一般水平的变化趋势或规律，可以分析现象间的依存关系等，从而拓宽分析的范围。

（2）众数。众数是总体中各单位在某一标志上出现次数最多的变量值，也是测定数据集中趋势的一种方法。它克服了平均数指标会受到数据中极值影响的缺陷。某项对大学生上电影院观看电影的调查所得的资料显示，大多数学生每月观看电影 4 次，这一数字即是众数。所以，确定众数的方法比较容易。

从分析的角度看，众数反映了数据中最大多数的数据的代表值，可以使我们在实际工作中抓住事物的主要矛盾，有针对性地解决问题。但若出现了双众数甚至多众数现象，则可能说明调查总体不具有同质性，资料可能来源于两个不同的总体。这类结果既可以用来检查方案设计中的总体一致性问题，也可以用来帮助验证数据可靠与否。

在三个集中趋势分析指标中，众数的适用范围最广。

（3）中位数。中位数是总体中各单位按其在某一标志上数值的大小顺序排列时，居于中间位置的变量值。中位数的确定可以未分组资料为基础，也可由分组资料得到。它同样不受资料中少数极值的影响。在某些情况下，用中位数反映现象的一般水平比算术平均值更具有代表性，尤其对于两极分化严重的数据更是如此。

中位数的主要优点在于较少受极端值的影响，主要缺点是较难用于推断性数据分析。

例如：在一次购物中心拦截访问中访问了10位啤酒消费者（平均每天喝1听/瓶/杯）以上，询问他们每天喝多少听/瓶/杯啤酒，他们的回答见表6-6。

表6-6　啤酒消费调查结果

被调查者	1	2	3	4	5	6	7	8	9	10
回答	2	2	3	2	5	1	2	2	10	1

在上例中，算术平均值=3听（或瓶/杯），中位数=2听（或瓶/杯），众数=2听（或瓶/杯）。

2. 数据的离散趋势分析

在市场调查、预测的过程中，除了需要对集中趋势进行概括，以反映事物的一般水平外，还要对离散趋势进行概括，以反映各单位标志值之间的差异程度，从而更全面、深刻地认识事物的特征。离散趋势是指数据分布偏离其分布中心的程度。离散趋势通常由全距、平均差、平均差系数和标准差等指标反映。

（1）全距。全距（也称极差）是数据中的两个极端值的差。一般来说，全距越大，平均值的代表性越小。所以，全距可以一般性地检验平均值的代表性大小。

由全距的计算方法可知，全距只受最大值和最小值的影响。如果因特殊原因出现特别大或特别小的数值，全距就不能确切地反映标志值真实的变异程度，可见它只是一个较粗略的测量离散趋势的指标。在实际应用中，当经济现象的离散程度比较稳定时，可以使用这一指标。

（2）平均差。平均差是总体各单位标志值与其算术平均值的离差绝对值的算术平均数。平均差与平均数代表性的关系与极差基本一致。不同的是，平均差的计算由于涉及总体中的全部数据，因而能更综合地反映总体数据的离散程度。

平均差即平均离差，是指用离差数值的总和除以离差的项数的结果，其计算公式为

$$\text{平均差}=\frac{\sum\left|X-\overline{X}\right|}{n} \tag{6-2}$$

平均差数值的意义在于，平均差越大，则表示用众数、中位数和平均数等测算的数值的代表性越小；反之，平均差越小，平均数等的代表性越大。

（3）标准差。方差与标准差是幂的关系，前者是后者的平方。标准差的计算公式也视资料的分组情况而分为简单平均式和加权平均式。

这两个指标均反映总体中所有单位标志值对平均数的离差关系，是测定数据离散程度的最重要指标，其数值的大小与平均数代表性的大小呈反方向变化。

标准差是各个离差平方的算术平均数的平方根，也称为均方根或均方差，其计算公式为

$$\delta=\sqrt{\frac{\sum(X-\overline{X})^2}{n}} \tag{6-3}$$

计算标准差的基本原理及其含义与平均差相同，它采用对离差进行平方来消除负号。

拓展阅读

AI 对数据分析的影响

1. 自动化和效率提升

AI技术使得数据分析过程更加自动化和高效。传统的数据分析需要大量的人工参与，包括数据清洗、处理和模型构建等环节。然而，AI能够自动完成这些烦琐的任务，减少人为错误，同时提高分析速度和准确性。

2. 预测和趋势分析

AI算法能够利用庞大的数据集进行预测和趋势分析。通过机器学习和深度学习等技术，AI可以识别隐藏在海量数据中的模式和关联，提供更准确的预测结果，帮助企业更好地了解市场趋势和消费者行为。

3. 智能化决策支持

AI具备智能化决策支持的能力，能够通过对大量数据的分析和学习，为企业提供更加准确的决策建议。例如，AI可以预测未来的市场变化，并为企业提供相应的策略建议，从而提高企业的竞争力。

二、数据的相对程度分析

数据的相对程度分析是统计分析中的重要方法，是反映现象之间数量关系的重要手段，可以利用相对指标说明现象的水平、速度和变化情况。它通过对比的方法反映现象之间的联系程度，表明现象的发展过程，还可以使那些利用总量指标不能直接对比的现象找到可比的基础，因而在市场调查分析中经常使用。市场调查分析中常用的相对指标主要有结构相对指标、比较相对指标、比例相对指标和强度相对指标四种。

1. 结构相对指标

一个总体通常由若干部分组成。为了观察与分析总体内部的构成及其变化，要在总体分组的基础上，计算结构相对指标。结构相对指标是总体各组成部分与总体数值对比求得的比重或比率，用来表明总体内部的构成情况，也称比重。它从静态上反映总体内部构成，揭示事物的本质特征，其动态变化可以反映事物的结构发展变化趋势和规律性。

结构相对指标通常用百分数表示，也可以用系数表示，如国民经济的产业结构的计算公式为

$$\text{结构相对指标} = \frac{\text{总体中部分数值}}{\text{总体全部数值}} \times 100\% \qquad (6\text{-}4)$$

2. 比较相对指标

比较相对指标是指不同总体的两个同类指标进行对比的比值，可以是两个总量指标相比，也可以是两个相对指标或两个平均指标相比，一般都以百分数或系数表示。比较相对指标可以反映同类现象在同一时间、不同空间的差别程度，一般用倍数或百分数表示。例如，某公司的市场份额与其同类竞争对手市场份额的对比、两个同类型企业单位产品产量所花费

成本的对比等，其计算公式为

$$\text{比较相对指标}=\frac{\text{某地区（单位）的指标数值}}{\text{另一地区（单位）的同一指标数值}} \tag{6-5}$$

3. 比例相对指标

社会经济现象总体内各组成部分之间存在着一定的联系，具有一定的比例关系。为了掌握各部分之间数量的联系程度，需要对不同的部分进行对比。比例相对指标是同一总体内不同组成部分的指标数值对比的比值，用以说明总体内部各个局部、各个分组之间的比例关系，常用系数或倍数表示。例如，男女性别比例、产品产量和原材料消耗之间的比例。比例相对指标的计算公式为

$$\text{比例相对指标}=\frac{\text{总体中某一部分数值}}{\text{总体中另一部分数值}} \tag{6-6}$$

4. 强度相对指标

强度相对指标是指有密切联系的两种性质不同的总量值之比，它反映现象的强度、密度和普及程度。强度相对指标是一种特殊的相对数，一般采用复名数单位表示。例如，流通费用率、资金利税率、资金产值率和全员劳动生产率等。强度相对指标具有两个作用：一方面，它比总量指标能更确切地反映经济和文化的发展水平，因而广泛地用于空间对比，特别是在两国之间做对比分析；另一方面，由于强度相对指标表明的是相互联系的两种总量之间的数量关系，故经常用于指标的推算和计算。强度相对指标有两类：正指标与逆指标。正指标比值的大小与其反映的强度、密度和普及程度成正比；逆指标比值的大小与其反映的强度、密度和普及程度成反比。强度相对指标的计算公式为

$$\text{强度相对指标}=\frac{\text{某一总量指标数值}}{\text{另一性质相同的总量指标数值}} \tag{6-7}$$

拓展阅读

数据挖掘

数据挖掘（Data Mining），顾名思义就是从大量的数据中挖掘出有用的信息。一般来说，人们认为它是从大量的、不完全的、有噪声的、模糊的、随机的数据中集中识别有效的、新颖的、潜在的、有用的及最终可理解的模式的非平凡过程。它也可理解为是在一些事实或观察数据的集合中寻找模式的决策支持过程。数据挖掘是一门涉及面很广的交叉学科，包括机器学习、数理统计、神经网络、数据库、模式识别、粗糙集和模糊数学等相关技术。它也常被称为知识发现。相对来讲，数据挖掘主要流行于统计界（最早出现于统计文献中）、数据分析、数据库和管理信息系统界；而知识发现则主要流行于人工智能和机器学习界。

数据挖掘的主要步骤是：数据准备、数据挖掘、结果的解释评估。数据挖掘的主要功能有分类或预测模型、数据总结、数据聚类、关联规则发现、序列模式发现、依赖关系或依赖模型发现、异常和趋势发现等。

三、数据的多变量分析

进行市场研究时，选择哪种多变量分析方法，取决于研究中多变量的测量尺度和类型。因此，要求市场研究者在进行数据收集前明确项目的设计和假设、确认因变量，以及测量方法和测量尺度。

1. 相关分析

相关是指一个变量与另一个变量之间的连带性。如果一个变量的值发生变化，另一个变量的值也随之变化，则这两个变量就是相关的。在社会经济生活中，存在大量的不能用函数精确表达的变量间的关系，然而在大量观察的条件下可以发现变量之间具有某种统计规律。例如，收入水平与受教育程度之间的关系，商品的消费量与居民收入之间的关系，销售人员的销售业绩与其受教育程度、处理人际关系的能力、工作满意度和区域市场潜力等之间的关系。

按相关关系涉及的因素多少划分，可以分为单相关和复相关；按相关关系的表现形态来划分，可以分为直线相关和曲线相关；按直线相关变化的方向来划分，可以分为正相关和负相关；按相关度程度来划分，可以分为完全相关、不完全相关和不相关。

简单相关系数是两个变量之间共变或关联的统计指标，用于描述两个变量 X 和 Y 之间联系的紧密程度，其计算公式为

$$r_{XY}=\frac{\sum(X_i-\overline{X})(Y_i-\overline{Y})}{\sqrt{(X_i-\overline{X})^2(Y_i-\overline{Y})^2}} \tag{6-8}$$

简单相关系数实际上是协方差的标准化度量。在式（6-8）中，分子就代表协方差，它决定着两个变量线性相关关系的方向。如果 X 和 Y 的相关值在同一方向上不同于它们的平均数，那么它们的协方差就是正的。如果 X 和 Y 的值倾向于向着相反的方向偏离，那么它们的协方差就是负的。

相关系数 r 的范围为 -1.0 ～ 1.0。如果 r 等于 1.0，变量之间就有一个完全正面的线性关系；如果 r 等于 -1.0，变量之间就有一个完全负面的线性关系；如果 r 等于 0，就说明变量之间不具有相关性。一个相关系数既说明了线性关系的大小，又说明了这种关系的方向。

2. 聚类分析

聚类分析主要用于辨认具有相似性的事物，将具有相同特征的事物聚类。聚类分析是一种多元分析方法，最初用于分类学中，之后随着统计软件的发展，被引入统计分析中，形成了聚类分析这种新兴的多元分析方法。

聚类分析的应用范围广泛。聚类分析与因子分析等相结合，可以确定景气指数等国民经济预警指标。聚类分析可用于市场细分，也可用于竞争对手分析。

聚类通常分为两类：R 型聚类和 Q 型聚类。R 型聚类是指针对变量的聚类，Q 型聚类则是指针对样本的聚类。实际中遇到较多的聚类问题是 Q 型聚类问题。例如，根据人们阅读刊物和参加业余活动等情况，将人的兴趣划分为几类；根据手机通话时间、通话频率、消费习惯等，将移动通信消费者划分为不同的类型。

聚类分析可以使用统计分析软件进行操作。一般而言，统计分析软件有两种聚类分析的模块：动态聚类和系统聚类。动态聚类的实质是分步聚类法，即先选定一批凝聚点，然后让变量或样本向最近的凝聚点靠拢，这样凝聚成类，形成初步的分类，最后对凝聚点的选点进行调整，一直调整到比较合理为止。动态聚类方法简单、占用内存少，适合大样本的聚类分析处理。系统聚类方法相对比较复杂，先要对数据进行变换。变换方法有平移变换、极差（或极值）变换、标准变换和对数变换等。

3. 判别分析

判别分析是指在已知若干样本分类的情况下，根据收集到的多个变量的数据建立差别函数，从而推断未知样本分类的统计分析方法。判别分析是一种统计推断技术，是由已知样本推断未知样本的方法。例如，在消费者购买倾向调查中，判别分析可以判断具有哪些特征的消费者购买倾向高。

在仅涉及两个组的判别分析中通常只需要一个判别函数。最简单且常见的判别函数为线性模型，其计算公式为

$$Z = b_0 + b_1X_1 + b_2X_2 + \cdots + b_nX_n \tag{6-9}$$

4. 因子分析

当存在大量的变量时，可以从中总结出相对少数的变量，并通过这少数的变量反映原有变量的绝大部分信息，以达到简化数据的目的。这些少数的新变量不是原变量的简单取舍，而是在原变量基础上重新构造和重新综合的。这些少数的新变量称为因子变量。因子分析与聚类分析的区别在于因子是不可观测的，不是具体的变量。

（1）因子分析的步骤。因子分析通常包括以下四个主要步骤。

1）计算所有变量的相关矩阵。相关矩阵是因子分析直接要用的数据，根据计算出的相关矩阵还应该进一步判断应用因子分析方法是否合适。

2）提取因子。包括确定因子的个数和求因子解的方法。

3）进行因子旋转。通过坐标变换使因子解的实际意义更容易解释。

4）计算因子值。因子值是各个因子在每个样本上的得分值，有了因子值可以在其他的分析中使用这些因子。

（2）因子分析的应用。在市场调查中，因子分析有着很广泛的应用。

1）市场细分。运用因子分析方法找出将消费者分群的内在的因子。例如，新产品购买者可以按他们更注重的是哪一个因素来分群（是经济性、方便程度、性能、舒适性，还是豪华程度等）。

2）产品研究。运用因子分析来决定影响消费者选择的品牌特性。例如，牙膏品牌可以从防蛀牙、洁白牙齿、味道、口气清新及价格上予以评价。

3）广告研究。用于了解目标市场的媒介消费特征。例如，速冻食品的购买者可能花很多时间在工作或娱乐上。

4）价格研究。可运用因子分析来决定对价格反应敏感的消费者的特征。例如，他们可能是以家庭为中心的追求性价比的消费者。

拓展阅读

数据分析新工具介绍

1. Tableau

这是一款流行的商业智能和数据可视化工具，具有用户友好的界面和强大的可视化能力。它支持各种数据源的连接，帮助用户创建交互式的仪表板和图表，适用于数据探索、交互式可视化和决策支持等场景。

2. Power BI

这是由 Microsoft 开发的商业智能（Business Intelligence，BI）工具，具有强大的数据分析、可视化和报告功能。它支持各种数据源的集成，包括云端和本地数据，以及具备灵活的仪表板和报表设计功能，适用于实时分析、数据可视化和仪表板制作等场景。

3. FineBI

这是帆软旗下的企业 BI 工具，主要特点为自助分析。它提供强大的数据分析功能，在国内 BI 市场占据领先地位。FineBI 的优点在于其性能强大、性价比高，适用于各种数据分析需求。

四、数据分析在市场研究中的应用

数据的集中与离散趋势分析、数据的相对程度分析和数据的多变量分析等方法广泛应用于市场研究的各个领域，包括品牌研究、价格研究、市场细分、顾客满意度研究、新产品开发、生活形态研究及决策预测等，详见表 6-7。

表 6-7　数据分析在市场研究中的应用

研究内容	数据分析技术
品牌研究	判别分析、聚类分析、因子分析、对应分析、多维尺度分析、概念图
价格研究	价格敏感度模型、品牌价格平衡模型、结合分析、离散选择
市场细分	聚类分析、分类树、概念图、因子分析、判别分析、对应分析
顾客满意度研究	回归分析、主成分分析、因子分析、结构方程式
新产品开发	概念图、结合分析、离散选择、多维尺度分析
生活形态研究	因子分析、聚类分析、判别分析、对应分析
决策预测	回归分析、分类树、神经网络

本章小结

资料整理就是根据调查目的对调查所得的各种原始资料进行审核、编码、录入、分类和汇总，并借助各种综合指标对调查对象的相互联系、总体特征及发展规律做出概括性的说明。

数据审核是指对已经收集到的资料进行审查和核实，检查其是否齐全、是否有差错，以决定是否采用此份调查资料的过程。数据审核可以分为实地审核和办公室审核两种。

编码就是将问卷信息（包括调查问题和答案）转化为统一设计的计算机可识别的数值代码的过程，以便于数据录入和做进一步的处理与分析。根据问卷结构，编码可以分为结构式问卷编码设计和非结构式问卷编码设计；根据问题类型，编码可以分为封闭题、半封闭题和开放题编码设计；根据编码设计的时间与方法，编码可以分为前编码设计和后编码设计两种。

数据录入是指将编码后的资料输入到计算机内存储起来，以便由计算机进行分类和汇总。

统计分组是指按照数据分析的要求，将总体按照一定的标志分为若干组成部分的统计方法。

数据分析是在调查资料审核和整理的基础上进行的，包括数据的集中与离散趋势分析、数据的相对程度分析及数据的多变量分析等内容。

重要概念

1. 数据处理（Data Processing）
2. 数据审核（Data Audit）
3. 编码（Coding）
4. 数据录入（Data Entry）
5. SPSS
6. 频数（Frequency）
7. 相关分析（Correlation Analysis）
8. 聚类分析（Cluster Analysis）
9. 判别分析（Discriminant Analysis）
10. 因子分析（Factor Analysis）

自测题

一、单项选择题

1. 将人口总体按“职业”分类是按照（　　）分组的。

A. 数量标志　　B. 品质标志

C. 品质与数量标志　　D. 变量值

2. 下列选项中，属于调查资料完整性审核的是（　　）。

A. 被调查者是否属于规定的样本范围内

B. 调查对象是否齐全

C. 调查资料是否存在明显的错误

D. 调查资料的计算方法是否统一

3. 在编制统计表的基础上，为了使统计资料的表达直观生动、通俗易懂，往往需要绘制（　　）。

A. 统计图　　B. 统计表格　　C. 统计曲线　　D. 统计地图

二、多项选择题

1．统计资料的审核主要包括资料的（　　）。

A．完整性　　B．准确性　　C．时效性　　D．适用性

2．分布数列按其分组标志不同可以分为（　　）。

A．品质分布数列　　B．变量分布数列

C．品质标志数列　　D．数量标志数列

三、计算题

1．某空调企业对某种型号的空调机投放市场后的年销售量进行预测，聘请9位专家运用德尔菲法进行四轮的征询、反馈、修改汇总后得到表6-8中数据。

表6-8　年销售量预测

专家		1	2	3	4	5	6	7	8	9
轮数	1	50	45	23	52	27	24	30	22	19
	2	46	45	25	43	26	24	29	24	23
	3	35	45	26	40	26	25	27	24	23
	4	35	45	26	40	26	25	27	24	23

（1）请计算每轮专家预测的中位数和极差数，并说明其含义。

（2）请问最终的年销售量预测值是多少？

2．按百分制计分，某班40位学生统计学的考试成绩见表6-9。

表6-9　统计学的考试成绩

89	88	76	99	74	60	82	60	89	86
93	99	94	82	77	79	97	78	95	92
87	84	79	65	98	67	59	72	84	85
85	81	77	73	65	66	83	63	79	70

请对上述资料进行统计分析。

第七章 市场调查报告

本章学习目标

- 了解市场调查报告的特点、作用和类型
- 掌握书面调查报告的结构与内容
- 了解口头调查报告的准备工作与辅助工具

第一节 概 述

市场调查报告是指以市场调查所获取的信息和数据为基础，总结调查中的发现，并提出建议。它是整个市场调查的成果。

一、市场调查报告的特点

1. 客观性

客观事实是市场调查报告的前提和基础。写调查报告，从调查对象的确定到开展调查活动，从对问题的分析研究到提出解决问题的途径，都要以大量的、充分的、确凿的事实作为依据。

2. 针对性

市场中存在的具体问题是进行市场调查的原因。因此，解决或说明这些问题是市场调查报告的目的，而提出这些问题的个人或组织就是市场调查报告的阅读对象。可见，市场调查报告有特定的调查目的和阅读对象，具有很强的针对性。

3. 时效性

市场形势瞬息万变，而市场调查报告需要解决当前面临的问题，实践性很强。因此，市场调查报告必须注重时效性，以免错过市场调查的适宜时机，从而失去效用。

4. 逻辑性

调查报告不能脱离实际，但又不是材料的机械堆砌，而是对核实无误的实际资料和数据进行严密的逻辑论证，探明事物发展变化的原因，预测事物发展变化的趋势，提取本质性和规律性的东西，进而得出科学的结论。

5. 典型性

调查报告的典型性表现在两个方面：一是调查对象典型；二是文章所运用的材料典型。

好的调查报告不仅对调查对象的总结工作、提高认识具有指导意义，更重要的是对全局性工作具有现实意义和普遍的指导意义。

二、市场调查报告的作用

1. 总结调查结果

市场调查所获取的信息、数据、观点和建议等所有结果通过市场调查报告得以整理和总结，并以报告的阅读对象所容易接受的方式展示。例如，定量调查所得的数据报告对于大多数非市场调查的专业人员来说是枯燥而没有意义的，这些数据在市场调查报告中用图表的形式展示出来，并辅之以简明扼要的说明，那么非市场调查的专业人员也可以理解这些数据。

2. 提出调查发现

市场调查报告并非市场调查结果的简单堆砌，市场调查人员应该从调查所得的数据和信息中提炼出有意义、有价值的发现。例如，关于饮料的消费习惯调查，采用街头拦截的调查方式，样本数为300人，按年龄、性别进行配额。在最终的调查结果中，市场调查人员通过统计分组、聚类分析和因子分析，可以提出关于饮料消费者市场细分的研究发现。

3. 给出市场建议

在总结调查结果、提出调查发现的基础上，市场调查人员从调查目的出发，提出有针对性的市场建议，供市场调查机构作为市场决策的参考。例如，上述关于饮料的消费习惯调查，市场调查人员可以提出企业目标市场选择的建议。

4. 沟通工具

市场调查报告是市场研究人员与市场调查机构进行沟通的一种重要工具。虽然大多数企业决策者没有时间去详细、全面地阅读调研报告，但在其制定决策的过程中，经常需要重新阅读以往的调研报告，查询相应的与决策有关的内容以进行决策。市场调查报告应注意不同的沟通对象。不同的报告使用者关心的内容是不同的，如企业决策者与营销管理者关心调研结论和营销建议，而客户的调查项目负责人则关心调查方法是否科学、调研过程是否符合规范。

三、市场调查报告的类型

1. 书面报告

书面报告是指以书面的形式展示调查方案、调查结果、研究结论和营销建议等的报告。书面报告通常利用 Word 或 PowerPoint 等软件进行编辑，最终打印装订成册。

2. 口头报告

口头报告是指通过图表等形式，附带一些文字、图片和一些动态资料，将调查方案、调查结果、研究结论和营销建议等内容表现出来，以便与客户进行沟通的一种口头展示。

3. 技术报告

技术报告是指在市场调研的过程中所涉及的一些分析模型、复杂的抽样方案等。这些模型与方案的技术性较强且与调研结果的解释关系不大，只是一种技术支持，因此单独形成报告。

4. 数据报告

数据报告是指用于生成研究报告的一些基本的交叉表。通常研究报告中虽然涉及一些数据，但只是一些数据处理的结果，或是一些关键的数据，这是因为一项调研的数据量非常大，并不是全部具有意义。而有些客户不仅需要书面报告中的数据，而且也需要全部的数据资料，以便进行特殊的分析。因此，调研公司通常还要提供一个数据报告。

第二节 书面调查报告

书面调查报告是市场调研人员与客户之间沟通的重要工具，担负着向客户传递市场调查过程与结果的重要任务。

一、书面调查报告的要求

（1）以事实为基础。书面调查报告的撰写者应该从调查的结果出发，以客观、中立的立场提出客观的发现和建议，避免脱离调查结果的主观臆断。

（2）以数据为依据。书面调查报告应该涵盖调查所得的全部数据。这些数据必须真实、准确，因为它们是调查报告中提出的调查发现和建议的依据，切忌脱离数据的调查发现和建议。运用数据要适当，既要避免数据缺失，也要避免数据堆砌。此外，所有的调研结果都是建立在样本基础上的，因而分析结果都与实际存在误差，在调研报告中应解释说明这种局限可能带来的后果和影响，并说明推断的概率保证程度。

（3）图表与文字比例适当。调查报告中运用图表可以达到直观、形象、生动的效果，但图表必须辅以必要的文字说明，以利于报告的阅读者对图表的理解。例如，使用重要性和满意度模型时，报告中给出重要性和满意度的象限图，这时有必要说明该图四个象限的内容和含义，以及调查的结果，从而为客户进行决策提供依据。

（4）篇幅适中。市场调查报告目的明确、应用范围集中，因此应该使用简洁的文字进行表述，以控制篇幅。调查报告水平的高低、质量的好坏并不取决于报告的篇幅，而是取决于报告是否能够提供营销管理者所需要的信息，所提供的信息是否能够解决问题。确定调查报告的长短，要根据调查目的和调查报告的内容而定。

二、市场调查报告的撰写步骤

（1）构思。构思是指根据思维运动的基本规律，从感性认识上升到理性认识的过程。通过市场调查中所获取的信息和数据，初步认识市场调查的问题。构思的过程中，应该确立市场调查报告的观点，列出论点、论据并做出结论。

（2）拟写提纲。拟写提纲的过程是一个理清思路，明确论点、论据和论证角度方法的过程，拟写提纲一般遵循以下一些方法。

1）应先粗后细，先大后小，由略到详。

2）要用文字写出每个部分、每个层次的标题及大意，并扼要写明每个部分的论点、论据材料及论证角度等，为写初稿提供足够的依据。

3）拟写提纲时，有时会对自己比较成熟的看法、有充分材料的部分写得很详细，而对资料一时不足、尚未想好的问题写得很粗、很简略。

（3）收集数据资料。撰写市场调查报告必须根据数据资料进行分析，即介绍情况要有数据做依据，反映问题要用数据做定量分析，提建议、措施同样要用数据来论证其可行性与效益。

选取数据资料后，还要运用得当。运用资料的过程就是一个用资料说明观点、揭示主题的过程，在写作时，要努力做到用资料说明观点，用观点论证主题，详略得当、主次分明，使得观点与数据资料协调统一，以便更好地突出主题。

（4）撰写初稿。根据撰写提纲的要求，由单独一人或数人分工撰写，各部分的写作格式、文字数量、图表和数据要协调，统一控制。

（5）定稿。写出初稿，征得各方的意见并进行修改后就可以定稿。定稿阶段，一定要坚持对事客观、服从真理、不屈服于权力和金钱的态度，使最终报告较完善、准确地反映市场活动的客观规律。

三、书面调查报告的结构与内容

在长期的商务实践中，逐渐形成了书面调查报告的一般结构及其内容，通常包括标题、目录、概述、正文、结论和建议及附录六个部分。

1. 标题

正规的调查报告的首页即标题页。标题页通常包括四项内容：①报告的标题；②报告的提交对象；③报告的撰写者；④报告的发布日期。

标题按照语法，可以分为陈述式和提问式两种；按照是否带有副标题，可以分为单一标题和正副标题结合式两种。一般来说，正标题表达调查的主题，副标题则具体表明调查的单位和问题。

书面调查报告的标题应该简单明了，能够准确概括报告的主题和内容。

调查实例 7-1 市场调查报告的标题

广东农村社会保障制度调研报告
关于留守儿童教育问题的调研报告
关于农村教育现状及农村教师心态的调研报告
甘肃西部农村教育现状调研报告
服装市场调研报告
大学生学车调研报告之调查方案
大学生食品消费市场调研报告
大学生社会责任感调查报告
北京图书市场调研报告
上海新能源汽车使用情况调研报告

2. 目录

为了阅读方便，书面调查报告通常设有目录，包括报告的各级标题（通常是三级标题）及其起始页码。有些调查报告还设有专门的图标目录。

调查实例 7-2　外设产品投影仪季度市场调查报告目录

3. 概述

概述主要阐述调查报告的背景和目的，简要说明调查的由来和委托调查的原因，调查的时间、地点、对象、范围、调查要点及所要解答的问题。

调查实例 7-3　荷兰辣椒酱公司开发中国市场的调研

荷兰一家专注于辣椒酱的公司，其产品主要针对西餐市场，包括意大利面、披萨等食品。该公司计划将辣椒酱产品推广至中国市场，并特别关注其产品是否能够融入中国本地的饮食文化。为了深入洞察市场潜力和消费者偏好，该公司携手市场研究机构K公司开展市场调查。需求如下：

（1）了解中国消费者对辣椒酱的接受程度和使用习惯。

（2）调查辣椒酱在中国不同餐饮场景中的潜在需求。

（3）探索辣椒酱在家庭日常消费中的可行性。

（4）识别可能的市场机会和潜在的消费场景。

（5）收集消费者对辣椒酱口味、包装和价格的反馈。

通过对收集到的数据进行分析，K公司得出以下结论：中国消费者对辣椒酱的偏好程度较高，特别是在港式餐点和蒸汽海鲜等特定餐饮场合。然而，在家庭日常消费场景中，推广辣椒酱面临较大挑战，这主要是由于消费者对传统调味品的忠诚度较高。对于中餐和川菜市场，消费者更倾向于选择传统的辣椒制品，例如辣椒粉和辣椒油。

K公司向荷兰辣椒酱公司提出建议，针对港式餐点和蒸汽海鲜市场进行精准的产品定位；调整产品包装设计和风味；与本地餐饮品牌携手合作，以实现市场渗透；在推广策略中突出产品的独特性和创新性，以此吸引年轻消费者以及其他愿意尝试新口味的顾客。

4. 正文

正文是书面调查报告的主体部分，通常由以下几个部分组成。

（1）研究方法。研究方法主要描述如何进行调研，通常需要介绍调研对象、调研范围、抽样方法、样本数量、收集数据的方法和分析方法等。一般来说，调研方法不需要太长，介绍清楚即可。

（2）研究结果。研究结果也就是研究发现，通常以陈述形式进行表述，并辅之以表格、图表、图形和其他可视工具，以进一步支持和解释发现的结果。

撰写研究结果有三种方法：第一种是利用调研内容的逻辑模块进行编排，然后根据分析与检验的结果，利用图表进行描述，并加以一定的解释；第二种方法是根据问卷的结构进行撰写，因为在设计问卷时已经考虑到研究问题的逻辑及获得数据的顺序；第三种方法是先进行数据处理、分析与绘图，将一些具有意义、经过检验可以说明问题的数据，利用分析软件绘图与制表，然后以某种逻辑顺序进行排列，最后进行描述。

（3）研究的局限性。任何一个调研结果都不可能是完美无缺的，因而在调研报告结束时，要与客户交代调研过程中的一些局限性，这些局限性的存在也许会使调研结果的使用受到一定的限制，同时也可告诉客户如何利用调研报告所揭示的结果。通常，研究的局限性有：①时间局限性。如调研的时间越长，质量可能越高，结论可能越准确。②样本量的局限性。如样本量越大，所得结论便越接近于总体，意味着调研的质量越高。③预算局限性。如调研经费越多，可能抽取的样本量越大，越可能采用质量高的收集数据的方法。④研究人员专业知识的局限性。如研究者对所调研的行业或专业越熟悉，其所设计的调研内容、调查问卷，决定采用的数据收集方法，分析的结果，以及所提出的一些营销建议可能会越有价值。

调查实例7-4　“窗式空调”出口北美的市场调查

1. 市场调查背景

随着全球气候变化和能源危机的加剧，空调作为调节室内温度的重要设备，在全球范围内需求量持续增长。北美地区，尤其是美国和加拿大，由于其较大的住宅面积和对舒适生活环境的追求，空调市场具有巨大的潜力。窗式空调因其安装简便、成本较低的特点，在北美市场中占有一席之地。本调查旨在分析窗式空调出口北美的市场现状、消费者偏好、竞争格局以及潜在的市场机会和挑战。

2. 市场调查内容

（1）宏观市场研究。了解北美地区的政策风险、社会习俗文化、GDP、人口结构、物流基建等宏观指标。梳理北美地区对窗式空调产品的能效标准、安全标准等要求。

（2）行业研究。分析北美窗式空调市场的总体规模，包括历史销售数据和预测未来市场趋势；评估北美市场上的主要竞争者，包括市场份额、产品线、价格利润率等。

（3）消费者研究。研究北美消费者对窗式空调的偏好，包括品牌、功能、价格敏感度、主流购买渠道、媒介偏好以及支付偏好等。

3. 市场调查结果

（1）市场规模增长。北美窗式空调市场预计将持续增长，特别是在中低端市场，为出口企业提供了良好的市场机会。

（2）消费者偏好。能效比是北美消费者最关注的因素，因此提高产品的能效比是提升竞争力的关键。

（3）竞争环境分析。中国品牌在价格和功能上具有优势，但品牌影响力和售后服务方面与北美本土品牌存在差距。

（4）法规与标准。出口企业需确保产品符合北美地区的能效和安全标准，以避免市场准入障碍。

4. 出口策略建议

建议窗式空调出口企业加强品牌建设，提升售后服务质量，并与北美当地分销商建立稳定的合作关系，以增强市场渗透力。同时，关注环保和节能趋势，开发符合Energy Star等认证标准的产品，以满足北美市场的需求。

5. 结论和建议

结论和建议部分包括两个方面的内容：一是结论，即对于正文的主要内容的总结；二是建议，即在结论的基础上提出的建议。结论和建议与正文部分的论述要紧密对应，不可以提出无论据的结论，也不要没有结论性意见的论证。市场调查人员给出的营销建议完全是建立在对调研结果分析的基础上的，因而有其局限性。因此，市场调查人员提出建议时一定要慎重。

拓展阅读

中国工业互联网市场研究年度报告发布

2024 年 8 月，第三方调研机构赛迪顾问（CCID）发布《2023—2024 年中国工业互联网市场研究年度报告》。报告指出，在技术创新、数字化转型和智能制造的推动下，全球工业互联网市场正处于快速发展阶段。报告数据显示，2023 年我国工业互联网市场竞争结构保持相对稳定，市场规模达到 9 849.5 亿元，同比增长 13.9%，保持了较高的增长速度。其中在细分市场，工业互联网平台保持高速增长，市场规模达到 1 467.6 亿元，市场增速达到 34.7%。工业互联网平台正释放着巨大的产业能量，成为赋能生产企业高质量制造和智改数转的重要帮手。

赛迪顾问预测，随着工业互联网平台解决方案与用户数量的持续增长，以及双跨平台评选与试点示范项目的稳步推进，未来三年我国工业互联网市场将保持稳中向好的发展态势。预计 2026 年，我国工业互联网市场规模将达到 14 862.5 亿元。

本报告从工业互联网市场规模与结构、市场格局、细分市场、市场驱动与阻碍因素以及重大市场变化等方面展开分析，并向厂商、用户和投资机构提供了有针对性的市场建议，为业界把握工业互联网市场现状与未来趋势提供了参考和决策支持。

6. 附录

附录也称附件，是指调查报告正文包含不了或没有提及，但与正文有关、必须附加说明的部分。它是对正文报告的补充或更详尽的说明。例如，调查问卷、抽样名单、地址表、地图、统计检验计算结果和表格等。

第三节　口头调查报告

市场调查报告是市场调查的成果体现，是市场调查机构与其委托方之间沟通的重要工具。除了书面调查报告之外，市场调查人员通常还会准备口头调查报告，以便调查报告的阅读者更好地理解、接受并应用调查报告。

与书面报告相比，口头报告的特点如下。

（1）效率高。口头报告能用较短的时间说明所需研究的问题。

（2）生动性。口头报告生动，具有感染力，容易给对方留下深刻的印象。

（3）直接性。口头报告能与听者直接交流，便于增强双方的沟通。

（4）灵活性。口头报告一般可根据具体情况对报告的内容、时间做出必要的调整。

一、口头调查报告的准备工作

口头调查报告不是简单地将书面调查报告口述一次，而是要在书面调查报告的基础上结合口头报告的特点进行多方面的准备。

（1）确定目标听众。不同的目标听众习惯使用的语言不同，关注问题的侧重点也不同。因此，进行口头调查报告之前首先应确定目标听众，理解目标听众的要求，用他们熟悉的语言和表达方式陈述调查报告。例如，市场研究工作人员关注调查的过程、方法和数据分析，而市场营销工作人员则关注调查的结论和营销建议，以及所调研的数据与其营销决策的关系。在进行口头报告之前，报告者应当将主要的内容与听众进行沟通，从而找出听众需要重点解决的问题，这样才能提供听众所需的数据与结论。

（2）报告概要。为了便于听众理解和接受调查报告，报告者进行口头报告时有必要为听众准备一份报告概要，该文件包括报告的主要内容、结论和建议，并留有最后的空白以便听众做标记。通常，报告概要中不出现统计资料和图表。报告概要应简明扼要、方便阅读。

（3）设备。设备包括黑板、白板、翻页纸板、幻灯机、投影仪、摄影机、电视机、光盘和计算机等设备。目前通行的陈述报告的方式是用 PowerPoint 软件制作幻灯片，然后通过计算机投放于屏幕上。黑板或白板可供研究者进行演算，在回答技术性问题时特别有用。翻页纸板是一个挂在架子上的大的空白硬纸簿，它可以当作黑板或白板来用，事先将图示放置在每一页上，然后由发言者在演示时翻阅每一页。因为投影仪、计算机等设备有可能出现问题，所以一定要预留一些时间检查设备。

（4）模拟报告。报告者在进行正式口头报告前必须做模拟报告。报告者应尽量充分熟悉报告的内容。报告时应与听众保持目光接触，不要低头看讲稿或四处张望。此外，报告者还应注意表情、肢体语言，注意调节音量、音调、清晰度、音色及语速。

（5）时间。口头报告的时间长度应该与听众愿意接受的时间长度一致。时间过长，容易引起听众疲劳，降低报告的效果；时间过短，则不足以说明调查的结果、结论和建议。

二、口头调查报告的辅助工具

一般来说，口头调查报告都用 PowerPoint 来进行编辑，通过幻灯片进行展示，有时也配一些音像资料，从而使汇报更为直观、生动。无论是书面调查报告还是口头调查报告，各种图片和表格都是必不可少的。

1. 图表

口头调查报告中使用图表时应注意以下问题：①图表应清晰易懂；②图表要有选择性，在必要的时候才使用图表；③图表应该辅之以必要的说明；④注意图表的色彩和排版。通常使用的图表有以下几种类型。

（1）统计表。统计调查得来的原始资料，经过整理，得到说明社会现象及其发展过程的数据，把这些数据按一定的顺序排列在表格中，就形成了统计表。统计表通常由四个部分构成，即总标题、纵栏标题、横行标题和数据。表的总标题应放在表格的上方，并且加序号。表格的制作应从读者的角度出发，数据的计算关系要明确，各数值之间所表达的逻辑关系要清楚，尽量易于理解。表 7-1 是某高校学生学制及性别分布情况表。

表 7-1　某高校学生学制及性别分布情况

按学制及性别分组	人数 / 人	比重（%）
本科学生	500	25
其中：男生	300	60（占本科学生比重）
女生	200	40（占本科学生比重）
专科学生	1 500	75
其中：男生	850	56.7（占专科学生比重）
女生	650	43.3（占专科学生比重）
合计	2 000	100

（2）统计图。图形是在市场调研报告中使用最多的一种工具。图形具有直观、形象、容易理解、信息丰富等优点。尤其是一些利用因子分析、聚类分析、多变量反应模型等所得的计算结果，用函数的形式很难使读者明白，而利用图形则可得到直观、清晰的结果。统计图形主要有饼形图、条形图或柱形图、线性图（折线图、曲线图）和雷达图等，不同类型的统计图应用于不同的情况。

1）饼形图。饼形图是一个划分为几个扇区的圆形图表，用于描述量、频率或百分比之间的相对关系。在饼形图中，每个扇区的弧长大小为其所表示的数量的比例，这些扇区合在一起刚好是一个完全的圆形。在市场调查报告中，饼形图是将总体分为各个组成部分，用各组成部分占总体的百分数来表示总体结构分布状况的一种图形。饼形图通常用于描述一个现象的比重，如市场占有份额、被调查者人口统计特征所占比重和消费者的各种偏好等。饼形图的分割不应太少，如少于两个部分的饼形图便不好，但也不能太多，过多的分割会影响相互之间的比较，所以一般分为 5～6 个部分为宜。图 7-1 所示是某学校工作人员结构百分比。

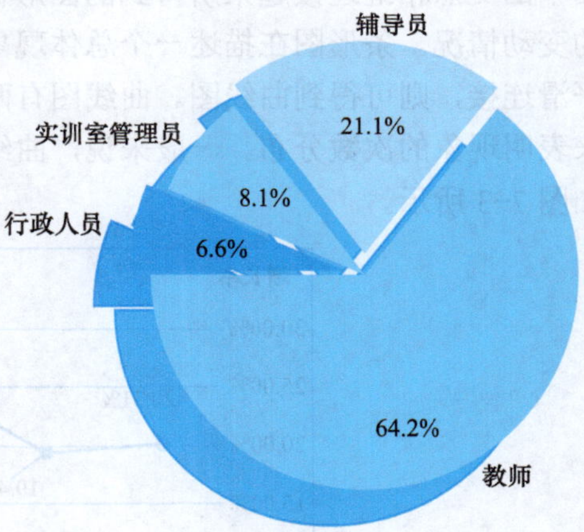

图 7-1　某学校工作人员结构百分比

2）条形图或柱形图。条形图将数据显示为若干组水平图条。柱形图则将数据显示为多组垂直图条。条形图和柱形图可交换使用，两种图表都可以用来表示与一组或几组分类相关的数值，可用于不同现象的比较，也可以采用时间顺序描述现象的发展趋势。在条形图或柱形图中，各长条或柱的宽度与各长条间的距离彼此均等，条的长度与其所代表的变量值成比例。

条形图是水平显示数据的唯一图表类型。因此，该图常用于表示随时间变化的数据，并带有限定的开始和结束日期。另外，由于类别可以水平显示，因此它还常用于显示分类信息。

表 7-2 显示的是 2017—2023 年我国智能机器人的市场规模和增长速度，将其中的市场规模转换成柱状图，如图 7-2 所示。

表 7-2　2017—2023 年我国智能机器人市场规模和增长速度

年份	2017 年	2018 年	2019 年	2020 年	2021 年	2022 年	2023 年
市场规模 / 亿元	448	539	644	805	994	1218	1412
增长率	—	20.31%	19.48%	25.00%	23.48%	22.54%	15.93%

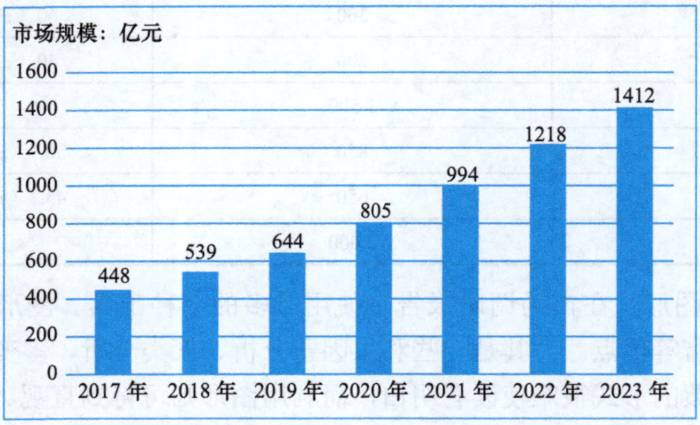

图 7-2　2017—2023 年我国智能机器人市场规模

3）线性图。线性图主要用于对项目进行跨时间的比较或说明各项间的相互关系。将平面中的交点相继连接起来所得到的图形称为折线图，它一般用于描述某一变量在一段时期内的变动情况。条形图在描述一个总体现象时，容易给人一种间断的感觉，如果把间断点进行平滑连接，则可得到曲线图。曲线图有两种，一种可用来表明现象的发展趋势，另一种可用来表明现象的次数分布。一般来说，曲线图只能用数量标志绘制。根据表 7-2 绘制的线性图如图 7-3 所示。

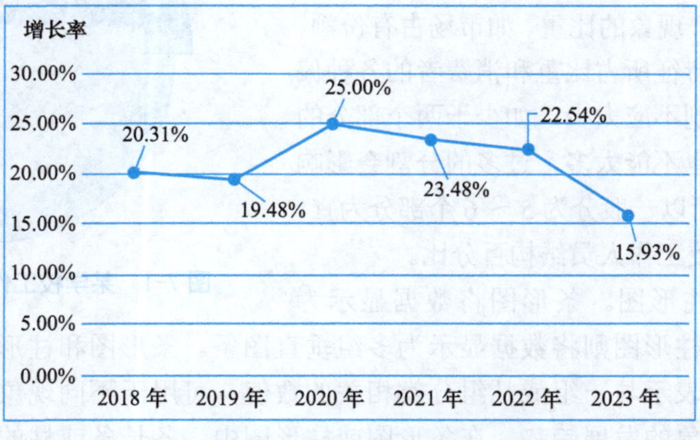

图 7-3　2018—2023 年我国智能机器人市场增长率

2. PPT

PPT 是 PowerPoint 的简称。PowerPoint 是微软公司出品的 Office 软件系列中重要的组件之一。Microsoft Office PowerPoint 是一种演示文稿图形程序，PowerPoint 是功能强大的演示文稿制作软件。利用 PowerPoint 制作的文稿，可以通过不同的方式播放，并可在幻灯片放映的过程中播放音频流或视频流。

如何制作 PPT 不是本书介绍的重点内容，市场调查实例 7-7 是一份调查报告的部分 PPT，仅供读者参考。

调查实例 7-5　2023 中国高端家电市场报告（概要）

2023 年 12 月 14 日，第 15 届中国高端家电趋势发布暨红顶奖颁奖盛典活动在北京举行。现场发布了 GfK《2023 中国高端家电市场报告》。报告聚焦高端家电市场重点人群、热销品类以及未来发展趋势，以全球和中国的海量真实数据为基础，对 2023 年的科技消费品市场趋势进行梳理和分析，助力企业精准把握市场脉搏，合理布局营销战略，在瞬息万变的市场竞争中寻得长期稳定发展。报告概要内容如下。

2023 年，受通货膨胀高企、地缘政治危机和消费信心不振等因素影响，全球（不含北美，以下同）家电及电子消费市场呈现规模下降态势。1—9 月，全球整体市场销售额在 5 860 亿美元左右，同比下降 4.7%，除数码影像产品保持着 9.8% 的同比正增长之外，其他各品类市场规模同比均有不同程度的下降（见图 7-4）。

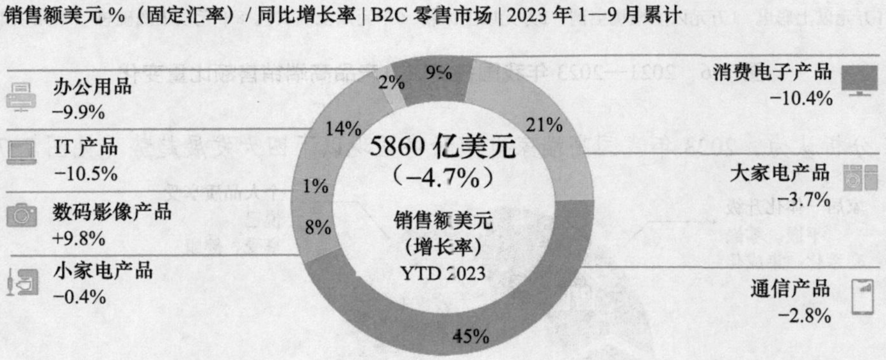

图 7-4　2023 年全球家电及电子消费产品销售额及增长率

2023 年，我国家电及电子消费产品零售市场整体表现向好，GfK 预计全年整体市场销售额将同比增长 4.1%；其中，由于人们外出及旅游需求增加，摄像产品同比增长幅度最大，达 34.4%。同时近年来，人们对健康与生活品质的追求不断提升，品质生活类家电备受青睐，GfK 零售监测数据显示，在各细分品类中，品质类消费的代表产品美容仪和干衣机产品表现出众，2023 年 1—10 月双线市场零售额规模均有显著增长（见图 7-5）。

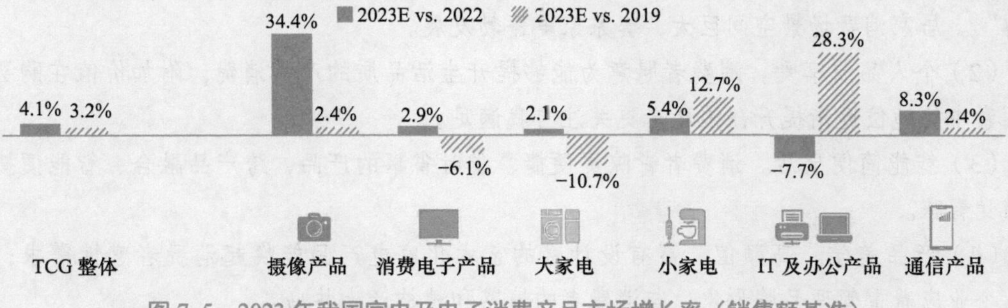

图 7-5　2023 年我国家电及电子消费产品市场增长率（销售额基准）

近年来，我国市场对全球高端家电市场的贡献度已经赶超海外。GfK 零售监测数据显示，虽然面对着不确定的市场环境，2023 年我国家电高端市场依然在坚韧中前行，冰箱、洗衣机、洗碗机的高端市场仍有同比微涨，消费者更愿意在家电及电子消费产品上付出更多预算去追求高品质的生活（见图 7–6）。

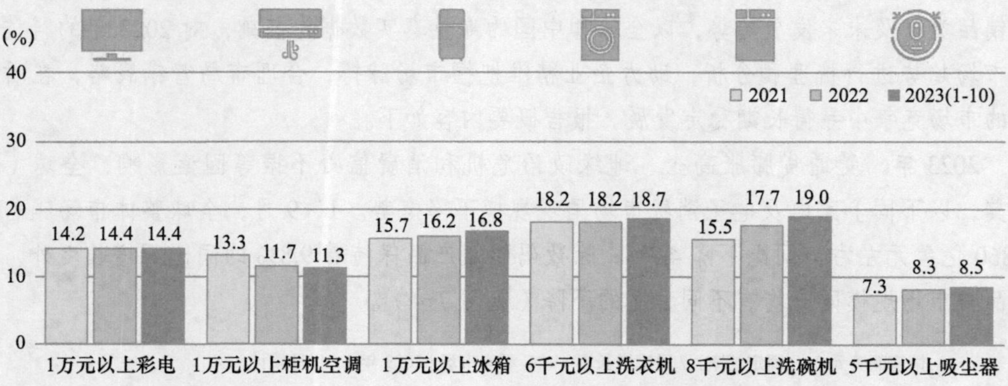

图 7–6　2021—2023 年我国各类家电产品高端销售额比重变化

GfK 分析认为，2023 年我国高端家电市场将呈现以下四大发展趋势（见图 7–7）。

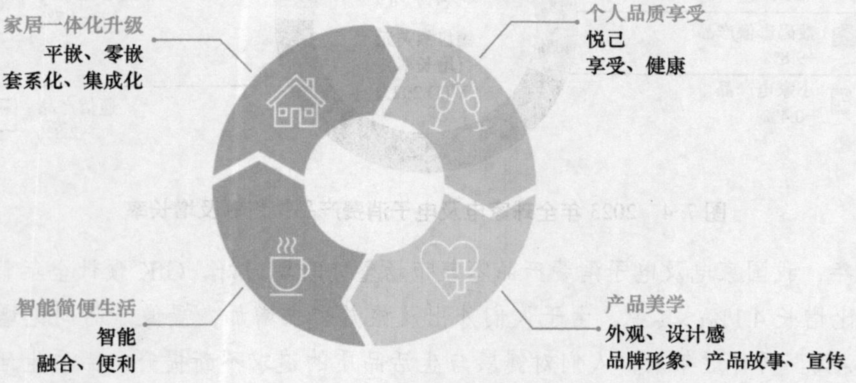

图 7–7　2023 年我国高端家电市场发展趋势

（1）家居一体化升级。高端平嵌冰箱和集成烹饪中心开始完美融入用户生活，不止于“薄”。居家消费场景空间巨大，套系家电蓬勃发展。

（2）个人品质享受。消费者愿意为能够提升生活品质的产品消费，附加价值在购买决定因素中的地位逐渐提升，消费者更关注自我满足。

（3）智能简便生活。消费者青睐更便捷、省时省事的产品，跨产品融合、智能便捷类产品受青睐。

（4）产品美学。高颜值、富有设计感的艺术化家电产品能唤起消费者感性需求；同时，企业应着重管理品牌形象，与消费者的情感和精神产生共鸣。

本章小结

市场调查报告以市场调查所获取的信息和数据为基础，总结调查中的发现，并提出建议，是整个市场调查的成果。市场调查报告具有客观性、针对性、时效性、逻辑性和典型性等特点，发挥着总结调查结果、提出研究发现、给予结论和建议及沟通工具等作用。市场调查报告通常分为书面报告、口头报告、技术报告及数据报告四种类型。

书面报告的撰写分为构思、拟定提纲、收集数据、初稿和定稿五个步骤。书面报告的结构包括标题、目录、概述、正文、结论和建议及附录六个部分。

口头报告的准备工作有：确定目标听众、报告概要、设备、模拟报告及时间五个方面。口头报告的主要辅助工具是图表和 PPT。

重要概念

1. 书面报告（Written Report）
2. 口头报告（Oral Report）
3. 技术报告（Technical Report）
4. 数据报告（Data Report）

自测题

一、单项选择题

1. 通过文字、数据分析和图表等形式将调查结果表现出来的是（　　）。

A. 调研报告　　B. 消费者调研数据

C. 内部部门总结　　D. 外部部门指导意见

2. 企业形象调研的整个调研过程和分析处理结果应以（　　）的形式反映出来。

A. 调研设计　　B. 调研计划　　C. 调研方案　　D. 调研报告

3. 市场调查研究成果的集中体现是（　　）。

A. 调查的原始资料　　B. 整理后的市场调查资料

C. 市场调查方案　　D. 市场调查报告

二、多项选择题

1. 调研报告经常利用（　　）将调查结果表现出来。

A. 文字　　B. 数据分析　　C. 图表　　D. 领导批示

2. 书面调查报告的特点包括（　　）。

A. 客观性　　B. 针对性　　C. 时效性　　D. 逻辑性

E. 典型性

3．市场调查报告的类型有（　　）。

A．书面报告　　B．口头报告　　C．技术报告　　D．数据报告

E．综合报告

三、简答题

1．试举例说明，为了提高口头报告的效果，应如何做好准备工作。

2．书面调查报告的结构包括哪些部分？

3．书面调查报告的撰写步骤有哪些？

四、案例分析题

某市场研究公司在武汉、广州、成都三地同时进行了空调消费公益性调查。本次调查的对象为未来两年内准备购买空调的消费者，样本量设计为 600 个，广州、成都和武汉三个城市的样本量相同。本次调查抽样方法采用根据电话号码数据库等距抽取样本，主要进行消费者认知和购买行为调查。调查结果如下：

一、空调消费者认知研究

1．消费者最关注的内容是空调质量

根据调查显示，消费者表示最关注的是空调质量，其次是空调的服务、价格。

在我们进行不同城市间空调消费者关注点差异性分析时发现，虽然三地消费者的选择差异性较小，但广州消费者更倾向于关注服务和价格，而对于质量则相对敏感度较差。

2．消费者对空调新品的认知度总体比较高

（1）消费者对于绿色环保空调认知度较高。调查显示，近七成的消费者对绿色环保空调给予了肯定的评价，不过也有一成多的消费者对绿色环保空调持否定态度，有近两成的消费者对绿色环保概念理解不够。

（2）消费者对变频空调的认知度相对较低。调查显示，有 60.3% 的消费者对变频空调比较了解，这个比例比绿色环保空调低了近 9 个百分点，有近三成的消费者对变频空调不了解。

（3）消费者对静音空调的认知度最高。调查显示，84.1% 的消费者对静音空调比较了解，和绿色环保、变频空调相比，这个比例都高出许多。另外，广州和武汉两地有两成多的消费者认为静音是空调的必要功能。

（4）消费者受影响程度。消费者概念认同和实现消费还存在差异。调查显示，有六成多的消费者表示空调厂家的绿色健康、变频、静音等新品的宣传推广对购买决策存在不同程度的影响，但也有两成多的消费者表示不会对自己的购买决策产生影响。

二、消费者对空调价格认知调查

1．消费者对空调降价普遍持欢迎态度

调查显示，有 77.6% 的消费者对空调降价持非常欢迎或欢迎的态度，看来空调降价已经深入人心。

虽然三地消费者对空调降价态度的总体差异性较小，但对降价“非常欢迎”的消费者占总体的比例在三地有差别。

2．消费者对空调降价原因认知调查

调查显示，消费者提及空调降价原因有许多方面，主要是增加产品竞争力、增加市场占有率、让利促销等方面的原因，可以总结为直接或间接增加产品销量。从结果来看，还有一部分消费者认为是“厂家清理库存”“降低产品质量”，但总体比例相对较少，说明消费者总体对降价有正面的判断。看来空调厂家所担心的降价负面影响虽然在一定程度上存在，但所占比例相对较小。

3．消费者心理价位调查

消费者对自己所要购买的空调类型做出心理价位判断。调查显示，消费者对空调的心理价位集中在2 000～4 000元。

空调的功率是空调价格的决定因素之一，消费者大多选择735.5～1 471W[㊀]空调，占总体样本比重的61.8%，另外购买2 206.5W等大功率空调的消费者也有近一成的比重。

735.5W及其以下的空调，消费者可接受的心理价位比例最多的在2 000～3 000元，1 103.3W的心理价位在3 000～4 000元，1 471W及其以上空调的心理价位集中在5 000～7 000元。

三、消费者购买行为调查

1．消费者购买空调的类型

不同消费者对冷暖机和单冷机各有所好。是买单冷机还是购买冷暖机，和气候及生活消费习惯有关系。调查显示，有57.7%的消费者选择购买冷暖机，有40%的消费者选择购买单冷机。

对于窗机、壁挂机、柜机乃至中央空调的选择来看，消费者最喜欢壁挂机，其次是柜机，说明壁挂机仍然是市场的主流空调产品。窗机作为档次较低的空调类型，由于其噪声及制冷量的限制，有逐渐被市场淘汰的趋势，而柜机作为制冷量高的高档空调逐步被市场接受。

相对而言，广州消费者比较喜欢窗机，而成都和武汉的消费者则较喜欢柜机。由具体分析可以看出，由于受到消费习惯的影响及居住水平的限制，造成了柜机在广州的容量小，而窗机在成都和武汉不受欢迎的市场状况。

2．促销

空调促销在某种程度上可以增加销售量，但促销不是最主要的营销手段。调查显示，有五成多的消费者选择不一定或不会在促销期间购买空调，说明了大部分消费者购买空调时不会刻意选择在促销期间。

比较而言，广州的消费者更接受在促销期间购买空调，成都和武汉的消费者对促销期间购买空调的抵触大一些。由具体分析可以看出，由于广州的市场规模大和市场意识较强，消费者也相对习惯市场促销手段，所以相对较多的人会选择在促销期间购买空调。

3．细分渠道

调查显示，空调销售仍以自有渠道和传统电商渠道为主，二者合计占到56.6%份额；但下沉渠道和新型电商渠道增长迅猛，下沉渠道的占比已经达到14.0%。

随着互联网经济的高速发展，线上渠道成为家用空调内销出货的重要渠道，占比已经

㊀ 1HP（匹）=735.5W。

接近四分之一。线上渠道又可分为传统电商（京东、天猫、苏宁易购线上店等）和新型电商（抖音、快手、拼多多）两大类别。目前，传统电商渠道的流量主要集中在几个大促节点（6·18、8·18、双11、双12）的爆发。

4. 空调行业未来发展趋势

空调行业未来将朝着智能化、个性化、节能环保和服务升级等方向发展。随着技术的进步和消费者需求的提高，家用空调将更加智能化，能够实现远程控制、语音控制和智能推荐等功能，提高用户的使用体验和舒适度。同时，消费者对家用空调的需求将越来越个性化，要求产品外观美观、功能齐全、适用场景多样等。此外，家用空调企业将更加注重服务升级，提供更加快捷、专业的售后服务，增强消费者忠诚度和口碑效应。总体来说，家用空调行业未来发展趋势将以满足消费者对舒适家居环境的需求为目标，不断提高产品技术含量和附加值。

分析回答：

1. 影响消费者购买家电产品行为的因素有哪些？
2. 如果你是空调生产商，这份调研报告的价值体现在哪些方面？
3. 谈谈目前空调市场的现状，并结合具体的空调企业做深度说明。

第八章 市场预测概述

本章学习目标

- 理解市场预测的基本概念
- 明确市场调查与市场预测的关系
- 掌握市场预测误差的测定指标

第一节 市场预测的基本概念

一、市场预测的含义

预测是指根据现有实际情况，对未来将要发生的不确定事件进行预计和测算。预测一般要运用科学的手段探索并分析事物的特性及规律，然后在此基础上推测事物的发展轨迹及可能出现的现象。

市场预测是预测的重要组成部分，它是在调查研究的基础上，运用统计、定性分析等科学的预测方法，对影响市场供求变化的各因素进行分析研究，进而对商品生产、流通、销售的未来发展趋势进行科学推测与判断，掌握市场供求变化规律，为市场营销提供可靠决策依据的过程。

市场预测的类型多样，按时间跨度可以分为短期预测、中期预测和长期预测；按性质可以分为定量预测和定性预测；按地域可以分为国际市场预测和国内市场预测；按范围可以分为宏观预测和微观预测。

市场预测依据各种科学的数据模型及统计方法，对营销因素进行严格的分析和研究，因而具有科学性，但由于市场预测是对大量随机因素和不确定市场表现进行的预计和测算，因而又具有风险性。

二、市场预测的产生与发展

1. 市场预测的产生

市场预测的产生有着悠久的历史。根据《史记》记载，我国公元前 6 世纪到公元前 5 世纪，大商家范蠡就开始做市场预测，并以此指导他的商业活动。在辅佐勾践灭吴以后，范蠡弃官经商，“三致千金，累以巨万”，成为天下富翁。他的很多市场观点具有极高的价值，如他根据市场上商品的供求情况来预测商品的价格变化，提出“论其存余不足，则知贵贱，贵上极则反贱，贱下极则反贵”的观点；他还提出了“水则资车，旱则资舟”的市场预测规律和决策理论。

从严格意义上来说，市场预测是从19世纪下半叶开始的。首先，由于资本主义经济市场的复杂多变，为了减少经营风险并同时获取更大的利润，必须把握好经济市场的变化规律；同时，数学及经济学等学科对市场的研究已经逐步深入，统计资料也逐步增加，用于市场预测的统计方法也逐步完善。1887年，在“国际统计学会第一次会议”上，奥地利经济学家兼统计学家斯帕拉特·尼曼首次提出以统计资料为基础，运用指数分析方法进行市场预测的理论，这成为市场预测发展的里程碑。他运用指数分析方法研究了金、银、煤、铁、咖啡和棉花的生产情况，铁路、航运、电信和国际贸易等方面的问题，以及1866—1873年的进出口价值数据。

为了提高经营管理的科学水平，减少决策的盲目性，需要通过市场预测来把握经济市场的发展趋势，为决策提供依据，降低决策可能遇到的风险，使决策目标顺利实现。

2. 市场预测的发展

到20世纪，随着资本主义垄断的产生、市场竞争的加剧、商品种类的多样化、商品生命周期的不断缩短，科学的市场预测在市场的需求下得以迅速发展。特别是在20世纪20年代，市场预测处于一个发展的高潮。当时由于资本主义市场的萎缩，人们对市场需求及其未来的发展趋势日趋重视，直接推动了市场预测的蓬勃发展。

第二次世界大战之后，市场预测有了新的理论基础——凯恩斯理论。凯恩斯理论认为对商品总需求的减少是经济衰退的主要原因，维持整体经济活动数据平衡的措施可以在宏观上平衡供给和需求，这为市场需求预测提供了理论基础。同期，经济数学与计算机技术快速发展，并且不断渗入市场经济研究，为市场预测提供了科学的研究方法。20世纪30年代，资本主义经济陷入危机，各国政府对经济进行干预掌控，垄断资本主义不断发展，市场预测被注入新鲜的血液，有了更新的需求和发展方向，伴随着科学研究方法的发展，它走出了经济危机的阴影，重新开始蓬勃发展。

在我国，从20世纪80年代开始，市场预测得到了人们的关注。随着市场经济的快速发展，我国的市场预测受到进一步重视并发挥更大的作用，其工作也更加完善。

3. 市场预测发展的原因

在社会经济发展的过程中，市场预测由简单的偶然性活动发展成为经济活动中不可或缺的部分及市场分析过程中的一个关键环节，从生产经营者的个人经验上升到一门现代管理科学，有着很多的原因。

一方面，市场预测满足了生产经营活动的客观需要。在市场经济环境下，商品生产经营的主要目的就是实现商品价值，以获取最大的商品利润。而实现商品价值的唯一途径，就是通过市场交换将商品转移到消费者的手中，获取商品利润。因此，商品生产经营的目的能否顺利实现取决于市场交换活动的成功与否，而市场交换活动成功的条件则是生产经营者所提供的商品符合消费者的要求。消费者在市场交换中的主导地位日益加强，生产经营者只有满足消费者的需求，为其提供更好的商品，才能获取自身的生存与发展。为了对消费者需求有更加准确的把握，以此确定生产经营的方向、商品的种类和数量，从而保证商品的销售量，生产经营者必须进行市场预测，为自身的决策提供科学依据。

另一方面，市场预测适应消费需求变化的客观要求。随着市场经济的发展，制约市场需求变化的因素也日趋复杂，来自社会、经济、文化、自然和心理的各种因素，如国民收入的增长、人们生活水平的提高、消费者文化素养的提高、人口构成的变化和消费理念的更新等，在不同层面、不同方向影响着消费者的消费需求，引发市场需求的变化。市场需求的变化莫测造成了生产经营活动的高风险性。为了避免市场风险，生产经营者就需要利用市场预测，分析影响市场需求变化的各种因素及其发展趋势，并以预测结果为依据制定科学的发展策略。

由此可见，市场预测是在市场经济的发展过程中，因自身的重要性、生产经营者极大的重视及不断地得以应用而迅速发展起来的。

三、市场调查与市场预测的关系

从研究方法的角度看，市场调查和市场预测是用来分析和研究市场发展变化规律的工具；从实际活动的角度看，它们则是一个连贯分析市场过程中的两个不同阶段。

从时间上来看，市场调查着重于分析已经发生或现有的市场现象，并以此为基础总结出市场规律；市场预测则关注现有和未来将要出现的市场现象，运用科学的方法对其进行预计和测算，把握未来市场发展的方向。由此可见，它们有着时间意义上的区别。

但是，市场调查和市场预测这两个相对独立的市场分析阶段又有着紧密的联系。一方面，市场调查是市场预测的前提和基础。市场预测依赖于市场调查的资料，市场预测水平的高低、成功与否很大程度上取决于市场调查资料的水平和质量。

另一方面，市场预测是市场调查的延续与深化，并为市场调查指引方向。市场预测可以引导调查人员抓住调查的重点，有针对性地收集市场信息，从而节省调查的时间和成本，提高调查效率。没有市场预测，市场调查所得出的市场规律将失去论证其发展的理论方法，市场调查则毫无意义可言。因此，市场调查与市场预测两者之间互为依托、密不可分，只有将市场调查与市场预测作为一项连贯性的工作，才能更系统、全面地进行市场分析，为企业的经营管理提供更科学的决策依据。

四、市场预测的作用

随着经济全球化步伐的加快、科学技术的突飞猛进、消费者需求的多样化，市场竞争日趋激烈，因而企业面临的挑战越来越严峻，它们迫切需要一种科学性的、有预见性的经营方式。市场预测就具有这种功能，它可以为企业的经营决策者提供可靠的、客观的、具有高度可操作性的决策依据。

一般而言，市场预测的作用主要体现在以下几个方面。

1. 市场预测是企业经营决策的基础

决策问题存在于每个企业生产经营活动的各个阶段、各个生产环节。任何企业都面临着生产技术、产品种类的选择及其经济效益的评价等许多复杂的问题，若没有细致的调查和科学的预测作为基础，就难以做出正确的市场决策。决策的正确与否，关系到企业的兴衰成败，而正确的决策来自科学的预测。通过市场预测，可以为决策提供大量的数据和资料支持，特别是有关企业所处的市场环境及其发展变化趋势的资料。

2. 市场预测是企业制订经营计划的前提与依据

企业制订长期计划与短期计划都离不开市场预测，市场预测所获得的市场需求数据可以为企业制订生产计划和销售计划提供科学的依据。如何更好地满足消费者的需求是企业生产经营的重头戏。就我国的情况而言，随着我国人民收入水平的不断提高，消费需求的内容、结构都发生了明显的变化，消费需求多样化、个性化的趋势日益明显。通过对市场进行预测，企业能够区分出不同消费群体的需求差异与特点，掌握消费需求的现状及发展趋势，并以此为基础，制订出合理的生产销售计划，从而更好地适应和满足消费者的消费需求。

企业经营计划的制订不能单凭历史资料和当前状况，要想使生产经营工作更加富有成效，就必须把握好企业内外部条件的变化，了解企业有关产品的生命周期及市场需求的变化发展趋势。要实现这一管理目标，就要运用合理的方法进行深入、细致的分析和科学的预测。离开了市场预测，计划与市场将会脱节，计划将失去预见性与现实性，计划的制订也就失去了意义。

3. 市场预测是企业把握市场规律及其发展趋势的手段

市场预测的关键在于掌握市场的发展变化规律及其未来的发展趋势。科学的市场预测可以帮助企业按照市场的发展规律进行生产经营管理，并充分发挥主观能动性，减少企业经营活动中的盲目性和经营的风险。因此，市场预测可以提高企业的适应力和竞争力，如了解同类产品在市场竞争中对本企业产品的冲击程度、未来新产品发展的方向，可以更好地帮助企业进行生产经营决策，满足市场需求。

拓展阅读

联合利华太仓冰淇淋工厂的需求预测

联合利华太仓冰淇淋工厂是中国食品饮料行业第一家获得世界经济论坛和麦肯锡认证的“灯塔工厂”，自动化程度超 80%。这里的可爱多生产线一分钟就能生产 680 支可爱多冰淇淋，是世界上最快的经典可爱多生产线。

联合利华太仓冰淇淋工厂通过 AI 模型，将需求预测的时间从 2 天优化到了 2 小时，并可以自动化完成，从而更精准高效地进行原辅料储备、生产计划和履约。其应用 AI 预测销售的过程中分为三个步骤：首先，通过基于云架构的数据湖技术，将销售的历史数据、品牌活动的预测数据和各种处理后的二级数据等在数据湖里统一定义、清洗、储存和处理，作为训练 AI 模型的数据基础。其次，通过机器学习（ML）技术，对这些数据进行数据建模，通过定制化的算法来训练模型，经过多维度的评价体系来不断优化模型参数，选定最适配的算法。最后，使用最新的数据训练建立好的 AI 模型，不断迭代，提高模型预测精度。

AI 模型不仅能精准预测产品需求，还能感知市场大规模波动以及快速增长渠道等信息；而数据湖和机器学习等技术的应用则进一步提升了预测的准确性和颗粒度。通过布局 AI 模型，联合利华太仓冰淇淋工厂能够快速敏捷地响应市场变化，加速技术和产品创新，有效提升生产效率。

4. 市场预测有利于提高企业的经济效益与经营管理水平

经济效益是企业生产经营活动的原动力，提高经济效益是经营管理的目的。企业工作中的任何一项科研或技术经济项目，最终都是为了获取经济效益，不仅要使项目在技术上先进或可行，而且要在经济上合理。如果不做经济效益方面的预测，可能出现这种情况：研究成果在技术上是先进的、可行的，而在经济上却是不合理的，或者市场对开发出的产品已不再需要，就会给企业造成很大的经济损失。

企业的经营管理水平是企业成败的关键因素，也是企业在激烈的市场竞争中寻求生存和发展的前提。开展市场预测可以帮助企业按照严格的市场经济规律，运用科学的管理方法和技术手段，对生产经营活动进行有效的控制，从而制定科学的经营决策，提高经济效益。

拓展阅读

AI 在市场需求预测领域的应用

1. 智能数据收集与分析

AI 技术凭借大数据和机器学习算法，能够高效地自动收集、整理和分析庞大的市场数据。例如，在社交媒体平台上，AI 技术可监测用户评论和反馈，帮助企业洞察消费者对产品或服务的态度与反响。

2. 用户画像构建

AI 技术基于消费者行为模式的分析，能够构建个性化的用户画像。通过大数据分析，AI 可深入挖掘消费者的喜好、需求和购买偏好，为企业提供定制化的产品开发、定价策略及广告投放支持。

3. 趋势预测与产品优化

AI 技术通过深度学习历史数据和市场现状，助力企业精准预测未来市场趋势。同时，AI 还能根据市场需求自动优化产品设计，以满足潜在用户的期望。

4. 竞争对手分析

了解竞争对手的策略与行为对企业至关重要。AI 技术通过监测竞争对手的营销活动、产品发布及消费者反馈，为企业提供竞争态势分析。此种分析有助于企业精准把握竞争环境，制定更有效的市场策略。

5. 销售预测与推荐系统

AI 技术能够识别数据背后的模式和趋势，精确预测产品销售量，这对企业的库存管理和生产规划具有重要意义。同时，基于用户的购买历史和偏好，AI 可提供个性化的产品推荐，有效提升销售转化率。

6. 情感分析

AI 技术不仅能够分析消费者对产品或服务的评价，还能识别其中蕴含的情感色彩。通过情感分析，企业可了解消费者对品牌和产品的信任度、满意度及改进建议。随着技术的不断进步与数据的持续积累，AI 在市场需求预测方面的应用将愈发广泛与深入。

五、市场预测的内容

1. 市场需求预测

市场需求预测是指预测消费者在一定时期、一定市场范围内对某种商品有支付能力的需求。它通常包括市场需求量的预测和需求商品各因素变动趋势的预测。

市场需求可分为生产资料市场需求和生活资料市场需求。因而，市场需求预测一般分为两类：一类是对社会而言的，包括社会生产资料市场购买力及其发展变化趋势预测；另一类是对居民而言的，包括居民购买力总额预测、居民购买力投向预测和商品发展变化趋势预测。

预测生产资料社会购买力及其发展趋势，要求了解的主要内容有：各生产部门设备改造更新所需的生产资料数量及其构成，各行业内部及国民经济的生产结构变动情况及国家基本投资政策等。

居民购买力的大小取决于居民货币收入及支出中各部分的比例。因而，居民购买力总额预测需要考虑的因素有：货币收入额，居民文化生活、劳务费用及税款等支出，以及居民储蓄和现金增减额等。在此三项数据的基础上，对居民购买力进行预测。居民购买力投向预测即消费结构预测，是指预测居民对各种商品的消费占消费总额的比重。在了解居民购买力及购买力投向的基础上，预测各种商品的数量及不同消费群体对商品的质量、规格和样式等因素的要求变化及其发展趋势，即商品发展变化预测。

2. 市场供给预测

市场供给是指一定时期内可以投放市场以供出售的商品。市场供给预测是指对投放市场商品总量及其构成、各种商品市场可供量及变化趋势的预测。

市场供给预测主要包括生产能力预测及商品竞争力预测。在了解清楚有关产品的产量成本、利润和产值等情况的历史资料后，进行生产能力预测，即对资金筹措、能源与原材料供应、生产设备和生产技术等进行预测。商品竞争力预测是针对已有产品而言的，包括对已有产品的数量、质量和式样等因素的预测，从而对其综合实力进行评价，预测其适应市场需求的程度及发展趋势。

只有充分了解企业的生产能力、市场竞争力及市场需求变化情况，才能较好地预测市场供求关系及其变化发展趋势，从而为市场营销提供良好的决策依据。

3. 社会商品购买力及投向预测

社会商品购买力是指人们支付货币购买商品的能力，或者说是在一定时期内用于购买商品的货币总额，它在一定程度上反映了该时期全社会市场容量的大小。社会商品购买力投向也就是它的发展方向和趋势。社会商品购买力随着社会生产的增长而不断提高，国民收入中积累与消费比例关系的变化也对社会商品购买力及其投向产生直接的影响。

社会商品购买力及投向预测，就是通过对市场商品流通规模、货币收支来源与分配、结余购买力三个方面进行预测分析，从而得出社会商品购买力的一般规律及发展趋势。其中，市场商品流通规模是指社会商品零售总额；货币收支即货币的收入和支出，是预测购买力的主要依据；结余购买力包括三个部分，即居民储蓄、手持现金及各种债券、股金。

4. 相关科技发展前景预测

科技发展前景预测是指预测科学技术的未来发展及其对社会、生活的影响，在此主要讨论应用于企业的科学技术发展情况及其对企业的影响，如产品的原材料、生产工艺、生产设备等相关因素的科技发展方向及趋势，以及由此引发的企业决策变化。

人们在各种科技领域的不懈努力，使得科学技术突飞猛进地发展，为人类的需求开创了更为广阔的空间。科学技术的发展对企业经营的影响具体表现在：技术贸易的比重逐渐增大；流通方式趋向于现代化；企业管理人员的素质要求提高；新的管理理念不断发展；劳动密集型产业面临压力增大等。

科学技术存在于企业的各个生产经营环节，并且对企业的经营起着重要的作用。例如，新的科学技术可能促进生产技术的革新或生产资料的重置，从而影响产品的成本和定价。因此，企业经营者必须密切关注产品相关技术及科技发展趋势，预测科技发展前景及其可能给企业带来的机遇与挑战。

5. 产品生命周期预测

经济学将产品从试验成功、投入市场直至被市场淘汰的全过程称为产品生命周期。一种新产品的生命周期始于它被投入市场销售，直至另一种具有更高性价比的新产品出现，从而被淘汰出市场，接着后一种新产品又将取代前一种．经过不断更新，促使产品生产不断发展。

产品生命周期可分为自然生命周期和经济生命周期。产品的自然生命周期实际上就是它的使用周期，考虑的是实体的使用寿命；产品的经济生命周期是指产品的需求量和利润随时间变化的趋势，考虑的是产品的销售量和获利能力。

产品的生命周期预测，有利于经营者做出正确的经营决策和经营计划，促进新产品的研制和开发，并促进产品的销售以减少产品积压。

6. 市场占有率预测

市场占有率是指在市场范围内，某个企业所生产和销售的产品占该产品总生产量和销售量的比重。市场占有率能够体现企业的竞争力，市场占有率越高，表示企业的经营能力和竞争力越强、销售水平越好。企业的市场占有率是利润之源，市场占有率长期稳定并呈增长趋势往往意味着企业有着不错的经济效益。市场占有率高的企业容易形成规模效益，并能迅速降低产品的单位成本，从而使企业获得更大的利润。同时，某个企业市场占有率的扩大往往伴随着竞争企业市场占有率的相对缩小，这种增减是竞争的动态体现。

一个企业市场占有率的大小受到诸多因素的影响，具体的因素有产品质量、销售服务、竞争策略、经营手段和品牌知名度等。因此，企业要提高市场占有率，必须利用市场预测对市场占有率的影响因素进行合理分析，找出本企业产品所存在的问题，并寻找解决问题的方法。

由此可见，企业的产品市场占有率代表了企业的产品市场竞争力，对市场占有率的预测可以使企业了解其生产经营现状，从而采取一定的措施提高产品的质量，以改进经营管理水平。

7. 消费者心理变化趋势预测

消费者的心理变化趋势一般包括消费者需求倾向与购买行为的变化。随着社会经济的不断发展，人们的生活水平不断提高，买方市场确立并不断完善，消费者的消费观念、价值取向和行为方式等也发生了重大变化。为了实现更好的经济效益，企业营销者必须充分了解消费者的心理变化趋势，转变生产经营理念，通过技术与产品的不断更新创造新的市场。消费者的心理是产生或影响消费者行为的内在原因，而时代的飞速发展又使消费者的理念发生显著的变化，从而影响消费者的行为及消费者的市场需求。

企业经营的目的在于生产某种迎合消费者需求的产品或服务，满足他们的欲望，以获得最大利润。然而，企业通常习惯性地根据自己的主观意愿去判断消费者的心理变化和消费需求，由此导致市场决策的错误。运用科学统计分析方法进行消费心理变化预测，能够帮助企业掌握消费者心理变化的一般规律和发展趋势，为企业决策提供可靠的信息。

8. 商业营销发展趋势预测

随着社会经济的发展，市场竞争更加激烈，企业面临的产品销售压力也不断增大，企业一方面努力创新产品，提高产品质量，另一方面则着眼于产品的商业营销，最大限度地满足消费者的各种心理，调动消费者的购买欲望，实现企业的销售目标。

消费结构的变化、经济体制的变革、商品流通渠道的改变、交通运输条件的改善、销售形式的多样化等都是商业营销的变化原因。因此，对商业营销发展趋势进行预测，就必须把握好这些对其变化产生影响的相关原因，把握其内在的变化规律及发展的方向和趋势，从而促进商品的流通和销售。

9. 企业经济效益预测

企业的经营目的在于以最少的投入获取最大的经济效益，即以最小的成本，向市场提供更多的产品。企业的经济效益预测，就是对企业在未来一段时间内所获得的经济效益和劳动成本进行预测。

企业经济效益预测的内容通常包括商品的销售额、预期产值、利润、资金周转率、投资回收期及内部收益率等。企业的经济效益不仅反映了企业产品的质量和市场竞争力，还体现了企业的生产经营水平及管理水平。因此，企业经济效益的预测对提高企业生产经营水平、改善企业管理模式，以及增大经济效益等起着重要的作用。

10. 企业社会效益预测

企业的社会效益是指企业为社会发展所做出的投入与努力和它们所产生的社会效能、利益之比。社会效益是非经济的回报，如通过捐助灾区、捐助贫困儿童上学、从事各种公益事业等，树立一个好的企业形象。企业社会效益预测是指通过对各种社会现象和现状的关注和分析，结合企业自身情况，预测企业社会效益方面各个因素的可能发展趋势和企业可能出现的社会影响，判断它们是否有利于企业的发展，从而为企业的经营管理提供有力的参考。

企业的社会效益在一定层面上来说也是企业经济效益的前提，只有树立一个好的企业形象，才能为企业打开更广阔的市场空间，为企业产品的市场竞争打下根基。因此，企业社会效益预测对企业而言，是具有社会和经济的双重意义的。

第二节 市场预测的理论依据

一、可测性原理

从哲学的观点来看，世界上一切事物的运动、变化都是有规律的，因而在理论上是可预测的，认识规律性的关键是掌握其变化的特点。事物变化的规律性是指总体或大量的事物具有一定的规律，而不是指个别事物，这一原理是一切预测工作的基础。有些变量的预测是具有极大难度的，如消费者的购买行为，因为它受到各种经济、社会及心理因素的影响，而这些因素在一定程度上是很难预测的。但是，大量消费者表现出来的加总购买力，却呈现着一定的规律性，是可预测的。由此可见，市场预测具有可测性。

市场的可预测性，在一定程度上取决于市场的可控制性。人们对预测对象的未来发展趋势，在一定程度上是可控制的。在预测的过程中，对本来不确定的预测对象，可以通过有意识的控制，使其不确定性降到最低限度。因而，在市场预测中确定影响预测目标的各种因素和各项指标时，要尽可能利用可控制的因素和指标，充分利用不确定性小的经济变量，用以推断所要预测的市场变量。

二、连续性原理

社会经济现象在一定的条件下是具有规律性的，只要规律发生作用的前提条件不变，符合规律的现象也必将出现。由此可见，经济现象的发展按一定的规律做连续运动，如市场的总需求量呈现出随时间的推移而连续变化的趋势，这就是市场预测的连续性原理。市场经济活动的连续性一般表现在两个方面：一方面是指预测对象自身的变化特征在较长的时间内表现出稳定性；另一方面是指预测对象未来发展趋势的预测要遵循历史资料的分析，也就是说它的发展趋势与现状有一定的连续性。连续性原理说明，在市场预测的过程中，必须根据历史数据和现实情况，把握市场发展所固有的一般规律，从而预测未来可能出现的现象。

在市场预测中运用连续性原理需要满足一定的条件。一方面，由预测对象的历史发展数据所显示出的变动趋势应该具有规律性；另一方面，对预测对象的发展规律有影响的客观条件应该保持不变性，否则规律的作用将随条件的变化出现中断，连续性失效。因此，连续性原理不适用于个人因素起很大作用的场合，如产品的价格会因为决策者的主观意志而变化，而个人的主观意志又是可变的，因而在这种情况下，运用连续性原理进行分析是不合理的。

任何经济对象都是时间的函数，因此连续性原理是用时间序列方法进行预测的基础。同时，也可运用因果关系分析预测法建立时序模型进行预测。在市场预测中，要运用连续性原理揭示经济对象随时间演进的特殊规律，从而为企业的经营和决策提供依据。

三、系统性原理

企业的经营活动是在一个由政治、经济、技术和文化等组成的社会大系统中进行的，而其中对产品需求影响最大的是经济子系统，所以市场预测往往着重于研究经济子系统。但是，在一个完整的大系统中，各子系统是相互联系、相互作用的，因此在市场预测过程中，不仅要掌握经济子系统中各变量对市场需求的影响，还要考虑其他子系统变量对市场需求的作用。也就是说，预测必须坚持以系统的观点为指导，采用系统的分析方法，以实现系统的预测目标。

以系统的观点为指导，要求在预测的过程中首先要做到全面、整体地看问题，认真分析影响市场需求的各子系统变量之间的联系，从系统整体出发研究变量对市场需求的影响；其次，要连贯地看待问题，如注意预测对象与环境之间的联系，预测对象内部各层次之间、内部与外部要素之间的联系等；最后，要用发展的眼光看待问题，根据预测对象的历史资料推断未来的发展变化，从而得出科学的结论。

坚持采用系统的分析方法，要求对预测对象进行系统分析，确定影响市场需求变化的变量及这些变量之间的关系，提出预测的问题，确定预测目标体系，运用正确的预测方法进行预测，最后对预测方案进行验证，从而为经营决策提供及时的反馈。在市场预测过程中采用系统的方法，可以更好地把握预测对象的运动规律，进而对预测对象的发展趋势做出科学的预测和推断。

预测的系统性原理是定性预测方法的理论基础，这是由于社会大系统中各子系统对预测对象的影响只能根据经验做出逻辑判断，很难建立相关模型加以准确表述。政府政策的施行给人们日常生活带来的改变，往往会对经济行为造成影响。例如，某食品袋生产企业的管理者意识到白色污染已经对环境造成了很大的负面影响，政府也逐渐重视这个问题，于是进行产品生产变革，降低塑料食品袋的生产量，提高可回收食品袋的生产量。不久，政府果然发布政策限制塑料食品袋的使用，这个企业不仅没有出现塑料食品袋的大量堆积现象，而且可回收食品袋的出售量也逐渐走俏。这种产品生产变革的决策就是根据主观的系统思维做出的判断，而非某种相关模型的解。

四、类推性原理

类推性原理认为，人们可以根据已出现的某一事件的发展规律推测其未来的发展趋势，以及推测与它同类或相似事物的发展规律和发展趋势。类推性原理是基于对预测对象和相关参照物对比推断而产生的市场预测思路。

根据类推性原理，市场预测会采用类推预测的方法进行预测。不管是同类对象之间的类推，还是不同类对象之间的类推，只要预测对象和参照物之间存在着相同或相似之处，这种方法都是可行的，而且预测的准确度与这种相同或相似的程度成正比。

类推性原理在缺乏历史数据时使用得较多。当预测对象在特定区域和环境下没有大量出现甚至没有出现过时，那么它的历史数据是非常缺乏的。在这种情况下，就需要根据与其相似或相近区域中这类预测对象的发展情况进行推测，从而得出预测对象的可能发展规律及发展趋势。

在类推预测中，要注意参考样本的可信度及代表性，避免预测的片面性。例如，在缺乏历史数据的情况下对某发展中国家进行某种现代化娱乐器械需求量的预测，以这种器械在发达国家的需求量作为参考且不考虑环境的差异性，或者只根据这个发展中国家人均收入水平的某一个因素进行预测，都将得到错误的结论。

采用类推性原理进行市场预测时，应严格遵循市场预测的原则和事物变化发展的规律，这样才能得出准确的预测结果。

五、因果性原理

因果关系普遍存在于客观事物之间，作为原因的某一事件或现象发生，就有另一个作为结果的事件或现象出现，并且因果关系在时间上具有相随性，结果总是出现在原因之后。因此，根据因果性原理，人们便可以通过对已知现象的分析得出原因，进而推断出未知结果。

因果关系的表现形式具有多样性，大致的情况有如下几种：一因一果、一因多果、多因一果、多因多果、互为因果及因果链等。例如，房价上涨增加了对土地的需求而导致地价上涨，这是一因一果的情况，房价高是地价增高的原因，而地价增高是房价上涨的结果。存在于实际生活中的经济现象之间的因果关系也有着多样的表现形式。为了便于研究，在预测的过程中，一般可以将预测对象及其相关经济现象的因果关系归纳为两种形式：一种是确定的函数关系，另一种是不确定的统计相关关系。市场预测运用数理统计寻找问题的原因或确定变量之间有无因果关系。通常的做法是先确定分析对象及其影响因素，然后建立具有单方程或联立方程形式的经济计量模型，运用回归分析方法进行测定。

运用因果性进行市场预测，是指通过因果分析，把握预测对象的发展规律，由因推果，对预测对象的未来趋势做出预测。在市场预测过程中运用因果性原理，必须通过系统、科学的分析，确定相关现象之间的因果联系，再建立合适的预测模型。

第三节 市场预测的方法

一、市场预测方法的分类

目前，国内外进行市场预测采用的方法多种多样。从预测分析的途径来说，可以归结出三种方法，即判断分析预测法、时间序列预测法和因果分析预测法。每种方法都有其适用的范围及优缺点，因而在选择市场预测的方法时要综合考虑预测的目的及要求。

1. 判断分析预测法

判断分析预测法是指在市场预测过程中，预测者根据市场信息资料，运用经验和主观分析判断或依靠集体智慧进行综合分析，对未来市场的发展做出判断预测的一种方法。总体来说，这是一种定性预测的方法。

判断分析预测法适用于信息数据不充分和预测环境中部分因素难以量化的情况。这种方法简便易行，具有一定的科学性。由于它主要依靠主观经验进行判断，所以预测过程快速而敏捷，并且预测的费用也相对较低。

当然，判断分析预测法同样存在不足：一方面，市场是一个涉及多方面关系的系统，并且各方面的关系复杂多变，单纯依靠人的主观经验和判断很容易产生失误；另一方面，由于难以进行深层次的定量分析，容易导致预测结果缺乏数据依据。

所以，预测者在实际操作中要尽量克服这些不足。首先，预测者应当尽可能了解影响市场变化的各种因素，为经验判断提供更多、更可靠的现实依据；其次，预测者要注意在定性分析的基础上做出定量分析，将定性分析和定量分析结合起来，使预测结果更加科学合理；最后，要避免意见一边倒的现象，注意综合各方面的意见，发挥集体的智慧。

2. 时间序列预测法

时间序列是指同一种现象在不同时间上的相继观察值按时间顺序排列而成的一组数字序列。

时间序列预测法又称历史延伸法或趋势外推法，是一种定量分析方法。它是假设事物过去和现在的发展变化趋势会延续到未来，从预测对象的历史资料所组成的时间序列中找出事物发展的趋势，并按其趋势延伸来推断未来状况的一种预测方法。具体来说，它通过一组数字序列来挖掘预测对象随时间变化的历史规律，并将其延伸至未来，进而对其未来值做出预测。值得注意的是：这种历史规律并不是绝对的，未来的发展有可能受到市场变化的影响而与历史规律不一致。在实际的分析预测中要充分考虑市场变化，使预测结果尽可能符合现实表现。

时间序列的变化受到很多因素的影响。有些因素是确定的，并呈现出一定的规律性，这种因素在预测中比较易于掌握。但也有些因素是不确定的，很难对其进行量化，其变化表现为一种不规则性。当然，各种因素对时间序列变化的作用时间也是不容忽视的。显然，那些具有确定性，而且使时间序列呈现出一定规律性的因素更易于掌握。但无论如何，这些因素都影响着市场的变化，它们共同作用于市场现象随时间延伸的发展变化中。所以说，时间序列预测法是一种在时间变动的条件下综合考虑各种因素（包括不能量化的因素）影响的预测方法。

一般来说，时间序列预测法比较适用于短期或近期的市场预测，应用于中长期市场预测时则需要更充分的历史依据，同时也要求了解市场现象在未来发展的新特性。

3. 因果分析预测法

在所处的环境中很多事物之间都是彼此联系的，它们相互影响又相互制约。离开其他事物而独立存在的个体是不存在的，正是这种错综复杂的联系构成了客观世界。而这些纵横交错的联系中有些已经为人类所了解，有些则有待去发掘。运用因果分析预测法进行预测要求不仅要认识事物的前因与后果，还要量化前因与后果之间的影响程度。

因果分析预测法中最常用的是回归分析法，它是从各种经济现象之间相互联系、相互依存的关系出发，通过对自变量和因变量的变动趋势进行分析，估计预测对象的未来发展状态的一种预测方法。

在一定的范围内，回归分析法是一种实用价值很高的预测方法。选择这种方法进行预测时，经济现象中的自变量和因变量必须具有高度相关的关系。同时，预测者要能够比较准确地掌握预测期内自变量的值，这样才能达到回归分析预测法的最终目的。

回归分析法的种类很多，主要有两种：一元回归分析法、多元回归分析法。可以根据相关关系中自变量的不同选用适当的方法进行测算。

二、市场预测方法的选择

现代市场预测的方法多种多样，每种方法都有自己的特点和适用的范围。在现实的市场环境中，选用哪种预测方法进行预测取决于预测者所面临的具体情况。一般来说，主要从以下几个方面来考虑。

1. 预测的目标特征

预测者进行市场预测都有其特定的目的，不同的预测目的决定了选择什么样的预测方法最为合适。例如，对于长期市场预测，选择的方法必须是能够反映预测对象发展趋势且适合长期预测的；而对于短期市场预测，选择的方法就必须能够反映市场的灵活变化且适合短期预测。

2. 预测的时间期限

每项市场预测都会有时间上的要求，选择预测方法时要把这个因素考虑在内。不同的预测方法对预测时间的长短也有要求。一般来说，可以把时间期限划分为近期或短期、一年以上的短期与中期、五年以上的长期。充裕的时间当然能更好地减少预测结果的误差，但也会花费更多的费用，所以要权衡各种条件来选择最适宜的预测方法。

3. 预测的精度要求

在进行市场预测时，每个预测者都希望最大限度地减少误差，提高预测结果的精度。每种预测方法由于适用范围和预测能力不一样，最终也会导致预测误差大小不一。然而，在预测前并不知道预测误差的大小，所以某一项市场预测通常可以采用几种预测方法进行测算，最终选定误差最小的预测值。

4. 预测的费用预算

有的预测方法能比较准确地测算出预测值，但需要有完善的基础资料与数据，预测者应有很高的素质，还要消耗很长的时间，这样势必花费很高。所以，费用预算问题也是预测者在选择预测方法时必须考虑的。

5. 预测对象数据资料的充足状况

预测对象的数据资料直接影响了能否采用某一种预测方法。当数据资料充足时，可以采用定量分析的方法，否则就适合采用定性分析的方法。例如，因果分析预测法要求确定影响预测对象的主要因素，并且对其进行量化，如果预测对象的数据资料不具备这些条件，则不能采用因果分析预测法。

6. 预测对象的历史变化情况

预测对象有稳定形态、趋势形态、季节性形态及随机形态。通过对预测对象的历史变化情况的分析，可以深入了解和剖析市场的动态变化，以此为基础，可以选择出合适的预测方法，进而减少预测误差。

三、市场预测的步骤

使用的预测方法不同，进行预测的具体步骤也会有差异，不过就总体来说大致可以按照以下的步骤进行。

1. 确定市场预测目标

确定目标是进行市场预测最首要的一个问题。为什么要进行预测？预测要解决什么问题？只有确定了这些问题才能进一步确定预测对象、预测方法，才能有目的地收集资料。确定市场预测要注意目标的明确性，含糊或描述不清楚的目标很有可能会导致预测结果与预期不一致。

2. 分析市场形势，确定影响因素

市场现象的表现多种多样，影响因素也很多，要根据所要研究的目的分析预测对象处于什么样的环境。预测对象在不同的时间、不同的地点会表现出不同的状态，要确定哪些因素会对预测对象的变化产生影响，哪些因素的影响更大些。

3. 收集、整理市场预测所需资料

市场预测并不是凭空想象的，而要以一定的历史资料和现实资料为依据。历史资料是指预测对象在预测前各个阶段的相关资料，它主要反映市场或影响市场发展的因素的历史状况或发展方向；而现实资料则是指预测过程中市场的或影响市场的各种因素的相关资料。预测者根据预测的要求有针对性地收集资料并进行整理，力求使收集到的资料符合预测的要求。

4. 选择预测方法

在收集资料的同时，预测者也应该考虑将采用什么样的预测方法。因为不同的预测方法所需要的资料和资料的类型是不一样的。选择预测方法时要考虑预测对象的特点、资料的充分性、预测时间的长短及要求的预测结果的精确性等，这些都会影响到采用哪种预测方法来进行预测。

5. 根据预测方法求出预测值，分析预测误差

确定了预测方法就可以建立模型，根据模型算出预测值。每种预测方法算出的预测值的精确度是不相同的，如果预测结果的误差过大就应当放弃，重新进行预测；如果预测结果的误差在可接受的范围之内，则通过对预测误差的进一步分析来修正预测结果。

第四节　市场预测的误差

一、市场预测的误差及其产生的原因

1. 市场预测误差的概念

市场预测误差是指预测模型的理论估计值同实际发生值之间的差异，它是衡量市场预测精确度的指标。市场预测误差越小，市场预测的精确度越高。市场未来的发展状况具有不确定性，并且受到各种错综复杂因素的影响，所以预测结果与实际值之间都会有一定的偏差。预测结果的准确性是相对而言的。只要误差在合理的范围之内，对应的预测值都是可以接受的，否则，对应的预测值则应当被淘汰。

2. 市场预测误差的产生原因

（1）随机突发性因素的影响。事物的发展是由许多因素的综合作用决定的，人们对其发展过程，如向什么方向发展、如何发展、发展到什么程度做出量化的分析。但是，如果在预测对象或预测环境中，影响预测对象发展的因素突然发生变化，则会导致预测对象偏离正常的发展轨道，使得预测者很难做出正确的预测。

（2）信息数据的影响。对预测而言，收集到的信息越充分、越准确，得到的预测值的误差越小。但在实际的预测过程中，收集到的数据信息往往会和真实信息有偏差。被调查对象不具代表性、观测数据不真实或工作人员计算失误等都会使数据资料与真实值有很大的偏离。显然，在这种不准确的信息数据的基础上是没有办法取得精确的预测值的。

（3）预测方法的影响。每种预测方法和模型都有各自的适用范围，所包含的信息和意义也不同。任何一种预测方法都不可能把影响市场的因素全部考虑在内，都会有一定的局限性。每种方法根据自身的侧重点选取主要的影响因素。所以，每种预测方法都有一个可接受的误差范围，预测者要注意根据预测项目要求的精度来确定选择哪种预测方法。

（4）预测者主观因素的影响。人们认识市场发展需要一定的过程。由于每个预测者的知识、经验、观察能力和判断能力不同，对市场认识的准确程度也不相同，在预测过程中就难免会带有个人的主观色彩，主要表现有从众心理、迷信权威和个人价值取向等。

市场预测对象是在过去和现在的市场条件下发展演变的，进行市场预测实际上就是去发掘它内在的、客观的规律。市场的外在环境不断变化，所以市场的未来发展就绝不会是对过去发展状况的简单重复，而是具有新的特点、新的内容。这样的变化就要求预测者能灵活应对市场变化，及时调整和修正预测中产生的误差。

二、市场预测误差的测定指标

常用的误差测定指标有平均误差、平均绝对值误差、均方误差、均方根误差和平均绝对百分误差。

1. 平均误差

平均误差（Mean Error，ME）是指对预测值与实际值之间离差计算的平均值，其计算公式为

$$\mathrm{ME}=\bar{e}=\frac{1}{n}\sum_{i=1}^{n}e_i\ (i=1,\ 2,\ \cdots,\ n) \tag{8-1}$$

式中　e_i——各预测值与实际值之间的离差；

n——观察值的项数。

2. 平均绝对值误差

平均绝对值误差（Mean Absolute Error，MAE）是指各期误差绝对值的算术平均数，用以表明各期实际观察值与各期预测值（或理论值）的平均误差水平，其计算公式为

$$\mathrm{MAE}=\frac{1}{n}\sum_{i=1}^{n}|e_i|=\frac{\sum_{i=1}^{n}|(y_i-\hat{y}_i)|}{n}\ (i=1,\ 2,\ \cdots,\ n) \tag{8-2}$$

式中　e_i——不同时期的绝对误差；

n——历史时期数；

y_i——历史观察值；

$\hat{y}_i$——预测模型计算值。

3. 均方误差

均方误差（Mean Square Error，MSE）是指对预测值与实际值之间离差的平方值计算平

均数，其计算公式为

$$\text{MSE}=\frac{1}{n}\sum_{i=1}^{n}e_i^2=\frac{\sum_{i=1}^{n}(y_i-\hat{y}_i)^2}{n}\ (i=1,\ 2,\ \cdots,\ n) \tag{8-3}$$

4. 均方根误差

均方根误差（Root Mean Square Error，RMSE）是指误差平方平均数的平方根，用以表明各期实际观察值与各期预测值（或理论值）的平均误差水平，又称估计标准差，其计算公式为

$$\text{RMSE}=\sqrt{\frac{1}{n}\sum_{i=1}^{n}e_i^2}=\sqrt{\frac{\sum(y-\hat{y})^2}{n}}\ (i=1,\ 2,\ \cdots,\ n) \tag{8-4}$$

5. 平均绝对百分误差

平均绝对百分误差（Mean Absolute Percentage Error，MAPE）是指用相对数形式的百分数表示的预测误差指标，其计算公式为

$$\text{MAPE}=\frac{1}{n}\sum_{i=1}^{n}\left|Pe_i\right| \tag{8-5}$$

式中，$Pe_i=\dfrac{Y_i-\hat{Y}_i}{Y_i}\times 100\%$。

在实际预测的计算中，可以对各种模型选择以上任一种误差来计算，经过比较，再选出误差最小的模型方案用于预测。

三、市场预测结果的有效性

测算出市场预测结果之后，要对预测结果进行有效性分析。分析市场预测结果的有效性主要是衡量预测结果的合理性、可行性和可靠性。分析预测结果的有效性主要从以下几个方面进行。

（1）评价市场预测结果的有效性时，要将预测中运用到的经济理论和预测对象的实际情况结合起来，判断预测对象的发展变化方向、特性、发展速度及发展程度是否和预测分析的一致。

（2）将预测中运用到的经济理论和预测模型结合起来，分析预测模型是否选用合理，其中包括对检验模型的拟合优度和误差大小的分析。要及时对不符合市场对象发展状况的模型进行修正。

（3）调整预测结果。如果分析得出预测结果与预测对象的发展变化规律有着很大的偏差或根据预测模型无法进行统计检验和经济理论分析，则表明这样的预测结果是不可取的，应当重新进行预测。当然，由于市场预测结果的判断主要依赖于对市场环境的分析，影响

市场的因素又经常是多样而复杂的，预测者在很多时候可以同时采用几种预测方法进行预测。此外，资金的限制和时间的约束，也都会使预测者难以掌握充分的资料。所以，任何一份市场预测结果的分析都不可能是无懈可击的。预测者和使用预测结果的人员不能错误地认为预测结果存在误差就是不合理的，而应该根据实际情况具体分析市场预测结果的有效性。

本章小结

市场预测是指在调查研究的基础上，运用统计、定性分析等科学的预测方法，对影响市场供求变化的各因素进行分析研究，进而对商品生产、流通和销售的未来发展趋势进行科学推测与判断，掌握市场供求变化规律，为市场营销提供可靠决策依据的过程。

市场预测有悠久的历史，但科学的市场预测则是从 19 世纪下半叶开始的。随着经济社会的发展、市场竞争的加剧、商品种类的多样化、商品生命周期的不断缩短，人们对市场需求及其未来发展趋势日趋重视，直接推动了市场预测的蓬勃发展。

市场调查和市场预测都是用来分析和研究市场发展变化规律的工具，它们之间既存在着区别又有着紧密的联系。一方面，市场调查是市场预测的前提和基础；另一方面，市场预测是市场调查的延续与深化，并为市场调查指引方向。

市场预测的内容很多，包含市场需求预测、市场供给预测等许多方面，企业应根据自身的实际需要来确定预测的内容。

市场预测是指对市场未来将要发生的不确定事件进行预计和测算，它是以可测性原理、连续性原理、系统性原理、类推性原理和因果性原理作为理论依据的。

市场预测方法多种多样，目前常用的方法有判断预测法、时间序列预测法和因果分析预测法，每种方法都有自己的特点和适用的范围。在现实的市场环境中，选用哪种预测方法应根据具体情况来确定。

市场预测误差是指预测模型的理论估计值同实际发生值之间的差异。市场未来的发展状况具有不确定性，并且受到各种错综复杂因素的影响，因此预测结果与实际值之间都有一定的偏差。预测结果的准确性是相对而言的。只要误差在合理的范围之内，对应的预测值都是可以接受的。因此，测算出市场预测结果之后，要对预测结果进行有效性分析。

重要概念

1. 市场预测（Market Forecasting）
2. 判断分析预测法（Forecasting Method of Judgment Analysis）
3. 时间序列预测法（Forecasting Method of Time Series）
4. 因果分析预测法（Forecasting Method of Causal Analysis）
5. 市场预测误差（Error of Market Forecasting）

自测题

一、单项选择题

1. 将市场预测分为定性预测与定量预测是（　　）的。
   A．按商品层次划分　　B．按空间层次划分
   C．按时间层次划分　　D．按性质划分
2. 市场预测的基础工作是（　　）。
   A．选择模型　　B．收集资料　　C．判断分析　　D．误差分析
3. 在市场预测资料中，直接对预测对象进行实地调查所得到的资料是（　　）。
   A．历史资料　　B．第一手资料　　C．第二手资料　　D．加工资料

二、多项选择题

1. 按时间层次划分，可以将市场预测分为（　　）。
   A．短期预测　　B．近期预测　　C．中期预测　　D．长期预测
   E．无限期预测
2. 市场预测的内容包括（　　）。
   A．市场需求预测　　B．市场供给预测
   C．科技发展前景预测　　D．消费者心理变化趋势预测
   E．市场占有率预测
3. 在市场预测中，导致产生预测误差的原因主要有（　　）。
   A．信息数据过多　　B．选择模型不合理
   C．影响因素过多　　D．预测人员素质较差
   E．估算模型的方法不正确
4. 衡量预测精确度的指标有（　　）。
   A．平均误差　　B．平均绝对误差
   C．均方根误差　　D．平均绝对百分误差
   E．均方误差

三、简答题

1. 简述判断预测法的适用范围。
2. 时间序列预测法的一般步骤是什么？
3. 如何选择市场预测方法？
4. 产生市场预测误差的原因是什么？

四、案例题

苹果公司的起死回生

1976 年，苹果计算机横空出世，创始人乔布斯以其独特的做法让苹果公司迅速成为明星公司，革命性的产品 Macintosh 取得了巨大的成功。此后，苹果计算机在消费者心目中形

成了一个鲜明的印记：优越的性能、独特的外形和完美的设计。在许多人看来，苹果计算机意味着特立独行，意味着我行我素的文化。

然而，尽管苹果计算机的性能优越、使用方便，在技术上可谓无可挑剔，但却是世界上唯一不与 IBM-PC 兼容的机型。这种独树一帜的不兼容性实际上限制了市场对它的需求，推走了许多潜在顾客。因此，在微软推出 Windows 操作系统后，苹果计算机就退居二线，成为一些在图形、音频方面有专业需求用户的选择。

到了 20 世纪 90 年代的中期，苹果公司陷入了危难。仅在 1996 年，公司的销售收入就下降了 17 亿美元，而库存成品的价值高达 7 亿美元。大量的成品存货使得公司不得不大幅度降价出售，公司处于一种无利润销售的状况之中。苹果公司的股票价格也随之跌至每股 13 美元，一些行业分析家甚至认为，苹果公司是即将被行业竞争所淘汰的公司之一。

造成苹果公司濒临死亡的关键原因之一是落后的产品市场定位。1996 年之前，苹果公司的市场集中在商用计算机上，低估或轻视了家用计算机市场的发展潜力。事实上，与行业的新起之秀—— 戴尔公司相比，苹果公司在产品的设计与制造方面具有无可置疑的技术优势，但是公司在市场需求预测上却出现连续的失误，未能紧跟市场的变化，以致造成大量的产品供过于求。

为了应对这种严峻的局面，苹果公司改变了过去把设计摆在第一位的做法，强调了要把消费者的需求放在第一位，主动去了解消费者的喜好和想法。通过收集消费者的相关数据资料，分析市场需求现状，对公司产品未来的销售做出准确的预测，并在此基础上制定了一系列新的营销措施。

新的营销措施的实施，使得苹果公司的经营效益情况也有了明显的好转：到 1998 年 9 月，苹果公司的总体库存已比 1996 年年底的水平下降了 82%，从 1996 年的平均库存 27 天下降至只有 6 天，比当时的戴尔公司的平均库存水平还少一天的时间。到 1999 年 9 月，公司连续两年盈利，利润从 1997 年的亏损 1.8 亿美元，变成了盈利 1.1 亿多美元，其股价也从 1997 年的每股 13 美元上升至每股超过 100 美元。

思考

1. 苹果公司出现存活危机的主要原因是什么？
2. 苹果公司如何借助市场预测改善生产经营？

第九章 判断分析预测法

本章学习目标

- 理解主观概率法的含义，掌握主观概率法的应用
- 理解德尔菲法的含义、特点及预测步骤
- 了解调查判断法的类型及应用

判断分析预测法是指在市场预测过程中，预测者根据市场信息资料，运用经验和主观分析判断或依靠集体智慧进行综合分析，对未来市场的发展做出判断预测，它是一种传统的预测方法。本章主要介绍其中的主观概率法、德尔菲法和调查判断法。

第一节 主观概率法

主观概率法是指市场趋势分析者对市场趋势分析事件发生的概率（即可能性大小）做出主观估计，或者说对事件变化动态的一种心理评价，然后计算它的平均值，以此作为市场趋势分析事件的结论的一种定性市场趋势分析方法。这一方法在企业实行分片推销责任制的情况下尤为适用，常用于产品市场需求和销售额的预测。因为在这种推销方式下，每个推销人员对他所负责推销地区的各方面情况都比较熟悉，并能根据该地区消费习惯、消费结构、收入水平等因素的变动，凭经验及时估计出本企业的产品在该地区的市场需求，而把本企业某一产品在所有地区的预测数汇总后，就能得到企业对该产品的整体销售预测。

主观概率法是一种心理评价，判断中具有明显的主观性。对同一事件，不同的人对其发生的概率判断是不同的。主观概率的测定因人而异，受人的心理影响较大，谁的判断更接近实际，主要取决于市场趋势分析者的经验、知识水平和对市场趋势分析对象的把握程度。主观概率必须符合概率论的基本定理：①所确定的概率必须大于或等于 0，而小于或等于 1；②经验判断所需全部事件中各个事件概率之和必须等于 1。

尽管主观概率法是凭主观经验估测的结果，但在市场趋势分析中它仍有一定的实用价值，它为市场趋势分析者提出明确的市场趋势分析目标，提供尽量详细的背景材料，使用简明易懂的概念和方法，以帮助市场趋势分析者判断和表达概率。同时，假定市场趋势分析期内市场供需情况比较正常，营销环境不出现重大变化，长期从事市场营销活动的人员和有关专家的经验和直觉往往还是比较可靠的。这种市场趋势分析方法简便易行，但必须防止任意、轻率地由一两个人拍脑袋估测，要加强严肃性、科学性，提倡集体的思维判断。

一、主观概率法的预测步骤

第一步：由若干个熟悉预测对象的人员组成一个预测小组，并向小组人员提出预测目标和预测的期限要求，并尽可能地向他们提供有关资料。

第二步：小组人员根据预测要求，凭其个人经验和分析判断能力提出各自的预测方案。同时每个人说明其分析理由，并允许大家在经过充分讨论后重新调整其预测方案，力求在方案中有质的分析也有量的分析，有充分的定性分析又有较准确的定量描述。在方案中要确定三个重点。

（1）确定未来市场的可能状况。

（2）确定各种可能状态出现的概率（主观概率）。

（3）确定每种状态下市场销售可能达到的水平（状态值）。

第三步：预测组织者计算有关人员的预测方案的方案期望值，即各项主观概率与状态值乘积之和。

第四步：将参与预测的有关人员分类，并赋予不同的权数。由于预测参加者对市场了解的程度及经验等因素不同，因而他们每个人的预测结果对最终预测结果的影响作用也不同，所以要对每个人员分别给予不同的权数表示这种差异，最后采用加权平均法获得最终结果。若给每个预测者以相同的权数，表示各预测者的预测结果的重要性相同，则最后结果可直接采用算术平均法获得。

第五步：确定最终预测值。

二、主观概率法的预测应用

1. 案例一

某快速消费品公司的三名销售人员对 2025 年销售额的预测见表 9–1。

表 9–1　销售人员预测期望值计算

销售人员	估计值						期望值 / 万元
	最高值 / 万元	概率	最可能值 / 万元	概率	最低值 / 万元	概率	
甲	6 000	0.3	4 500	0.5	3 000	0.2	4 650
乙	5 500	0.2	5 000	0.5	2 500	0.3	4 350
丙	5 000	0.2	4 000	0.6	3 000	0.2	4 000

如果预测组织者根据他们的经验、能力等，确定他们预测值的权数分别为：4、3、3，则三个人平均预测销售额为：4 650 万元 ×0.4+4 350 万元 ×0.3+4 000 万元 ×0.3=4 365 万元。

每个人期望值权数的确定，一般是根据过去各人判断预测的准确程度来确定的。为了校正预测结果，还要计算平均偏差程度作为校正依据。根据过去若干年的实际数和预测数对比，计算比率、平均比率和平均偏差程度见表 9–2。

表 9–2　平均比率计算数

年份及平均比率	2017 年	2018 年	2019 年	2020 年	2021 年	2022 年	2023 年	2024 年	平均比率
实际值 / 预测值	0.96	0.95	0.92	1.02	1.00	0.98	1.03	0.98	0.98

平均比率是各年比率的简单算术平均数。

各年的实际值比预测值有高有低，各年的实际值与预测值的平均比率差 98%。

$$平均偏差程度 = 平均比率 -1=98\%-1= -2\%$$

表明实际值比预测值平均低 2%，也就是预测值比实际值平均偏高 2%。因此，应将预测值扣除 2% 以校正。经校正后，则该公司 2016 年销售额的预测值为：4 365 万元 ×98%=4 277.7 万元。

2．案例二

某化妆品公司为确定 2025 年化妆品的销售预测值，要求两名副总经理、三名中层管理人员和三名销售人员进行销售额预测。根据现有的化妆品市场信息资料，在综合分析判断的基础上，每个人从各自不同的角度提出了自己对销售额的期望值（期望值、权数的计算参见案例一）。

（1）计算各类人员的平均期望值。两名副总经理的销售期望值分别为 5 000 万元和 4 500 万元，两名副总经理销售期望值的重要程度相同，权数相同，所以平均期望值为 4 750 万元。根据三名中层管理人员对化妆品市场掌握的信息、销售预测的经验，以及分析判断问题的角度、能力的不同，分别给予不同的权数，见表 9–3。

表 9–3　三名中层管理人员销售期望值及权数

职能部门	销售期望值	权数
销售部经理	4 000 万元	5
生产部经理	4 500 万元	3
财务部经理	4 200 万元	2

平均期望值：4 000 万元 ×0.5+4 500 万元 ×0.3+4 200 万元 ×0.2=4 190 万元。

三名销售人员的销售期望值分别为 3 800 万元、3 900 万元和 4 000 万元。如果他们的业务水平、分析判断能力和预测经验大致相同，其预测值的重要程度相同、权数相同，则销售额平均期望值为：3 800 万元 ×1/3+3 900 万元 ×1/3+4 000 万元 ×1/3=3 900 万元。

（2）对上面各类人员的预测方案进行综合。根据期望值的重要程度决定其预测权数。如果副总经理、中层管理人员、销售人员的权数分别为 4、3、3，则综合判断预测值为：4 750 万元 ×0.4+4 190 万元 ×0.3+3 900 万元 ×0.3=4 327 万元。

该化妆品公司 2025 年销售额的期望值为 4 327 万元。

第二节　德尔菲法

德尔菲法也称专家调查法，它是依照一定的程序，采用函询调查，向参与预测的专家分别提出问题，然后将他们回答的意见综合、整理、归纳，再匿名反馈给各个专家，再次征求意见，然后再加以综合、整理、反馈，这样经过多次的反复循环，最后汇总成专家基本一致的看法，作为预测的结果。

德尔菲法最初产生于科技领域，后来逐渐被应用于任何领域的预测，如军事预测、人口预测、医疗保健预测、经营和需求预测、教育预测等。此外，此方法还用来进行评价、决策、管理沟通和规划工作。

一、德尔菲法的特点

德尔菲法本质上是一种反馈匿名函询法。其做法是，在对所要预测的问题征得专家的意见之后，进行整理、归纳、统计，再匿名反馈给各专家，再次征求意见，再集中、再反馈，直至得到稳定的意见。这种方法有以下三个明显的特点。

1. 匿名性

匿名是德尔菲法极其重要的特点，参与预测的专家彼此互不知道其他有哪些人参加预测，他们在完全匿名的情况下交流思想。在整个预测的过程中，专家之间彼此互不相知，不发生横向联系，组织者与专家之间采用书信方式联系，专家的预测意见也以匿名的形式发表。这样可以使个人的意见得以充分发表，有利于提高整个预测的质量。这种匿名形式可以鼓励专家独立思考，而且各位专家也可以根据情况的变化随时修正自己的意见。

2. 多次反馈

专家小组成员的交流是通过回答组织者的问题来实现的，一般要经过若干轮反馈才能完成预测。每一次征询后，组织者都要将该轮的预测结果进行汇总、整理，并作为反馈信息寄给各位专家。专家们从反馈的资料中进行分析选择，参考有价值的意见，深入思考，反复比较，从而提出更好的预测意见。

3. 预测结果的统计性

每一轮征询后，组织者都要对专家意见和预测结果进行定量化的统计分析与归纳，对各种不同类型的预测问题采用相应的数理统计方法进行处理。随着反馈轮次的增加，专家的意见逐渐趋向一致，预测值趋于收敛。

二、德尔菲法的预测步骤

德尔菲法的一般预测程序如图 9-1 所示。

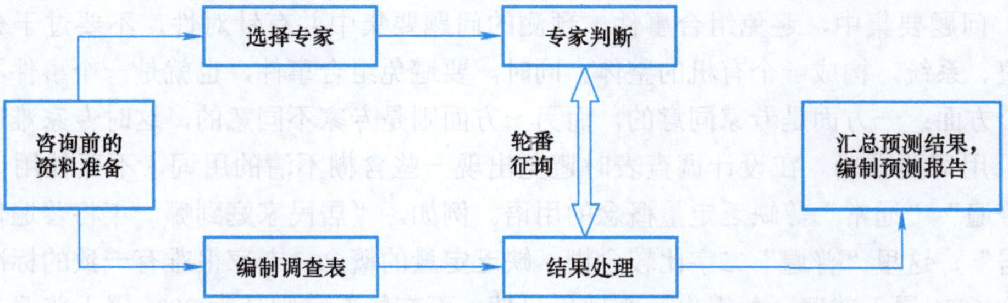

图 9-1　德尔菲法的一般预测程序

1. 资料准备

在预测开始前，组织者应首先统一明确预测所要达到的目的，据此确定预测的主题，并把预测的目的和主题在寄给专家的调查表中简单明了地加以说明。同时，把有关预测主题的各种资料，通过整理、加工后，与调查表一并寄给专家，以便专家能全面、系统地考虑问题。

2. 选择专家

选好专家是运用德尔菲法的关键，因为预测的准确性在很大程度上取决于参加预测的专家水平。德尔菲法所要求的专家，一般从事的专业工作与预测主题有关，经验丰富，思路开阔，熟悉市场行情，具有一定的预见性和分析能力。

在具体选择专家的过程中，应遵循以下几个原则。

（1）广泛性。德尔菲法要求专家有广泛的来源，一般按照“三三制”原则：首先，选择本企业、本部门对预测问题有研究且了解市场的专家，人数占到预测专家总数的1/3左右；其次，选择与本企业、本部门有业务联系且关系密切的行业专家，约占专家总数的1/3；最后，从社会上选择对市场和行业有研究的专家，人数也占1/3左右。

（2）自愿性。选择专家时应考虑专家是否有时间、精力，是否愿意参加此项预测活动。只有充分考虑专家的自愿性，才能提高专家的回函率，保证专家充分发挥积极性和聪明才智。

（3）人数适度。选择专家的人数要适度，人数过少，缺乏代表性，信息量不足；人数过多，组织工作困难，成本增加。专家人数的多少，可根据预测主题的大小和涉及面的宽窄而定，一般不超过20人。

3. 编制调查表

德尔菲法中的调查表与通常的调查表有所不同。通常的调查表只向被调查者提出问题，要求回答；而德尔菲法的调查表不仅提出问题，还兼有向被调查者提供信息的责任，是专家们交流思想的工具。

调查表的设计主要是调查内容本身，同时也需要在调查表中说明预测的目的和对象。在设计调查表时应遵循以下几项原则。

（1）对德尔菲法做出充分说明。为了使专家全面了解情况，调查表一般都应有前言，用以说明预测的目的和任务，以及专家回答在预测中的作用，同时还要对德尔菲法本身做出说明。

（2）问题要集中，避免组合事件。预测的问题要集中并有针对性，不要过于分散，并且要完整、系统，构成一个有机的整体。同时，要避免组合事件，也就是一个事件不能包括这样两个方面：一方面是专家同意的，而另一方面则是专家不同意的，这时专家难以回答。

（3）用词要准确。在设计调查表时避免出现一些含糊不清的用词，不要使用诸如“广泛”“普遍”“通常”等缺乏定量概念的用语。例如，“居民家庭到哪一年将普遍使用全屋智能家居”，这里“普遍”二字比较含糊，缺乏定量的概念，专家很难有一致的标准。有的专家认为60%属于普遍，并提出一个评价日期，而有的专家则认为80%属于普遍，也提出一个评价日期。起点不同，评价结果可能相差很大。

（4）调查表要简洁明了。调查表应有助于专家做出评价，应使专家把主要精力集中用于思考问题，而不是理解复杂和烦琐的调查表。调查表的回答最好采用选择或填空的方式，还应留有足够的地方，以便专家阐明意见。

总之，调查表的设计应方便专家判断，而且还应附有详细的填表说明和时间要求等。如果条件许可，调查表应在小范围内试填，征求专家的意见，并做出必要的修改。

4. 轮番征询

轮番征询主要是通过反复征询专家的预测意见来实现的。在德尔菲法过程中，始终有两个方面的人在活动：一是预测的组织者；二是被选出来的专家。德尔菲法的程序是以轮来说明的，在每一轮中，组织者与专家都有各自不同的任务。典型的德尔菲法的意见征询一般按以下四轮进行：

第一轮：①由组织者发给专家的第一轮调查表是开放式的，不带任何框框，只提出预测问题，请专家围绕预测主题提出预测事件，如果限制太多，会漏掉一些重要事件；②预测组织者要对专家填好的调查表进行汇总整理，归并同类事件，排除次要事件，用准确术语提出一个预测事件一览表，并作为第二轮调查表发给专家。

第二轮：①专家对第二轮调查表所列的每个事件做出预测且阐明理由；②预测组织者收到第二轮专家意见后，对专家意见做统计处理，整理出第三张调查表。

第三轮：①把第三张调查表发下去后，请专家再次进行判断与预测，给出自己新的评价，如果修正自己的观点，也请叙述为何改变，原来的理由错在哪里，或者说明哪里不完善；②专家们的新评论和新争论返回到组织者手中后，组织者的工作与第二轮类似，即对专家意见做统计处理并形成第四张调查表。

第四轮：①请专家对第四张调查表进行评价和权衡，做出新的预测；②当第四张调查表返回后，组织者的任务与上一轮的任务相同，即归纳、总结各种意见并做统计处理。

一般情况下，通过这四轮征询，专家们的意见会基本趋于一致。应注意的是：①并不是所有被预测的事件都要经过四轮。有的事件可能在第二轮就达到统一，而不必在第三轮中出现。②在第四轮结束后，专家们对各事件的预测也不一定都达到统一。不统一也可以用统计处理做结论。事实上，总会有许多事件的预测结果是不统一的。对每一轮专家意见汇总的统计处理与预测结果的最终处理原理是相同的。

5. 结果处理

预测结果最终处理是指把最后一轮的专家意见加以统计、归纳、处理，得出代表专家意见的预测值和离散程度。然后，预测组织者对专家意见做出分析评价，确定预测方案。

在最终处理阶段（包括轮番征询阶段），最主要的工作是用一定的统计方法对专家意见做出统计、归纳、处理。下面分别介绍几种统计处理方法。

（1）四分位数法。四分位数是指将所有数值按大小顺序排列并分成四等份，处于三个分割点位置的得分。最小的四分位数称为下四分位数，中点位置的四分位数就是中位数，最大的四分位数称为上四分位数。中位数代表专家预测意见的协调结果，上、下四分位数反映专家意见的离散程度。上、下四分位点的间距越小，说明专家们的意见越集中，用中位数代表预测结果的可信程度越高。

例如：2024 年，某公司准备预测智能机器人在特定的市场内在哪一年能达到 80% 以上的市场占有率。为此，请了 11 名专家进行预测。经过三次反馈，第三次分析预测结果利用四分位数法处理，见表 9-4。

表 9–4　某市场智能机器人预测四分位数处理分析

专家编号	1	2	3	4	5	6	7	8	9	10	11
预测年份 / 年	2025	2026	2027	2028	2028	2029	2029	2029	2031	2032	2032
预测结果		↑ 下四分位数 Q_1		↑ 中位数					↑ 上四分位数 Q_2		
置信区间	Q_2-Q_1=2029 年 −2024 年 =5 年										

解：将数据分别按其数值大小进行排列：

2025，2026，2027，2028，2029，2031，2032

$$中位数项数=\frac{数据个数+1}{2}=\frac{7+1}{2}=4$$

中位数位于第 4 项：2028 年。

$$下四分位数项数=数据个数\times\frac{1}{4}=7\times\frac{1}{4}=1.75\approx 2$$

下四分位数位于第 2 项：2026 年。

$$上四分位数项数=数据个数\times\frac{3}{4}=7\times\frac{3}{4}=5.25\approx 6$$

上四分位数位于第 6 项：2031 年。

（2）平均数法。对专家的预测结果也可以采用算术平均法和加权平均法。通常根据专家预测值的分布情况选择处理方法，如果数值分布比较分散，一般用四分位数法，以免受个别偏大或偏小的判断值的影响；如果数值分布分散程度小，一般使用算术平均法，以便考虑每个判断值的影响；如果数值分布分散程度小，但在轮番征询各位专家阐明其结论的理由充分性、合理性有不同时，则可以采用加权平均法，以便反映每个判断值的不同影响。

（3）对非量化预测结果的统计处理。对于一些诸如产品的属性、品种、质量和包装等非量化的预测结果，可以采用比重法或评分法进行归纳统计。

1）比重法。比重法是指计算专家对某个意见回答的比例，然后以比例最高者作为预测的结果。

例如：某企业请 15 位专家对一项新产品投放市场成功与否进行预测，其中 9 人认为成功的可能性高，而另外 6 人持否定态度，采用比重法，成功的比重为 9/15=0.6，失败的比重为 6/15=0.4，专家预测的协调性结果是成功的可能性大。

2）评分法。评分法常用于产品各属性的重要性比较或不同品牌的同类产品的质量评比等。

例如：某家具公司请专家对未来家具市场的消费偏好进行预测。在品牌、价格、式样和材质项目中选择影响销售的三个主要因素，并按重要性排序。评分标准为：第一位给 3 分，第二位给 2 分，第三位给 1 分。第三轮专家征询结果为：赞成品牌排第一位的专家有 52 人（专家总数为 72 人），赞成品牌排第二位的专家有 10 人，赞成品牌排第三位的专家有 2 人。则项目品牌的得分为

$$52×3 分 +10×2 分 +2×1 分 =178 分$$

全部总分为

$$72\times(1+2+3)\text{分}=432\text{分}$$

故品牌的比重为

$$178\div432=0.41$$

由专家对其余三项的评分结果计算得各因素的总分比重为：价格为0.20，式样为0.30，材质为0.09。据此得出按重要性排在前三名的因素依次为品牌、式样和价格。

第三节 调查判断法

调查判断法是指以市场实地调查获得的资料为基础，经分析判断，推算市场未来需求的预测值。常用的方法有市场试销法、市场因子推演法、联测法和转导法。

一、市场试销法

市场试销法是指试销商品在小范围内进行销售试验，直接调查消费者对试销商品的反映和喜爱程度，并以此调查资料为依据进行市场预测的方法。尤其对新产品的销售前景预测，市场试销法十分有效，也是目前新产品销售预测中采用的主要方法。这主要出于两方面的原因：一是新产品开始投入市场时，生产经营企业没有历史资料和经验可供借鉴，对市场规模和反应无法估计；二是消费者对新产品没有使用的经历和感性认识，不可能有明确的购买意向。采用这种销售与调查预测相结合的试销法，便于生产经营者对消费需求、购买能力及购买投向做出分析研究。

例如：某企业新开发了一种新型的人工智能电磁炉，它的语音提示功能可以很详细地教给你该如何使用，售价在每台480元左右。为了解市场对这种新产品的潜在需求，该企业与某商场联合举办该产品专柜展销活动。商场地处该城市居民购买力中等水平地带。为配合展销活动，该企业事前在社区和网络上做了相应广告，展销期间价格优惠并进行现场操作表演。

据统计，在展销的两天中，共有200人询问新产品，共售出78台，则购买率为78/200=39%。按该市家庭户数50万户计，预计该城市的市场潜在购买力约为（50×39%）万台=19.5万台。

使用市场试销法必须注意两个问题：一是要选择购买力能控制在一定范围内的购买对象；二是试销的产品货源充足。这两点在很大程度上决定了试销法预测结果的可靠性。

二、市场因子推演法

市场因子推演法通过分析市场相关因子来推算某类商品的市场潜量，即推算某类产品的最大市场总需求量。此方法适用于连带产品和配套性产品市场需求量的预测。市场因子是指市场中可引起对某种商品需要的相关因子。例如：每年新建立的家庭数目是住房需要量的因子；青年结婚的数量是家具和衣服销售量的因子；婴儿出生人数是玩具需要量的因子；汽车的销售量是汽车配件需求量的因子等。根据某经济现象的因子就可以预测它的需求量变化趋势。

例如：假设新婚家庭 100 个，住宅的销售量为 18 套，即新婚家庭数量就是住宅销售量的市场因子。如果某年新婚家庭数量为 8 万个，则住宅的需求量为 [80 000×（18/100）] 套 =14 400 套。

三、联测法

联测法是指以某一企业的调查资料或某一地区的抽样调查资料为基础进行分析、判断、联测，从而预测某一行业或某一商品市场销售量的方法。

由于主客观条件的限制，企业不可能对整个市场进行全面普查，只能是局部普查或抽样调查。因此，在许多情况下，运用局部普查资料或抽样调查资料，经过分析、判断，对整个行业或整个市场进行联测，就成为客观需要。运用联测法，其关键在于局部普查资料应具有典型性，抽样调查的样本应是总体的缩影，即能反映总体的面貌。

例如：某家电企业曾为了开拓四个城市电冰箱的需求市场，用联测法预测 2025 年四个城市电冰箱的总需求量。

用 X_1、X_2、X_3、X_4 分别代表企业要开拓电冰箱销售的四个城市市场。居民对电冰箱的需求与居民收入水平、供电和住宅状况有关，而 X_1、X_2、X_3、X_4 四个城市的居民收入、住房条件、供电状况大致相同。因此，可以对某一城市电冰箱需求做抽样调查，如在 X_1 城市做调查，并以这一城市抽样调查资料为依据，联测其他三个城市的电冰箱需求量，其具体步骤如下：

第一步：收集四个城市 2024 年电冰箱的销售数字和居民户数的资料，并计算销售率。通过间接调查，收集的资料见表 9-5。

表 9-5　四个城市 2024 年电冰箱销售量

市场	X_1	X_2	X_3	X_4
实际销售量 / 台	6 000	7 600	8 400	5 300
居民家庭 / 万户	4	5.2	6	3.5
销售率 /（台 / 户）	0.15	0.146	0.14	0.151

销售率（C_j）的计算公式为

$$C_j = \text{实际销售量} / \text{居民户数}$$

第二步：计算四个城市 2025 年的电冰箱需求率。

选择 X_1 城市居民进行抽样调查，调查得知每百户居民的电冰箱需求量为 11 台。若用 D_i 表示需求率，则 X_1 城市需求率 D_1= 居民需求量 / 居民调查户数 =11/100=0.11（台 / 户）

对 X_2、X_3、X_4 城市没有进行抽样调查，它们的电冰箱需求率无法直接求得，但通过联测可以间接求得。

由于四个城市 2024 年销售率差异可以近似反映四个城市 2025 年需求的差异。这样，两个城市的销售率之比近似等于两个城市的需求率之比，即

$$D_j \approx \frac{C_j D_1}{C_1}$$

由此，不难求出 X_2、X_3、X_4 城市的需求率 D_2、D_3、D_4。

$$D_2=\frac{C_2D_1}{C_1}=\frac{0.146\times0.11}{0.15}\approx0.107$$

$$D_3=\frac{C_3D_1}{C_1}=\frac{0.14\times0.11}{0.15}\approx0.103$$

$$D_4=\frac{C_4D_1}{C_1}=\frac{0.151\times0.11}{0.15}\approx0.111$$

第三步：根据城市需求率推算四个城市的电冰箱需求量。其计算公式为

需求量 = 需求率 × 居民户数

则有

X_1 城市需求量 =0.11×40 000=4 400（台）

X_2 城市需求量 =0.107×52 000=5 564（台）

X_3 城市需求量 =0.103×60 000=6 180（台）

X_4 城市需求量 =0.111×35 000=3 885（台）

最后，确定四个城市 2015 年的电冰箱需求量预测值为

Y=4 400+5 564+6 180+3 885=20 029（台）

以上就是根据 X_1 城市抽样调查资料而联测出的 X_2 城市、X_3 城市、X_4 城市的需求率，进而求得四个城市的电冰箱需求预测值。

四、转导法

转导法又称连续比率法，是以间接调研所得的某项经济指标预测值为基础，依据该指标与预测目标间相关比率的资料，转导出预测值的一种方法。这种方法简便易行，在国际市场预测中被广泛采用。转导法预测模型为

$$Y=G(1\pm K)\eta_1\eta_2\cdots\eta_n$$

式中　Y——预测目标下期预测值；

G——本期某参考经济指标观察值；

K——参考经济指标下期增或减的比率；

$\eta_1\eta_2\cdots\eta_n$——预测目标与参考经济指标间客观存在的相关经济联系的比率系数；

n——相关经济联系的层次数。

例如：某服装商店经营各类服装，现在要预测儿童服装 2025 年在当地市场的销售额。进行预测时，可按以下步骤进行。

（1）取得有关的间接资料。首先，通过国家政府或当地政府所公布的资料收集当地市场 2024 年的商品零售总额及其下年度预计增长速度。假设当地市场商品零售总额为 185 亿元，预计增长速度为 8%。然后，经过调研，收集当地服装市场占地区零售总额的比重、该商店经营服装在当地服装市场中的市场占有率、该商店的儿童服装占商店服装销售额的比重等资料，分别为 10%、5%、20%。

（2）计算预测值。将收集的资料代入转导预测模型，便可计算出 2025 年该商店在当地

市场上儿童服装的销售额预测值为 1 998 万元。

$$Y=185\text{ 亿元}\times(1+8\%)\times0.10\times0.05\times0.20=1\,998\text{ 万元}$$

（3）对市场进行分析。1 998 万元仅仅是企业在当地市场上儿童服装的销售总额预计值，为了使销售计划更符合实际，还需要对市场进行分析。

首先，要分析市场上的竞争情况，对自己及主要竞争对手在市场上的竞争实力及企业市场占有率的变化要做到心中有数；其次，要分析市场需求变化情况，如服装的式样、规格、面料质量与花色等的需求倾向变化情况，同时还要对 80% 以上的消费者能够接受的价格水平进行预测；最后，分析企业采取何种促销手段才能使消费者更容易接受。根据以上分析，就能对下年度当地市场儿童服装销售总量做一个明确的预测了。

本章小结

判断分析预测法是指在市场预测过程中，预测者根据市场信息资料，运用经验和主观分析判断或依靠集体智慧进行综合分析，对未来市场发展做出判断预测的一种方法。

主观概率法是指市场趋势分析者对市场趋势分析事件发生的概率（即可能性大小）做出主观估计，或者说对事件变化动态的一种心理评价，然后计算它的平均值，以此作为市场趋势分析事件的结论的一种定性市场趋势分析方法。

德尔菲法也称专家调查法，是指依照一定的程序，采用函询调查，向参与预测的专家分别提出问题，然后将他们回答的意见综合、整理、归纳，再匿名反馈给各个专家，再次征求意见，然后再加以综合、整理、反馈，这样经过多次的反复循环，最后汇总成专家基本一致的看法，作为预测的结果。

德尔菲法具有匿名性、多次反馈、预测结果的统计性等特点。在应用德尔菲法进行预测时需遵循一定的步骤，主要包括资料准备、选择专家、编制调查表、轮番征询及结果处理。

调查判断法是以市场实地调查获得的资料为基础，经分析判断，推算市场未来需求（或销售）量的预测值。常用的方法有市场试销法、市场因子推演法、联测法、转导法。

重要概念

1. 主观概率法（Subjective Probability Method）
2. 德尔菲法（Delphi Method）
3. 调查判断法（Investigation Judging Method）
4. 市场试销法（Market Test Method）
5. 市场因子推演法（Market Factor Deductive Method）
6. 联测法（Connective Survey Method）
7. 转导法（Transduction Method）

自测题

一、单项选择题

1. 对市场事件发生的可能性大小做出主观估计，然后计算它的平均值，以此作为市场事件的预测值，这种方法是（　　）。

A. 德尔菲法　　B. 调查判断法

C. 主观概率法　　D. 专家调查法

2. 以某一企业的普查资料或某一地区的抽样调查资料为基础，进行分析、判断，由此确定某一行业乃至整个市场的预测值的方法称为（　　）。

A. 转导法　　B. 联测法

C. 市场因子推演法　　D. 市场试销法

3. 联测法在利用某一市场的抽样调查资料去联测其他市场的需求时，推算其他市场的需求率的关键根据是（　　）。

A. 需求率与销售率的关系　　B. 需求率的正比关系

C. 销售的正比关系　　D. 需求量与销售量的关系

4. 依据影响产品需求量的主要市场因素，推算该产品市场需求量的预测方法是（　　）。

A. 转导法　　B. 联测法

C. 市场因子推演法　　D. 市场试销法

5. 某企业在一城市中试销一种新型的沐浴液，结果表明该区域中有 50% 的家庭试用了这种沐浴液，其中试用的家庭中有 30% 的家庭重复购买。假设该区每年每户平均家庭消费量为 1.5L，该城市中共有 400 万户家庭，则该地区的市场需求量为（　　）。

A. 80　　B. 90　　C. 100　　D. 200

6. 某家用电器公司通过市场调查发现当地市场中，每 100 对新婚夫妇需要购买的成套家用电器（包括彩电、电冰箱、洗衣机、扫地机器人等）为 30 套。根据调查当地历年结婚对数的资料推测出下一年度结婚人数为 10 000 对，则用市场因子推演法预测下年度新婚市场家用电器的市场潜量为（　　）。

A. 1 000 套　　B. 2 000 套　　C. 3 000 套　　D. 4 000 套

二、计算题

1. 文娱商店欲对该店 2026 年的销售额进行预测，由三名有经验的销售人员组成预测小组，他们的预测结果见表 9-6。

表 9-6　某文娱商店销售额预测值估计表

预测人员	销售额估计值					
	最高值 / 万元	概率	最可能值 / 万元	概率	最低值 / 万元	概率
销售人员 1	8 500	0.3	8 000	0.6	7 400	0.1
销售人员 2	7 800	0.2	7 500	0.7	7 000	0.1
销售人员 3	7 200	0.1	7 000	0.7	6 500	0.2

根据表 9-6 中的资料，试估算：

（1）各位预测人员的预测期望值。

（2）若给予各人的权数分别为：销售人员 1 的权数为 4，销售人员 2 的权数为 3，销售人员 3 的权数为 3，试估算该商店 2026 年的销售预测值。

2．预测某地全屋智能家居的家庭普及率到哪一年可达 60%。13 位专家用德尔菲法进行了预测，第三轮预测结果为：2026 年、2027 年、2027 年、2028 年、2029 年、2029 年、2030 年、2031 年、2032 年、2032 年、2033 年、2033 年、2034 年，请用四分位数法对此结果进行处理。

3．某空调厂家为开拓四个城市的空调市场，通过间接调查，了解到四个城市市场 2024 年的空调销售量及城市居民户数的资料，见表 9-7。

表 9-7　四个城市 2024 年空调销售量

市场	X_1	X_2	X_3	X_4
实际销售量 / 台	4 000	5 600	4 500	3 200
居民家庭 / 万户	4	6.2	5	3.2

假设选择 X_1 城市进行市场抽样调查，经调查得到如下资料：X_1 城市市场 2024 年每百户居民对空调的需求量为 8 台。试用联测法预测 2025 年此四个城市居民对空调的需求量。

第十章 时间序列预测法

本章学习目标

- 明确时间序列的变动规律
- 掌握算术平均法、加权平均法及几何平均法
- 掌握一次移动平均法，理解二次移动平均法及加权移动平均法
- 理解一次指数平滑法及二次指数平滑法
- 了解趋势模型法及季节变动法

时间序列预测法是指假设事物过去和现在的发展变化趋势会延续到未来，从预测对象的历史资料所组成的时间序列中找出事物发展的趋势，并按其趋势延伸来推断未来状况的一种预测方法。美国哈佛大学首先使用此方法来进行商情研究和预测。目前，它已成为世界各国经济预测的基本方法之一，不仅在微观，而且在宏观范围内也得到了广泛应用。

第一节　时间序列概述

时间序列是指同一种现象在不同时间上的相继观察值按时间顺序排列而成的一组数字序列。时间序列预测方法的基本思想是：预测一个现象的未来变化时，用该现象的过去行为来预测未来，即通过时间序列的历史数据揭示现象随时间变化的规律，将这种规律延伸到未来，从而对该现象的未来做出预测。

拓展阅读

时间序列的起源

几千年前，古埃及人从长期的观察中发现，尼罗河的泛滥是有规律的。为了研究尼罗河泛滥的规律，古埃及人把每天尼罗河涨落潮的规律记在竹竿上。这个竹竿上的数据就是历史上最早的时间序列。通过对这个时间序列长期地观察，他们发现元旦之后再过200天左右，尼罗河开始涨潮，涨潮期大概有60天，落潮期大概有60天。洪水过后，土地肥沃，随意播种就会有丰厚的收成。

在我国古代，也有关于时间序列的记载。《史记·货殖列传》中记载，公元前500年左右，计然认为我国农作物生成存在“六岁穰，六岁旱，十二岁一大饥”的自然规律，提出了我国最早稳定粮价的方法——“平粜法”。

一、时间序列的变动规律

现实中的时间序列的变化受许多因素的影响，有些起着长期的、决定性的作用，使时间序列的变化呈现出某种趋势和一定的规律性；有些因素起着短期的、非决定性的作用，使时间序列的变化呈现出某种不规则性。时间序列的变化大体可分解为以下四种。

1. 长期趋势

长期趋势是指时间序列变量在较长的持续时间内的某种发展总动向，它反映了社会经济现象在一个较长时间内的变动趋势。它可以在一个相当长的时间内表现为一种近似直线的持续向上或持续向下的趋势。在某些情况下，它也可以表现为某种类似指数趋势或双曲线趋势。长期趋势通常是长期因素影响的结果，如人口总量的变化、顾客消费偏好的变化等都是长期因素。长期趋势一旦形成，将延续一段相当长的时间。因此，分析长期趋势对于正确预测经济现象的未来具有十分重要的意义。

2. 季节变动

季节变动是指一种年年重复出现的季节性周期变动，即每年随季节替换，时间序列值呈周期变化。例如，啤酒随着每年的春夏秋冬四季变化，其月销量的旺季在夏秋两季，而淡季则出现在冬春两季；空调、服装等商品的销售量也会随季节变化而呈周期性波动。

3. 循环变动

循环变动也称周期变动，是指以若干年为周期的变动。循环变动不同于长期趋势变动，它不是朝着单一方向的持续运动，而是涨落相间的交替波动。例如，经济危机就是循环变动，每一循环都要经历危机、萧条、复苏和高涨四个阶段。它与季节变动不同，其波动的时间较长，而且变动周期的长短不等，短则一两年，长则数十年。

4. 不规则变动

不规则变动是指在时间序列中将长期趋势、季节变动及循环变动等成分隔离后所剩下的随机状况部分。因此，不规则变动也称随机变动，发生原因为偶然因素或不明原因（如战争、自然灾害等）。不规则变动具有不可预测性，不能用数学模型来表达和说明。

一个时间序列通常包括上述的四种或其中几种变动。在某些时间序列中，既呈现长期的增长趋势，又具有明显的周期变动，同时也有不规则的变动现象。但不是所有的时间序列都含有这四种变动。因此，分析时间序列的基本思路就是将其中的变动因素一一分解，测定其变动规律，然后再综合反映它们的变动对时间序列变动的影响。

二、时间序列预测的特点

1. 根据市场过去的变化趋势预测未来的发展

时间序列预测法的前提是假定事物的过去会同样延续到未来。事物的现实是历史发展的结果，而事物的未来又是现实的延伸，事物的过去和未来是有联系的。市场预测的时间序列预测法正是根据客观事物发展的这种连续规律性，运用过去的历史数据，通过统计分析，进一步推测市场未来的发展趋势。市场预测中，事物的过去会同样延续到未来，其意思是说，市场未来不会发生突然跳跃式变化，而是渐进变化的。

需要指出，事物的发展不仅有连续性的特点，而且又是复杂多样的。因此，在应用时间序列预测法进行市场预测时应注意市场现象未来的发展变化规律和发展水平不一定与其历史和现在的发展变化规律完全一致，它会随着市场现象的发展出现一些新的特点。因此，在时间序列预测法中，不能机械地按市场现象过去和现在的规律向外延伸，必须要研究分析市场现象变化的新特点和新表现，并且将这些新特点和新表现充分考虑在预测值内，这样才能对市场现象做出既延续其历史变化规律，又符合其现实表现的可靠的预测结果。

2. 突出时间因素在预测中的作用

时间序列在时间序列预测法中处于核心位置，没有时间序列，就没有这一方法的存在。虽然，预测对象的发展变化是受很多因素影响的，但是，运用时间序列预测法进行量的预测，实际上将所有的影响因素归结到时间这一因素上，只承认所有影响因素的综合作用，并在未来对预测对象仍然起作用，并未去分析探讨预测对象和影响因素之间的因果关系。因此，为了求得能反映市场未来发展变化的精确预测值，在运用时间序列预测法进行预测时，必须将量的分析方法和质的分析方法结合起来，从质的方面充分研究各种因素与市场的关系，在充分分析研究影响市场变化的各种因素的基础上确定预测值。

需要指出的是，时间序列预测法因突出时间序列暂不考虑外界因素影响，因而存在着预测误差的缺陷，当外界发生较大变化时，往往会有较大偏差，故时间序列预测法对于中短期预测的效果要比长期预测的效果好。因为客观事物，尤其是经济现象，在一个较长时间内发生外界因素变化的可能性加大，它们对市场经济现象必定要产生重大影响。如果出现这种情况，进行预测时，只考虑时间因素而不考虑外界因素对预测对象的影响，其预测结果就会与实际状况严重不符。

第二节　简单平均法

简单平均法是指以观察期内时间序列数值的平均数为基础确定预测值的方法。这种方法简单易行，不需要复杂的模型设计和数学运算。它适用于对不呈现明显倾向变化，而又具有随机波动影响的经济现象进行预测。最常用的简单平均法有算术平均法、加权平均法和几何平均法。

一、算术平均法

算术平均法是指以观察期内时间序列数值加总平均求得，并将其作为下期预测值。其计算公式为

$$\bar{x}=\frac{\sum_{i=1}^{n}x_i}{n} \tag{10-1}$$

式中　$\bar{x}$——预测值的简单算术平均数；

x_i——观察期内时间序列数值；

n——时序数。

例如：某服装企业 2025 年 1、2、3 月份服装销售额分别为 22 万元、24 万元、21 万元，试预测 4 月份的销售额。

解：按算术平均法计算公式，得

4 月份预测销售额 =（22+24+21）万元 /3≈22.33 万元

从上例可知，此预测方法简便易行。但由于将近期销售额和远期同等看待，而未能充分反映市场需求变化的最新趋势，因此在市场变化较大、数据变动明显时，预测的准确度就低。当然，这里的预测数据可以是销售额，也可以是价格、供应量、销售量或其他市场变量。

二、加权平均法

时间序列中各期市场现象的观察值都会对预测值产生影响，但影响程度不同。一般来说，距离预测期远的观察值对预测值的影响小一些，距离预测期近的观察值对预测值的影响大一些。因此，根据观察值重要性的不同，分别给以不同的权重，再计算加权平均数作为下期的预测值，其计算公式为

$$\overline{x}=\frac{\sum_{i=1}^{n} w_i x_i}{\sum_{i=1}^{n} w_i} \tag{10-2}$$

式中　$\overline{x}$——预测值的加权平均数；

x_i——观察期内的时间序列数值；

w_i——与时间序列数值 x_i 对应的权数；

n——时序数。

例如：某商场 2019—2024 年的销售额见表 10-1，试预测 2025 年的销售额。

表 10-1　某商场 2019—2024 年销售额及加权值

观察期 / 年	销售额 x_i/ 万元	权数 w_i	$w_i x_i$/ 万元
2019	400	1	400
2020	600	2	1 200
2021	550	3	1 650
2022	750	4	3 000
2023	800	5	4 000
2024	900	6	5 400
总和	4 000	21	15 650

算术平均数 =4 000 万元 /6≈666.67 万元。

加权平均数 =15 650 万元 /21≈745.24 万元。

很显然，用算术平均数求得的平均数作为预测值较低，不能反映商场销售的发展趋势。

运用加权算术平均法预测的关键是权数的确定，但是权数的确定却没有规则可循，通常要依靠预测人员的经验判断。一般来说，确定权数必须体现影响力大的观察值对应大的权数的原则。在采用加权算术平均法进行预测时，一般要建立几种权数方案，分别计算后，进行比较分析，最终选择能较好反映实际情况的预测值。

三、几何平均法

几何平均法首先要计算出一定时期内预测目标时间序列的发展速度或逐渐增长率，然后在此基础上进行预测。它适用预测目标发展过程一贯上升或下降，并且逐期环比率速度大体接近的情况，是 n 个变量连乘积的 n 次方根，其计算公式为

$$\overline{x}=\sqrt[n]{x_1x_2\cdots x_n} \tag{10-3}$$

式中　$\overline{x}$——预测值的几何平均数；

x_n——第 n 个历史数据；

n——参加平均的数据个数。

选择几何平均法预测的步骤如下：

（1）计算历史数据的环比发展速度。

（2）根据环比发展速度求得几何平均数，即平均发展速度。

（3）以本期历史数据为基数乘以平均发展速度作为预测值。

若有 n 个历史数据，设 R 为环比发展速度，则计算公式可表示为

$$\overline{x}=\sqrt[n-1]{R_1R_2\cdots R_{n-1}} \tag{10-4}$$

例如：某集团公司 2019—2024 年的销售额见表 10-2，试用几何平均法预测该集团公司 2025 年的销售额。

表 10-2　某集团公司 2019—2024 年的销售额

年份 / 年	2019	2020	2021	2022	2023	2024
销售额 / 万元	18 687	20 766	28 860	34 856	39 295	45 296

计算环比发展速度见表 10-3。

表 10-3　环比发展速度

年份 / 年	销售额 / 万元	环比发展速度（%）
2019	18 687	—
2020	20 766	111.1
2021	28 860	139.0
2022	34 856	120.8
2023	39 295	112.7
2024	45 296	115.3

根据公式计算平均发展速度，得

$$\overline{x}=\sqrt[5]{111.1\%\times139.0\%\times120.8\%\times112.7\%\times115.3\%}=119.4\%$$

则该集团公司 2025 年的销售额预测值为

$$45\ 296\ \text{万元}\times119.4\%\approx54\ 083.4\ \text{万元}$$

平均发展速度的计算公式还可表示为

$$\overline{x}=\sqrt[n-1]{\frac{x_2}{x_1}\frac{x_3}{x_2}\cdots\frac{x_n}{x_{n-1}}}=\sqrt[n-1]{\frac{x_n}{x_1}} \tag{10-5}$$

这使得计算平均发展速度更为简便。需要注意的是，该计算公式只考虑到首尾两个历史数据，说明在以下两种情况下不宜采用几何平均法进行预测。

（1）环比发展速度差异很大。

（2）首尾两个历史数据偏高或偏低。

第三节　移动平均法

移动平均法是指对时间序列观察值由远而近按照一定的时间跨度（或跨越期）求平均数，它保持平均的期数不变。随着观察期的向后推移，平均值也跟着向后移动，形成一个由平均值组成的新数列。移动平均法在一定程度上消除了某些周期因素及随机因素的影响，修匀了时间序列，适用于近期预测。移动平均法主要有一次移动平均法、二次移动平均法和加权移动平均法等。

一、一次移动平均法

一次移动平均法是指直接以本期（t 期）移动平均值作为下期（t+1 期）预测值的方法，它有以下三个特点。

（1）预测值是离预测期最近的一组历史数据平均的结果。

（2）参加平均的历史数据的个数（跨越期数）是相对固定的。

（3）参加平均的一组历史数据是随着预测期的向前推进而不断更新的，吸收一个新的历史数据参加平均的同时，就剔出原来一组历史数据中离预测期最远的那个历史数据，因而具有移动的特点。

一次移动平均值的计算公式为

$$M_t^{(1)}=\frac{x_t+x_{t-1}+x_{t-2}+\cdots+x_{t-n+1}}{n} \tag{10-6}$$

式中　x_t——时间数列在 t 时间的观察值；

$M_t^{(1)}$——时间数列中时间为 t 时对应的一次移动平均数；

n——移动平均的跨越期。

例如：某超市 2024 年 1—10 月份的实际销售额和 3 个月与 5 个月的移动平均值见表 10-4。

表 10-4　某超市的销售额和一次移动平均法计算

月份 t / 月	销售额 x_t / 万元	$Y_{t+1}=M_t$（n=3）		$Y_{t+1}=M_t$（n=5）	
		理论预测值	误差平方	理论预测值	误差平方
1	327.02	—	—	—	—
2	351.47	—	—	—	—
3	378.46	—	—	—	—
4	392.84	352.32	1 641.87	—	—
5	360.70	374.26	183.87	—	—

（续）

月份 t / 月	销售额 x_t / 万元	$Y_{t+1}=M_t$（n=3）		$Y_{t+1}=M_t$（n=5）	
		理论预测值	误差平方	理论预测值	误差平方
6	367.00	377.33	106.70	362.10	24.01
7	371.74	373.51	3.13	370.09	2.72
8	357.72	366.48	76.74	374.15	269.94
9	364.32	365.49	1.37	370.00	32.26
10	393.10	364.59	812.62	364.30	829.44
11	—	371.71	—	370.78	—
合计			2 826.30		1 158.37
均方误差			403.76		231.67

从表 10-4 中可以看出，由于跨越期数 n 的取值不同，同样的历史数据会有不同的预测结果，这说明 n 在移动平均法模型中具有十分重要的作用，直接影响预测效果。当 n=3 时，理论预测值的均方差为 403.76；当 n=5 时，理论预测值的均方差为 231.67，减少 172.09。一般，当数据的随机因素较大时，宜选用较大的 n，这样有利于较大限度地平滑由随机性所带来的严重偏差；反之，当数据的随机因素较小时，宜选用较小的 n，这有利于跟踪数据的变化，并且预测值滞后的期数也少。

二、二次移动平均法

二次移动平均法是指对一次移动平均值再进行移动平均，并根据实际值、一次移动平均值和二次移动平均值之间的滞后关系，建立线性时间关系模型进行预测。因此，二次移动平均法适用于时间序列数据呈线性趋势变化的预测。必须指出，一次移动平均值和二次移动平均值并不直接用于预测，只是用以求出线性预测模型的平滑系数和修正滞后偏差。

二次移动平均值的计算公式为

$$M_t^{(1)}=\frac{x_t+x_{t-1}+x_{t-2}+\cdots+x_{t-n+1}}{n} \tag{10-7}$$

$$M_t^{(2)}=\frac{M_t^{(1)}+M_{t-1}^{(1)}+M_{t-2}^{(1)}+\cdots+M_{t-n+1}^{(1)}}{n} \tag{10-8}$$

式中　x_t——时间数列在 t 时间的观察值；

$M_t^{(1)}$——时间数列中时间为 t 时对应的一次移动平均数；

$M_t^{(2)}$——时间数列中时间为 t 时对应的二次移动平均数；

n——移动平均的跨越期。

二次移动平均预测模型可表示为

$$\hat{Y}_{t+i}=a_t+ib_t \tag{10-9}$$

式中　a_t——预测模型的截距；

b_t——预测模型的斜率；

$\hat{Y}_{t+i}$——第 t+i 期的预测值；

i——预测期与第 i 期的时间间隔期数。

其中，a_t、b_t 的计算公式分别为

$$a_t = 2M_t^{(1)} - M_t^{(2)} \tag{10-10}$$

$$b_t = \frac{2[M_t^{(1)} - M_t^{(2)}]}{n-1} \tag{10-11}$$

例如：已知某公司 2015—2024 年的广告投入情况，试用取 n=3 的二次移动平均法计算 2020—2025 年的广告投入的理论预测值，并预测 2026 年的广告投入，见表 10-5。

表 10-5　某公司 2015—2024 年广告投入和二次移动平均法计算

年份 t / 年	广告投入 x_t / 百万元	一次移动平均值 $M_t^{(1)}$	二次移动平均值 $M_t^{(2)}$	a_t	b_t	预测值 $\hat{Y}_{t+i}$（i=1）
2015	43.97	—	—	—	—	—
2016	43.61	—	—	—	—	—
2017	48.97	45.52	—	—	—	—
2018	55.10	49.23	—	—	—	—
2019	60.61	54.89	49.88	59.90	5.01	—
2020	63.90	59.87	54.66	65.08	5.21	64.91
2021	65.65	63.39	59.38	67.40	4.01	70.29
2022	69.08	66.21	63.16	69.26	3.05	71.41
2023	69.89	68.21	66.94	69.48	1.27	72.31
2024	71.49	70.15	68.19	72.11	1.96	70.75
2025	—	—	—	—	—	74.07

解：（1）计算一次移动平均值。

（2）计算二次移动平均值。

（3）计算 a_t、b_t。

（4）当 i=1 时，计算 $\hat{Y}_{t+1} = a_t + b_t$ = 72.11 百万元 +1.96 百万元 =74.07 百万元；如果要预测 2026 年的广告投入，则 i=2，计算 $\hat{Y}_{t+2} = a_t + 2b_t$ = 72.11 百万元 +2×1.96 百万元 =76.03 百万元。

三、加权移动平均法

加权移动平均法是指根据跨越期内时间序列数据资料重要性的不同，分别给予不同的权重，再按移动平均法原理，求出移动平均值进行预测的方法。加权移动平均法的关键是合理确定权重，而权重的确定是按照“近重轻远”的原则进行的，即越接近预测期的数据赋予越大的权数，而越远离预测期的数据则赋予越小的权数。加权移动平均法既可用于一次移动平均移动法，也可用于二次移动平均法。需要注意的是，如果计算一次移动平均值时对原时间序列数据进行过加权，那么计算二次移动平均值就不需要再次赋权。

加权移动平均值计算公式可表示为

$$\hat{Y}_{t+1} = \frac{w_t x_t + w_{t-1} x_{t-1} + \cdots + w_{t-n+1} x_{t-n+1}}{\sum w_t} \tag{10-12}$$

式中　$\hat{Y}_{t+1}$——加权移动平均预测值；

x_t——第 t 期的观察值；

w_t——与时间序列数值 x_t 对应的权数；

n——跨越期。

例如：某企业 2020—2024 年的营业额见表 10-6，取 n=3，权数由远到近分别为 1、2、3，试用加权一次移动平均法预测该企业 2025 年的营业额。

表 10-6　某企业 2020—2024 年的营业额和加权移动平均法计算

年份 / 年	营业额 / 百万元	加权移动平均值（n=3）
2020	6.35	—
2021	6.20	—
2022	6.22	—
2023	6.65	6.235
2024	7.15	6.437
2025	—	6.832

解：$$Y_{2023}^{(1)}=\frac{6.35\text{ 百万元}\times1+6.20\text{ 百万元}\times2+6.22\text{ 百万元}\times3}{1+2+3}=6.235\text{ 百万元}$$

$$Y_{2024}^{(1)}=\frac{6.20\text{ 百万元}\times1+6.22\text{ 百万元}\times2+6.66\text{ 百万元}\times3}{1+2+3}\approx6.437\text{ 百万元}$$

$$Y_{2025}^{(1)}=\frac{6.22\text{ 百万元}\times1+6.66\text{ 百万元}\times2+7.15\text{ 百万元}\times3}{1+2+3}\approx6.832\text{ 百万元}$$

第四节　指数平滑法

指数平滑法是在移动平均法基础上发展起来的一种时间序列分析预测法，实际上可将其看成一种特殊的加权移动平均法。其加权的特点是权数由近到远按指数规律递减。指数平滑法的原理是任一期的指数平滑值都是本期实际观察值与前一期指数平滑值的加权平均。据平滑次数不同，指数平滑法可分为一次指数平滑法、二次指数平滑法和多次指数平滑法。这里简单介绍一次指数平滑法和二次指数平滑法。

一、一次指数平滑法

一次指数平滑法是指计算时间序列的一次指数平滑值，以当前观察期的指数平滑值和观察值为基础，计算下期预测值。

1. 预测模型

一次指数平滑法的计算公式可表示为

$$S_{t+1}^{(1)}=\alpha x_t+(1-\alpha)S_t^{(1)}=S_t^{(1)}+\alpha\left[x_t-S_t^{(1)}\right] \tag{10-13}$$

式中　$S_t^{(1)}$——t 期时间数列的一次指数平滑预测值；

x_t——时间数列在 t 时间的观察值；

$S_{t+1}^{(1)}$——t+1 期时间数列的一次指数平滑预测值；

α——平滑系数。

式（10-13）的实际意义是，被研究市场现象某一期的预测值等于它前一期的一次指数平滑值加上以平滑系数调整后的前一期观察值与一次平滑值的离差。

2．平滑系数的确定

从式（10-13）可以看出，当 α=0 时，下期预测值等于本期观察值；当 α=1 时，下期预测值等于本期观察值；当 0<α<1 时，下期预测值等于本期观察值乘以平滑系数，加上本期预测值乘以 1–α 的和。在运用一次指数平滑法预测时，α 的确定非常重要。α 值越小，说明第 t 期的实际值对新预测值的贡献越小，以往的历史数据的作用就越大；α 值越大，则说明第 t 期的实际值对新预测值的贡献越大，以往的历史数据的作用就越小。平滑系数 α 的取值大小，反映了预测对近期数据的重视程度。

在实际预测的过程中，平滑系数 α 的取值应根据时间数列的特点和经验来考虑，可取多个不同的 α 值进行预测，比较它们的方差，然后选择方差最小的 α。一般来说，如果观察值的长期趋势变动接近稳定的常数，α 取居中值，一般取 0.4 ～ 0.6，使观察值在指数平滑中具有大小接近的权数；如果观察值呈现明显的季节性变动，α 宜取较大值，一般取 0.6 ～ 0.9，使近期观察值在指数平滑值中具有较大作用，从而使近期观察值能迅速反映在未来的预测值中；如果观察值的长期趋势变动较缓慢，α 宜取较小值，一般取 0.1 ～ 0.4，使远期观察值的特征也能反映在指数平滑值中。

3．初始值的确定

初始值 $S_1^{(1)}$ 一般由预测者根据个人经验主观指定或简单估算而定。一般情况下，可以取时间序列的第一个数据或前三个数据的平均值作为初始值。

例如：某公司某年 1—9 月份的销售额见表 10-7，试用一次指数平滑法预测 10 月份的销售额。

表 10-7　某公司的销售额和一次指数平滑法计算

月份 / 月	销售额 / 万元	一次指数平滑值			误差		
		α=0.2	α=0.5	α=0.8	α=0.2	α=0.5	α=0.8
1	400	400	400	400	0	0	0
2	450	400	400	400	50	50	50
3	503	410	425	440	93	78	63
4	551	428.6	464	490.4	122.4	87	60.6
5	602	453.1	507.5	538.9	148.9	94.5	63.1
6	657	482.9	554.8	589.4	174.1	102.2	67.6
7	709	517.7	605.9	643.5	191.3	103.1	65.5
8	758	556.0	657.4	695.9	202	100.6	62.1
9	809	596.4	707.7	745.6	212.6	101.3	63.4
10		638.9	758.4	796.3			

解：（1）确定初始值：$S_1^{(1)}$ =400。

（2）选择平滑系数：α=0.2，0.5，0.8。

（3）计算一次指数平滑值：

当 α=0.2 时：

$S_2^{(1)}$=0.2×400 万元 +（1−0.2）×400 万元 =400 万元。

$S_3^{(1)}$=0.2×450 万元 +（1−0.2）×400 万元 =410 万元。

$S_4^{(1)}$=0.2×503 万元 +（1−0.2）×410 万元 =428.6 万元。

…

$S_{10}^{(1)}$=0.2×809 万元 +（1−0.2）×596.4 万元 =638.9 万元。

以此类推，分别计算 α=0.5 和 α=0.8 时的一次指数平滑值。最终确定当 α=0.2，0.5，0.8 时，预测值分别为 638.9，758.4，796.3。

（4）确定预测值：由上述计算结果可知，平滑系数 α 取不同的数值，预测值相差很大，为了确定一个适当的 α 值，要分别计算采用不同的 α 值时各自的均方差 E，其计算公式为

$$E=\frac{\sum_{i=1}^{n}e_i^{\ 2}}{n} \tag{10-14}$$

当 α=0.2 时，E_1=22 356.8；

当 α=0.5 时，E_2=7 393.3；

当 α=0.8 时，E_3=3 428.8。

结果表明，当 α=0.8 时，E_3=3 428.8 最小，故取预测值 796.3 万元为 10 月份销售额的预测值。

二、二次指数平滑法

与一次移动平均法类似，用一次指数平滑法进行预测时，也存在滞后偏差问题，因此也需要进行修正。二次指数平滑法的滞后偏差的修正方法，也与一次移动平均法相类似，即在一次指数平滑法的基础上，再进行第二次指数平滑，并根据一次、二次的最后一项的指数平滑值，建立直线趋势预测模型，并用之进行预测。它适用于具线性趋势的时间数列。

与一次指数平滑公式类似，二次指数平滑法的公式可表示为

$$S_t^{(2)}=\alpha S_t^{(1)}+(1-\alpha)\,S_{t-1}^{(2)} \tag{10-15}$$

式中　$S_t^{(2)}$——t 期时间数列的二次指数平滑预测值；

$S_t^{(1)}$——t 期时间数列的一次指数平滑预测值；

$S_{t-1}^{(2)}$——t-1 期时间数列的二次指数平滑预测值；

α——平滑系数。

二次指数平滑预测模型可表示为

$$\hat{Y}_{t+i}=a_t+ib_t \tag{10-16}$$

式中　a_t——预测直线模型的截距；

b_t——预测直线模型的斜率；

$\hat{Y}_{t+i}$——第 t+i 期的预测值；

i——预测期与第 i 期的时间间隔期数。

其中，a_t、b_t 的计算公式分别为

$$a_t = 2S_t^{(1)} - S_t^{(2)} \tag{10-17}$$

$$b_t = \frac{\alpha}{1-\alpha}\left[S_t^{(1)} - S_t^{(2)}\right] \tag{10-18}$$

应用二次指数平滑法时，其平滑初始值和平滑系数的确定原则与一次指数平滑法一致。

例如：某日用品公司 2010—2024 年的销售收入见表 10-8，应用二次指数平滑法预测 2025 年、2026 年的销售收入。

表 10-8 某日用品公司 2010—2024 年销售收入和二次指数平滑法计算

年份 / 年	销售收入 / 万元	$S_t^{(1)}$	$S_t^{(2)}$	a_t	b_t	预测值 $\hat{Y}_{t+i}$
2010	676	676	676	676	0	—
2011	825	676	676	676	0	676.0
2012	774	720.7	689.4	752.0	13.4	765.4
2013	716	736.7	703.6	769.8	14.2	784.0
2014	940	730.5	711.7	749.3	8.1	757.4
2015	1 159	793.3	736.2	850.4	24.5	874.9
2016	1 384	903.0	786.2	1 019.8	50.1	1 069.9
2017	1 524	1 047.3	864.5	1 230.1	78.3	1 308.4
2018	1 468	1 190.3	962.2	1 418.4	97.8	1 516.2
2019	1 668	1 273.6	1 055.6	1 491.6	93.4	1 585.0
2020	1 958	1 391.9	1 156.5	1 627.3	100.9	1 728.2
2021	2 031	1 561.7	1 278.1	1 845.3	121.5	1 966.8
2022	2 234	1 702.5	1 405.4	1 999.6	127.3	2 126.9
2023	2 566	1 862.0	1 542.4	2 181.6	137.0	2 318.6
2024	2 820	2 073.2	1 701.6	2 444.8	159.3	2 604.1

解：（1）确定初始值：$S_1^{(1)} = S_1^{(2)} = 676$ 万元。

（2）选择平滑系数：$\alpha = 0.3$。

（3）计算一次、二次指数平滑值 $S_t^{(1)}$、$S_t^{(2)}$，并将结果填入表中。

（4）计算待定系数，建立预测模型。2024 年的时间序数 t 为 15，可得

$$a_{15} = 2S_{15}^{(1)} - S_{15}^{(2)} = 2\times 2\,073.2\text{ 万元} - 1\,701.6\text{ 万元} = 2\,444.8\text{ 万元}$$

$$b_{15} = \frac{\alpha}{1-\alpha}[S_{15}^{(1)} - S_{15}^{(2)}] = \frac{0.3}{1-0.3}\times(2\,073.2 - 1\,701.6)\text{万元} = 159.3\text{ 万元}$$

建立预测模型为

$$\hat{Y}_{2024+i} = 2\,444.8 + 159.3i$$

则有

$$\hat{Y}_{2025} = 2\,444.8\text{ 万元} + 159.3\text{ 万元}\times 1 = 2\,604.1\text{ 万元}$$

$$\hat{Y}_{2026} = 2\,444.8\text{ 万元} + 159.3\text{ 万元}\times 2 = 2\,763.4\text{ 万元}$$

2025 年、2026 年的销售收入的预测值分别为 2 604.1 万元、2 763.4 万元。

第五节　趋势模型法

趋势模型法是测定长期趋势时比较常用的方法。这种方法是研究预测现象的发展变化与时间之间的关系，通过建立一定的数学模型，对原有的时间序列配合一条适当的趋势线来预测现象的发展趋势。

应用趋势模型法时要注意两个基本前提：①预测对象的过去、现在和未来在客观条件方面基本保持不变，此时从历史数据中“发掘”的规律会延续到未来；②预测对象的发展过程是渐变的，而不是跳跃式的、大起大落的。

只要符合以上两个基本前提，就可以以时间（t）为自变量，以预测对象为因变量，拟合某种曲线（包括直线），建立数学模型进行预测。其预测步骤是：根据历史数据的特点拟合相应的曲线，求出参数，建立预测模型进行预测。在建立数学模型之前，首先要根据数列的发展趋势和特点，用直角坐标绘制散点图或利用现象发展趋势的特点观察其分布形态，确定配合预测现象发展趋势的直线或曲线模型。

一、直线趋势模型

直线趋势模型是指根据预测对象具有线性变动趋势的历史数据，拟合成一条直线，通过建立直线模型进行预测。直线模型可表示为

$$\hat{y} = a + bt \tag{10-19}$$

式中　$\hat{y}$——时间数列的趋势值；

t——时间变量或称时间序数；

a、b——模型参数。

利用直线模型进行预测首先要求出 a、b 参数，求参数的方法有最小平方法和分组平均法两种。

1. 最小平方法

最小平方法的基本原理是对原动态数列拟合一条趋势线，使各期的实际值到这条趋势线的纵向距离的平方和为最小，即实际值 y 与趋势线上对应的估计值 $\hat{y}$ 的离差平方和 $\sum(y-\hat{y})^2$ 为最小。

按照这一原理拟合的趋势线计算原动态数列各期的估计值，就形成一条由各期估计值组成的新的动态数列，此数列消除了原数列中短期偶然因素的影响，从而体现出现象发展的长期趋势。

根据极值定理，使 $\sum(y-\hat{y})^2$ 为最小，必须满足偏导数为0。

令 $F=\sum(y-\hat{y})^2$，则 $\dfrac{\partial F}{\partial a}=0$，$\dfrac{\partial F}{\partial b}=0$。

因此，可得直线模型的参数求解公式为

$$a = \frac{\sum y}{n} - b\frac{\sum t}{n} = \overline{y} - b\overline{t} \tag{10-20}$$

$$b=\frac{n\sum ty-\sum t\sum y}{n\sum t^2-(\sum t)^2} \tag{10-21}$$

在式（10-20）和式（10-21）中，时间变量可设为自然数，也可将时间变量调整为正负相对应的等距整数数列，使 $\sum t=0$，则直线模型求解参数的公式可简化为

$$a=\frac{\sum y}{n} \tag{10-22}$$

$$b=\frac{\sum ty}{\sum t^2} \tag{10-23}$$

例如：某化妆品公司 2019—2024 年某产品的销售量见表 10-9，试预测该公司 2025 年的销售量。

表 10-9　某化妆品公司 2019—2024 年的销售量

年份 / 年	2019	2020	2021	2022	2023	2024
销售量 / 万件	68.11	91.01	119.93	148.08	173.78	196.71

解：模型参数计算见表 10-10。

表 10-10　直线趋势模型参数计算

年份 / 年	时间序数 t	实际值 y	t^2	ty
2019	−5	68.11	25	−340.55
2020	−3	91.01	9	−273.03
2021	−1	119.93	1	−119.93
2022	1	148.08	1	148.08
2023	3	173.78	9	521.34
2024	5	196.71	25	983.55
合计	0	797.62	70	919.46

将表 10-10 中的数据代入参数公式，得

$$a=\frac{797.62}{6}=132.94$$

$$b=\frac{919.46}{70}=13.14$$

故直线趋势方程为

$$\hat{y}=132.94+13.14t$$

2025 年销售量预测值为

$$\hat{Y}_{2025}=132.94+13.14\times 7=224.92\text{（万件）}$$

2. 分组平均法

最小平方法的原理是要寻找一条直线，使各期实际值与直线上对应的预测值的离差平方和最小；而分组平均法的原理则是要寻找一条直线，能使各期实际值到这条直线的纵向距离的代数和等于 0，即实际值 y 与直线上对应的预测值 $\hat{y}$ 的离差总和 $\sum(y-\hat{y})=0$。

假设有 N 个实际值，要求求出 a、b 的值，使实际值和理论预测值的偏差代数和等于 0，即

$$\sum(y-\hat{y})=\sum[y-(a+bt)]=\sum(y-a-bt)=0 \tag{10-24}$$

式（10-24）可简化为

$$\sum y=Na+b\sum t \tag{10-25}$$

将公式中的实际值和时间序数分为大致相等的两半，即将上述公式分为一个方程组，为

$$\sum_1 y=Na+b\sum_1 t \tag{10-26}$$

$$\sum_2 y=Na+b\sum_2 t \tag{10-27}$$

若以平均数表示，则上述方程可转化为

$$\overline{y}_1=a+b\overline{t}_1 \tag{10-28}$$

$$\overline{y}_2=a+b\overline{t}_2 \tag{10-29}$$

解得

$$a=\frac{\overline{t}_2\overline{y}_1-\overline{t}_1\overline{y}_2}{\overline{t}_2-\overline{t}_1} \tag{10-30}$$

$$b=\frac{\overline{y}_2-\overline{y}_1}{\overline{t}_2-\overline{t}_1} \tag{10-31}$$

例如：某 IT 公司 2019—2024 年的研发费用见表 10-11，试用分组平均法求参数并预测 2025 年和 2026 年该公司的研发费用。

表 10-11　某 IT 公司 2019—2024 年的研发费用

年份 / 年	2019	2020	2021	2022	2023	2024
研发费用 / 万元	18.9	19.8	21.2	23.0	24.8	26.0

解：2019—2024 年时间序数 t 的值分别为 1、2、3、4、5、6，将 6 年的历史数据分为前后两组（各 3 年），则可得

$$\overline{y}_1=\frac{18.9+19.8+21.2}{3}=20.0$$

$$\overline{t}_1=\frac{1+2+3}{3}=2$$

$$\overline{y}_2=\frac{23.0+24.8+26.0}{3}=24.6$$

$$\overline{t}_2=\frac{4+5+6}{3}=5$$

代入参数计算公式，得

$$a=\frac{5\times 20.0-2\times 24.6}{5-2}=17.0$$

$$b=\frac{24.6-20.0}{5-2}=1.5$$

则直线趋势方程为

$$\hat{y}=17.0+1.5t$$

2025 年和 2026 年的预测值为

$$\hat{Y}_{2025}=17.0+1.5\times7=27.5\text{（万元）}$$

$$\hat{Y}_{2026}=17.0+1.5\times8=29.0\text{（万元）}$$

二、曲线趋势模型

社会现象发展变化并不总是直线性的，有时是按照不同形式的曲线变化，这就需要配合相应的曲线方程来预测长期趋势值。常用的曲线趋势模型有二次曲线模型、指数曲线模型、修正指数曲线模型、逻辑曲线模型和戈伯兹曲线模型，这里主要介绍二次曲线模型和指数曲线模型。

1. 二次曲线模型

二次曲线模型也称抛物线模型，它是根据预测对象具有二次曲线（或抛物线）变动趋势的历史数据，拟合成一条二次曲线（抛物线），通过建立二次曲线模型进行预测的方法。二次曲线模型可表示为

$$\hat{y}=a+bt+ct^2 \tag{10-32}$$

式中 a、b、c 为待定参数。当 $c>0$ 时，曲线开口向上，有极小值。当 $c<0$ 时，曲线开口向下，有极大值。计算 y 的一级增长量和二级增长量，其公式可表示为

$$\Delta y_t^{(1)}=y_t-y_{t-1}=b+(2t-1)c \tag{10-33}$$

$$\Delta y_t^{(2)}=\Delta y_t^{(1)}-\Delta y_{t-1}^{(1)}=2c \tag{10-34}$$

由式（10–33）和式（10–34）可知，二次曲线模型 y 的二级增长量相等（见表 10–12），因此，二次曲线模型适用于二级增长量大致相同的预测对象。

表 10–12　二次曲线模型增长量

t	$\hat{y}$	一级增长量	二级增长量
1	$a+b+c$	—	—
2	$a+2b+4c$	$b+3c$	—
3	$a+3b+9c$	$b+5c$	$2c$
4	$a+4b+16c$	$b+7c$	$2c$
5	$a+5b+25c$	$b+9c$	$2c$

参数 a、b、c 的求解也可用最小平方法和分组平均法，限于篇幅，这里仅介绍最小平方法。其基本原理是要拟合一条二次曲线或抛物线，使各期的实际值到这条二次曲线的纵向距离的平方和为最小，即实际值 y 与二次曲线上对应的估计值 $\hat{y}$ 的离差平方和 $\sum(y-\hat{y})^2$ 为最小。

根据极值定理，欲使 $\sum(y-\hat{y})^2$ 最小，必须满足偏导数为 0。

令 $F=\sum(y-\hat{y})^2$，则 $\frac{\partial F}{\partial a}=0$，$\frac{\partial F}{\partial b}=0$，$\frac{\partial F}{\partial c}=0$。

当 $\sum t=0$ 时，可得参数求解公式为

$$a=\frac{\sum t^4\sum y-\sum t^2\sum t^2 y}{n\sum t^4-(\sum t^2)^2} \tag{10-35}$$

$$b=\frac{\sum ty}{\sum t^2} \tag{10-36}$$

$$c=\frac{n\sum t^2 y-\sum t^2\sum y}{n\sum t^4-(\sum t^2)^2} \tag{10-37}$$

例如：某量贩店 2016—2024 年某产品销售量见表 10-13，试预测 2025 年该产品的销售量。

表 10-13　某量贩店 2016—2024 年某产品的销售量

时间 / 年	2016	2017	2018	2019	2020	2021	2022	2023	2024
销售量 / 万件	10	18	25	30.5	35	38	40	39.5	38

解：模型参数计算见表 10-14。

表 10-14　二次曲线模型参数计算

时间 / 年	时间序数 t	实际值 y	t^2	t^4	ty	t^2y
2016	−4	10	16	256	−40	160
2017	−3	18	9	81	−54	162
2018	−2	25	4	16	−50	100
2019	−1	30.5	1	1	−30.5	30.5
2020	0	35	0	0	0	0
2021	1	38	1	1	38	38
2022	2	40	4	16	80	160
2023	3	39.5	9	81	118.5	355.5
2024	4	38	16	256	152	608
合计	0	274	60	708	214	1 614

将表 10-14 中的数据代入参数公式，得

$$a=\frac{708\times 274-60\times 1\,614}{9\times 708-60^2}=35.05$$

$$b=\frac{214}{60}=3.57$$

$$c=\frac{9\times 1\,614-60\times 274}{9\times 708-60^2}=0.69$$

二次曲线方程可表示为

$$\hat{y}=35.05+3.57t-0.69t^2$$

2025 年的销售量预测值为

$$\hat{Y}_{2025}=35.05+3.57\times 5-0.69\times 5^2=35.7\ (\text{万件})$$

2. 指数曲线模型

如果时间数列近似于呈等速增长或等速递减，即时间数列的环比速度大体一致，则该

数列的发展趋势往往呈指数曲线趋势。指数曲线模型可表示为

$$\hat{y}=ab^{t} \tag{10-38}$$

式（10-38）中 a、b 为模型参数。当 $a>0$、$b>1$ 时，曲线向上增长；当 $a>0$、$0<b<1$ 时，曲线下降，对于指数曲线模型通常采用线性化方法来建立模型。对式（10-38）两边同时取对数，得

$$\lg\hat{y}=\lg a+t\lg b \tag{10-39}$$

令 $y'=\lg y$、$a'=\lg a$、$b'=\lg b$，则指数曲线模型线性可化为

$$y'=a'+b't \tag{10-40}$$

此时，可以参照直线趋势模型参数公式求得 a' 和 b'，再取反对数，即可求得原方程参数 a、b 的值。

例如：某 IT 公司 2018—2024 年的销售额见表 10-15，试预测 2025 年该公司的销售额。

表 10-15　某 IT 公司 2018—2024 年的销售额

年份 / 年	2018	2019	2020	2021	2022	2023	2024
销售额 / 万元	2 497.68	2 558.04	2 624.69	2 671.77	2 748.73	2 778.95	2 813.39

解：模型参数计算见表 10-16。

表 10-16　指数曲线模型参数计算

时间 / 年	时间序数 t	实际值 y	$y'=\lg y$	t^2	ty'
2018	−3	2 497.68	3.397 5	9	−10.192 5
2019	−2	2 558.04	3.407 9	4	−6.815 8
2020	−1	2 624.69	3.419 1	1	−3.419 1
2021	0	2 671.77	3.426 8	0	0
2022	1	2 748.73	3.439 2	1	3.439 2
2023	2	2 778.95	3.443 9	4	6.887 8
2024	3	2 813.39	3.449 2	9	10.347 6
合计	0	18 693.25	23.983 6	28	0.247 2

将表 10-16 中的数据代入参数公式，得

$$a'=\lg a\frac{\sum y'}{n}=\frac{23.983\,6}{7}=3.426\,2$$

$$b'=\lg b\frac{\sum ty'}{\sum t^{2}}=\frac{0.247\,2}{28}=0.008\,8$$

查反对数表，得

$$a=2\,668.09$$

$$b=1.02$$

指数曲线方程为

$$\hat{y}=2\,668.09\times(1.02)^{t}$$

则 2025 年的销售额预测值为

$$\hat{Y}_{2025}=2\,668.09\times(1.02)^{4}=2\,888.03\text{（万元）}$$

第六节　季节变动法

季节变动法又称季节周期法，是对包含季节波动的时间序列进行预测的方法。市场现象受自然因素、消费习惯和风俗等社会因素的影响，在一年内随着季节的更换而有规律性地变动。例如，某些商品的生产，包括水果、蔬菜和粮食等农产品，受自然气候变化的影响，形成该类商品的市场供应量的季节性变动；某些商品的销售，包括T恤、羽绒衣等，受自然气候变化的影响，形成该类商品需求量的季节性变动；某些商品的需求量，包括节日商品等，受传统民间节日的影响，其销售量呈现明显的季节变动。预测市场现象未来各季或各月变动状况，需要以季节变动规律结合变动趋势来确定。市场现象按年度资料排列的时间序列，有水平趋势和升降趋势，故季节变动法也分为季节指数水平法和季节指数趋势法两种。

一、季节指数水平法

存在季节波动的市场现象，如果各年同季、同月水平波动不大，可用季节指数水平法进行预测。季节指数水平法的预测步骤一般如下：

（1）收集3年以上各年的月或季资料 Y_t，形成时间序列。

（2）计算各年同季或同月的平均值，即

$$\overline{Y}_i = \frac{\sum_{i=1}^{n} Y_i}{n} \tag{10-41}$$

式中　Y_i——各年各月或同季观察值；

n——年数。

（3）计算所有年度所有季或月的平均值，即

$$\overline{Y} = \frac{\sum_{i=1}^{n} \overline{Y}_i}{n} \tag{10-42}$$

式中　n——一年季数或月数。

（4）计算各季或各月的季节比率 f_i（即季节指数），即

$$f_i = \frac{\overline{Y}_i}{\overline{Y}} \tag{10-43}$$

（5）计算预测期趋势值 $\hat{X}_t$。

趋势值是不考虑季节变动影响的市场预测期趋势估计值。其计算方法有多种：①以观察年的年均值除一年月数或季数；②观察年末年的年值乘预测年的年发展速度；③直接以观察年末年的年值除一年月数或季数。如果预测年数值变化不大，可用第三种方法。

（6）建立季节指数水平预测模型进行预测，即

$$\hat{Y}_t = \hat{X}_t f_i \tag{10-44}$$

例如：某百货店童装2021—2024年分季销售量见表10-17，试预测2025年各季度的销

售量。

表 10-17　某百货店童装 2021—2024 年分季销售量

（单位：万件）

季度	2021 年	2022 年	2023 年	2024 年	季平均数	季节指数（%）	预测值
一季度	148	138	150	145	145.25	127.27	147.00
二季度	62	64	58	66	62.50	54.76	63.25
三季度	76	80	72	78	76.50	67.03	77.42
四季度	164	172	180	173	172.25	150.93	174.32

解：根据表 10-17 中的数据可以看出，童装销售量呈水平状态，故采用季节指数水平法进行预测。

（1）计算各年同季季平均销售量。一季度为 $\dfrac{148+138+150+145}{4}=145.25$（万件），其他类推。

（2）计算所有年所有季的季平均销售量。$\bar{Y}=\dfrac{145.25+62.5+76.5+172.25}{4}=114.125$（万件）。

（3）计算各季季节比率。一季度为 $f_1=\dfrac{145.25}{114.125}=127.27\%$，以此类推。

（4）预测 2025 年的季趋势值。$\hat{X}_t=\dfrac{145+66+78+173}{4}=115.5$（万件）。

（5）计算 2026 年各季预测值。一季度为 $\hat{Y}_1=115.5\times127.27\%=147.00$（万件），其他类推。

二、季节指数趋势法

市场现象的时间序列存在季节波动，但是各年水平或各年同月、同季水平呈上升或下降趋势，则不能采用指数水平法预测，应该用趋势法预测。季节指数趋势法的预测模型为

$$\hat{Y}_t=(a+bt)f_t \tag{10-45}$$

式中　$a+bt$——时间序列的线性趋势变动部分；

f_t——季节指数。

季节指数趋势法的基本思路是，先分离出不含季节周期变动的长期趋势，再计算季节指数，最后建立预测模型，通常采用下列步骤。

（1）以一年的季数 4 或一年的月数 12 为 N，对观察值的时间序列进行 N 项移动平均。由于 N 为偶数，应再对相邻两期移动的平均值再平均后对正，形成新序列 M_t，以此为长期趋势。

（2）将各期观察值除去同期移动均值为季节比率，以消除趋势，即

$$f_t=\frac{Y_t}{M_t} \tag{10-46}$$

（3）将各年同季或同月的季节比率平均 f_i，消除不规则变动，i 表示季度和月度。

（4）计算时间序列线性趋势预测值，模型为

$$\hat{X}_t=a+bt \tag{10-47}$$

式中

$$b=\frac{M_t\text{末尾项}-M_t\text{首项}}{M_t\text{项数}} \tag{10-48}$$

$$a=\frac{\sum Y_t-b\sum t}{n} \tag{10-49}$$

（5）将长期趋势值与季节指数相乘即为预测值。

例如：某省 2023 年和 2024 年月平均 10086 话务量见表 10-18，试预测 2025 年 1—8 月的 10086 话务量。

表 10-18　某省 2023 年和 2024 年月平均话务量及 2025 年月平均话务量预测

（单位：Erl）

时间	时序	平均话务量	移动平均值	对正平均值	季节指数	趋势值	预测值
2023.01	1	1 176	—	—	—	1 320	1 349
2023.02	2	1 311	—	—	—	1 327	1 322
2023.03	3	1 516	—	—	—	1 333	1 459
2023.04	4	1 539	—	—	—	1 339	1 324
2023.05	5	1 454	—	—	—	1 346	1 309
2023.06	6	1 288	—	—	—	1 352	1 333
2023.07	7	1 204	1 347	1 356	0.89	1 358	1 206
2023.08	8	1 330	1 366	1 368	0.97	1 365	1 327
2023.09	9	1 425	1 371	1 371	1.04	1 371	1 425
2023.10	10	1 326	1 371	1 365	0.97	1 377	1 338
2023.11	11	1 278	1 358	1 355	0.94	1 384	1 305
2023.12	12	1 316	1 352	1 357	0.97	1 390	1 348
2024.01	13	1 399	1 362	1 369	1.02	1 397	1 427
2024.02	14	1 376	1 376	1 381	1.00	1 403	1 398
2024.03	15	1 521	1 385	1 389	1.09	1 409	1 542
2024.04	16	1 384	1 394	1 400	0.99	1 416	1 399
2024.05	17	1 378	1 406	1 416	0.97	1 422	1 384
2024.06	18	1 412	1 425	1 433	0.99	1 428	1 408
2024.07	19	1 373	1 440	—	—	1 435	1 274
2024.08	20	1 432	—	—	—	1 441	1 401
2024.09	21	1 533	—	—	—	1 447	1 504
2024.10	22	1 471	—	—	—	1 454	1 413
2024.11	23	1 509	—	—	—	1 460	1 377
2024.12	24	1 490	—	—	—	1 467	1 422
合计	300	33 441	—	—	—	—	—
2025.01	25	—	—	—	—	1 474	1 503
2025.02	26	—	—	—	—	1 480	1 480
2025.03	27	—	—	—	—	1 486	1 620
2025.04	28	—	—	—	—	1 493	1 478
2025.05	29	—	—	—	—	1 499	1 454
2025.06	30	—	—	—	—	1 506	1 491
2025.07	31	—	—	—	—	1 512	1 346
2025.08	32	—	—	—	—	1 519	1 352

解：从表 10-18 中的话务量数据可以看出，该省话务量存在以下特点：每年 3 月和 9 月平均话务量最高，7 月最低，每年各月平均话务量曲线变化具有相似性，各年同月平均话务量水平呈现上升趋势，故采用季节指数趋势法进行预测。

（1）以 1 年的月数（12）为 N，对观测值时间序列进行移动平均。如历史数据形成 Y_1、Y_2、Y_3……的序列，移动平均后的第一项数据 $T_1=(Y_1+Y_2+Y_3+\cdots+Y_{12})/12$。由于 T_1 是移动平均值，需要与历史数据序列中的中间项横向对齐列表，即 T_1 与 Y_7 项横向对齐列表。移动平均后的第二项数据 $T_2=(Y_2+Y_3+Y_4+\cdots+Y_{13})/12$，$T_2$ 与 Y_8 项横向对齐列表，以此类推。

（2）由于 N 为偶数，应对相邻两期的移动平均再平均后对正，形成新的序列 M_t，即 $M_1=\dfrac{T_1+T_2}{2}$，M_1 与 T_1 横向对齐列表；$M_2=\dfrac{T_2+T_3}{2}$，M_2 与 T_2 横向对齐列表，以此类推。

（3）将各期观测值除以同期对正均值为季节比率，以消除趋势。

（4）将各年同月的季节比率平均，消除季节平均比率不规则变动。

（5）计算趋势模型参数 b、a。

$$b=\frac{1\,433-1\,356}{12}=6.42$$

$$a=\frac{33\,441-6.42\times300}{24}=1\,313.13$$

（6）计算 2025 年 1—8 月趋势预测值。

$$\hat{X}_{25}=1\,313.13+6.36\times25=1\,474$$

$$\hat{X}_{26}=1\,313.13+6.36\times26=1\,480$$

$$\cdots$$

$$\hat{X}_{32}=1\,313.13+6.36\times32=1\,517$$

（7）按照表 10-19 季节指数调整值，计算 2025 年 1—8 月预测值。

表 10-19　平均季节比率计算表

时间 / 月	2023 年	2024 年	平均值	调整比率
1	—	1.02	1.02	1.02
2	—	1.00	1.00	1.00
3	—	1.09	1.09	1.09
4	—	0.99	0.99	0.99
5	—	0.97	0.97	0.97
6	—	0.99	0.99	0.99
7	0.89	—	0.89	0.89
8	0.89	—	0.89	0.89
9	1.04	—	1.04	1.04
10	0.97	—	0.97	0.97
11	0.94	—	0.94	0.94
12	0.97	—	0.97	0.97

$$\hat{Y}_{25}=1\,474\times1.02=1\,503$$

$$\hat{Y}_{26}=1\,480\times1.00=1\,480$$

$$\cdots$$

$$\hat{Y}_{32}=1\,517\times0.89=1\,350$$

本章小结

时间序列预测法是指以连续性原理为依据，以假设事物过去和现在的发展变化趋势会延续到未来为前提，从预测对象的历史资料所组成的时间序列中找出事物发展的趋势，并按其趋势延伸来推断未来状况的一种预测方法。

时间序列的变化受许多因素的影响。时间序列的变化大体上可分解为四种：长期趋势、季节变动、循环变动和不规则变动。

简单平均法是指以观察期时间序列数值的平均数为基础确定预测值的方法。最常用的简单平均法有算术平均法、加权平均法和几何平均法。

移动平均法是指对时间序列观察值由远而近按照一定的时间跨度（或跨越期）求平均数，它保持平均的期数不变，随着观察期的向后推移，平均值也跟着向后移动，形成一个由平均值组成的新数列。移动平均法主要有一次移动平均法、二次移动平均法和加权移动平均法等。

指数平滑法是在移动平均法基础上发展起来的一种时间序列分析预测法，实际上可将其看成一种特殊的加权移动平均法。其加权的特点是：权数由近到远按指数规律递减。常用的指数平滑法有一次指数平滑法和二次指数平滑法。

趋势模型法是指研究现象的发展变化与时间之间的关系，建立一定的数学模型，对原有的时间序列配合一条适当的趋势线来预测现象的发展趋势。

运用趋势模型法进行市场预测，首先要求预测对象的过去、现在和未来的客观条件基本保持不变，其次要求预测对象的发展过程是渐变的，跳跃式的、不规则的历史数据不适宜拟合长期趋势预测模型。

选择具体的趋势模型必须以历史数据固有的特征值为依据。直线趋势模型要求历史数据的一级增长量基本相同；二次曲线模型需要历史数据的二级增长量大致相同；指数曲线模型要求历史数据的环比系数大致相等。

季节变动法又称季节周期法，是对包含季节波动的时间序列进行预测的方法。市场现象按年度资料排列的时间序列有水平趋势和升降趋势，故季节变动法也分为季节指数水平法和季节指数趋势法两种。

重要概念

1. 算术平均法（Arithmetic Mean Method）
2. 加权平均法（Weighted Mean Method）
3. 几何平均法（Geometric Mean Method）
4. 移动平均法（Moving Mean Method）
5. 指数平滑法（Exponential Smoothing Method）
6. 趋势模型法（Trend Model Method）
7. 季节变动法（Seasonal Variation Method）
8. 季节指数（Seasonal Index）

自测题

一、单项选择题

1. 时间序列法将所有对研究对象的影响因素归结为（　　）。

A. 历史资料的变动　　B. 长期趋势
C. 市场变量　　D. 时间变量

2. 时间序列数据因受一种固定周期性变化因素影响而出现的变动称为（　　）。

A. 长期趋势　　B. 季节变动
C. 循环变动　　D. 不规则变动

3. 在统计分析中常用来修匀历史数据，揭示变动趋势的方法是（　　）。

A. 算术平均法　　B. 几何平均法
C. 加权平均法　　D. 移动平均法

4. 指数平滑法是以（　　）来反映对时间序列资料的修匀程度的。

A. 平滑系数　　B. 跨越期数
C. 移动平均值　　D. 趋势变动值

5. 运用加权平均法进行预测，关键在于确定适当的（　　）。

A. 时间序列　　B. 参考数据　　C. 权数　　D. 时间间隔

6. 二次移动平均法主要是利用（　　）之间的关系建立预测模型的。

A. 一次移动平均值　　B. 二次移动平均值
C. A 和 B 之间的滞后关系　　D. A 和 B 之间的误差

7. 加权移动平均法的权重确定是按照（　　）的原则进行的。

A. 近轻远重　　B. 近重远轻　　C. 同等程度　　D. 随机

8. 指数平滑法实际上是一种特殊的（　　）。

A. 一次移动平均法　　B. 二次移动平均法
C. 加权移动平均法　　D. 加权平均法

9. 如果观察值的长期趋势变动接近稳定的常数，平滑系数 α 取（　　）。

A. 小值　　B. 中值　　C. 大值　　D. 无所谓

10. 用直线模型研究市场趋势时，由直观法得到直线 Y_a，由最小平方法得到直线 Y_b，那么 Y_b 优于 Y_a 的原因可能是（　　）。

A. Y_b 上的观察值点较多

B. 经过点 $(\bar{x}, \bar{y})$，其中 $\bar{x}$ 和 $\bar{y}$ 分别是自变量和因变量的平均数

C. Y_b 的截距为 0

D. $\sum(Y_b - Y)^2$ 最小

11. 用最小平方法拟合直线方程 $\hat{y} = a + bx$ 时，在（　　）情况下，$a = \bar{y}$，$b = \sum xy / \sum x^2$。

A. $\sum(y-\hat{y})^2$ 最小　　B. $\sum x = 0$

C. $\sum(y-\bar{y}) = 0$　　D. $\sum(x-y)^2$ 最小

二、计算题

1．某地区居民过去 5 年间的消费见表 10-20，试用算术平均法预测第 6 年该地区的居民消费水平。

表 10-20 某地区的居民消费水平

时间	第 1 年	第 2 年	第 3 年	第 4 年	第 5 年
消费水平 / 亿元	5.7	5.9	6.0	5.7	6.2

2．某企业过去 6 年的销售利润见表 10-21，若给予这 6 年的销售利润数据一定的权数（分别为 1、2、3、4、5、6），试预测该企业第 7 年的销售利润。

表 10-21 某企业 6 年的销售利润

时间	第 1 年	第 2 年	第 3 年	第 4 年	第 5 年	第 6 年
销售利润 / 万元	300	320	350	340	380	360

3．某超市 2016—2024 年的销售额见表 10-22，试用几何平均法预测 2025 年和 2026 年的销售额。

表 10-22 某超市 2016—2024 年的销售额

时间 / 年	2016	2017	2018	2019	2020	2021	2022	2023	2024
销售利润 / 万元	520	540	580	610	640	670	710	740	770

4．某城市 2024 年 1—11 月份手机的销售额见表 10-23。

表 10-23 某城市 2024 年 1—11 月份手机的销售额

月份 / 月	1	2	3	4	5	6	7	8	9	10	11
销售额 / 万元	640	600	580	610	635	600	570	587	590	630	612

试求：（1）试用一次移动平均法分别以 n=3 和 n=5，预测 12 月份的销售额。

（2）计算 n=3 和 n=5 时的均方误差，并比较 n 的大小对预测结果的影响。

5．某玩具企业 2016—2024 年的销售额见表 10-24，试用二次移动平均（n=3）预测该企业 2025 年和 2026 年的销售额。

表 10-24 某玩具企业 2016—2024 年的销售额

年份 / 年	2016	2017	2018	2019	2020	2021	2022	2023	2024
销售额 / 万元	300	306	303	328	331	321	390	359	373

6．某家电企业 2019—2024 年的彩电销售量见表 10-25。

表 10-25 某家电企业 2019—2024 年彩电的销售量

年份 / 年	2019	2020	2021	2022	2023	2024
销售量 / 万台	15.79	16.37	17.23	17.73	21.59	17.17

试求：（1）试用一次指数平滑法分别以 α=0.4 和 α=0.8 预测 2025 年彩电的销售量。

（2）计算 α=0.4 和 α=0.8 时的均方误差，并比较 α 的大小对预测结果的影响。

7．某食品企业 2018—2024 年的销售额见表 10-26，试用二次指数平滑法（α=0.8）预测 2025 年和 2026 年该企业的销售额。

表 10-26　某食品企业 2018—2024 年的销售额

年份 / 年	2018	2019	2020	2021	2022	2023	2024
销售额 / 万元	400	424	447	472	496	520	546

8．某超市 2020—2024 年的销售额资料见表 10-27。

表 10-27　某超市 2020—2024 年的销售额

年份 / 年	2020	2021	2022	2023	2024
销售额 / 万元	505	550	596	640	687

试求：（1）试用直线模型分别以最小平方法和分组平均法求参数，建立预测模型。

（2）预测 2025 年和 2026 年的销售额。

9．某饮料企业 2018—2024 年果汁的销售量见表 10-28。

表 10-28　某饮料企业 2018—2024 年果汁的销售量

年份 / 年	2018	2019	2020	2021	2022	2023	2024
销售量 / 万件	50	55	60	66	72	80	86

试求：（1）试用二次曲线模型最小平方法求参数，建立预测模型。

（2）预测 2025 年和 2026 年的销售量。

10．某家具企业 2018—2024 年的销售利润见表 10-29。

表 10-29　某家具企业 2018—2024 年的销售利润

年份 / 年	2018	2019	2020	2021	2022	2023	2024
销售利润 / 万元	330	342	357	373	390	412	437

试求：（1）试用指数曲线模型最小平方法求参数，建立预测模型。

（2）预测 2025 年和 2026 年的销售利润。

第十一章 因果分析预测法

本章学习目标

- 理解因果分析预测法的基本概念
- 掌握一元线性回归的含义及预测步骤
- 理解多元线性回归的含义及统计检验方法
- 了解常见非线性回归的转换方式
- 理解数据的相对程度分析指标

客观世界中许多事物或现象彼此关联，相互依存和制约。有些已经为人们所掌握，有些还有待于人们进一步认识。在因果关系的分析预测中，不仅要研究前因与后果的一般依赖关系，还要确定前因与后果的影响程度，并做出量的估计。常用的因果分析预测方法有回归分析法、投入产出法和经济计量模型等，这里仅对回归分析法做介绍。

第一节 因果分析概述

时间序列预测法侧重从时间轴来考虑预测对象的变化和发展，时间序列发展数学模型一般都是时间的函数。而因果分析预测法是一类从分析事物变化的因果联系入手，通过统计分析和建立数学模型，预测目标与其他有关的经济变量之间的数量变化关系，据此进行预测的方法，即把其他相关因素的变化看作“因”，把预测对象的变化看作“果”，建立因果之间的数学模型，并根据相关因素的变化推断、预测对象变动趋势。

因果分析预测法在预测时也需要历史数据，但是，它与时间序列预测法是有根本区别的。时间序列预测法只用预测变量的历史数据，不进行因果分析，并假定现在的趋势会延续到未来。而因果分析预测法需要预测变量和影响变量的历史数据，并在预测时首先通过其他途径获得影响变量的未来值，然后再求得预测值。

一、因果关系形态

市场变量之间的因果关系形态大致可分为两类：确定性因果关系和非确定性因果关系。

1．确定性因果关系

市场变量间相互联系的确定性因果关系是指人们明确描述市场变量相互依存、相互联系的一种数量变化关系。自变量与因变量之间的关系可以运用确定性函数关系来表达，它不会因时空的变化而改变。例如，某企业商品的销售利润、该商品的销售收入和该商品的成本三个变量，分别用 y、x_1、x_2 表示，可用 $y=x_1-x_2$ 表示，它们之间的数量变化关系是确定的。

2. 非确定性因果关系

某种日用消费品的销售量与当地人口有关，人口越多，销售量越大，但人口与销售量之间并无确定性的数值对应关系。这种既有关联又不存在数值恒等对应的相互关系，称为非确定性关系或相关关系。相关关系是指两个变量或多个变量之间可以以某种规律进行推算，它们之间可以互为因果关系，也可以仅仅是伴随出现，尽管它们之间的规律可以用某种模型近似地表达，但不像函数关系那样存在着确定的对应关系。

二、因果关系分析方法

变量间相互联系的因果关系可以从不同的角度和范畴进行研究分析，对非确定性因果关系的分析并对此进行市场预测的常用方法有以下几种。

1. 回归分析法

回归分析法是指把事物之间存在的因果关系加以模型化，建立回归模型进行预测的一种方法。例如，居民货币收入增加，就会使消费品需求增加；服装产量增加，就能降低生产成本等。这种因果关系往往无法用精确的数学关系来描述，只有通过对大量的历史数据的统计处理才能找出它们之间的关系和规律。

对实际资料的分析可以粗略了解它们之间的影响关系，回归分析则明确地把这种关系表达出来。如果预测变量的影响因素是一个，这样的回归称为一元回归；如果影响因素有两个或多个，则称为多元回归。此外，回归分析法又根据预测变量与影响变量的关系分为线性回归和非线性回归。线性回归分析法是最基本的分析方法，遇到非线性回归问题可以借助数学手段化为线性回归问题进行处理。

拓展阅读

回归的由来

“回归”（Regression）一词始于英国统计学家高尔顿。英国著名的统计学家皮尔逊研究了孩子身高 Y 与父母亲平均身高 X 之间的关系，他们收集了 1 078 对夫妇和他们的孩子的身高，并用一条直线描述 Y 和 X 之间的关系。常识告诉我们，若父母亲平均身高较高，其子身高也较高；反过来，若双亲平均身高较矮，其子身高也较矮。但是高尔顿的研究发现，如果双亲的身高高于这 1 078 对夫妇的平均身高，其子比他们再高的概率就比较小，即孩子以较大的概率比双亲个子矮。反过来，若双亲个子较矮，其子以较大概率比双亲个子高。所以，平均身高都偏高或偏矮的夫妇，其子的身高都有“向中心回归”的现象。基于这个事实，高尔顿把他们所求出的描述孩子与双亲身高关系的直线叫作回归直线。后来这一名词被广泛用于变量间的数量关系。

2. 经济计量法

在市场经济条件下，市场作为社会经济活动的基本场所，它一方面是企业营销活动的环境，另一方面也将社会经济系统视为其环境。这种市场现象间的系统关系，使市场变量间的某些因果关系不能只研究自变量对因变量的影响，而忽视因变量对自变量的逆向影响，或者各种自变量之间相互的影响。这种市场变量间相互依存的复杂关系，往往不能用回归分析对其进行系统的描述，需要用经济计量法建立数学模型。

经济计量法是指在经济分析的基础上，利用数理统计方法建立一组联立方程式，用来描述变量之间的因果关系，通过求解这些方程式来进行市场变量的预测。它一般能较好地描述经济活动包含的经济行为结构，是比较先进、能取得较好预测结果的一种预测方法。

3. 投入产出法

分析研究国民经济各部门之间、各部门内部或企业内部各组织之间生产和消费的相互依存关系，根据投入产出综合平衡关系来推测预测变量的变动方向和程度，常用投入产出关系建立数学模型。

投入产出法是指把系统内各部门在一定时期内投入（购买）来源与产出（销售）去向排成一张纵横交叉的投入产出表，据此建立模型，计算消耗系数，进行预测。严格意义上讲，投入产出法是一种特殊的经济计量模型。

第二节　一元线性回归预测

一元线性回归预测是指两个具有线性关系的变量，配合线性回归模型，根据自变量的变动来预测因变量平均发展趋势的方法。它所反映的是一个自变量对因变量的线性影响关系，因而称为一元线性回归，也称为简单回归，是回归预测中最基本、最简单的预测方法，也是掌握其他回归预测方法的基础。一般把作为影响因素的变量称为自变量，发生对应变化的变量称为因变量。

一、一元线性回归的数学模型

在实际预测中，由于预测的总体对象单位数一般很多，在许多场合甚至是无限的，所以在实际操作中采取抽样调研，对样本数据进行回归分析来估计总体回归函数进行实际预测。

一元线性回归模型的样本回归线可表示为

$$y_i=a+bx_i+\varepsilon_i\ (i=1,\ 2,\ \cdots,\ n) \tag{11-1}$$

式中　n——样本空间；

a、b——回归参数；

ε_i——离差。

在进行实际预测时，离差项是无法预测的，其目的只是借助 $a+bx_i$ 得到预测对象 y_i 的估计值 $\hat{y}_i$，所以预测模型可表示为

$$\hat{y}_i = a + bx_i \tag{11-2}$$

式（11-2）中，$\hat{y}_i$ 为实际观察值 y_i 的估计值，a、b 为回归参数。

二、一元线性回归的预测过程

应用回归方程进行预测时，首先需要对变量间的影响关系进行经济理论分析和统计分析，在确认两个变量之间确实具有经济理论意义和内在的因果关系，并且具有高度的相关性时，才可借助回归分析导出两个变量间因果关系形态的回归方程，并运用回归方程进行预测和控制。

一元线性回归的预测过程大致可分为如下几个步骤。

1．分析影响预测对象的有关因素，选定自变量

预测对象确定后，首先要根据经济理论和实践经验，找出影响预测对象的各种因素及其影响方向和程度，这要靠调查来完成。在分析时，要弄清哪些因素是基本的，起决定作用的；哪些因素虽不是主要的，但对预测对象确有影响；哪些因素影响不大，可以忽略不计等。当然，利用一元回归预测，必须在许多因素中找出一个决定性的因素作为自变量。如果回归效果不显著，则可以增加变量。如果一开始就发现有多个变量对预测对象的影响程度同等重要，则应选择多元回归方法。

2．选择合适的回归模型，建立回归方程

自变量确定后，可以根据自变量与因变量的统计数据资料分析两者的关系。假定只有一个自变量的情况，其分析方法是：把自变量 x 与因变量 y 的统计数据画在直角坐标系中，观察这些点（x，y）的分布情况，该图通常称为散点图。如果这些点近似地成一直线，就可以做线性回归 $\hat{y}_i = a + bx_i$。

用最小平方法估计参数 a、b。在根据样本资料确定样本回归方程时，一般要使变量的估计值 $\hat{y}_i$ 尽可能地接近实际观察值 y_i，即使离差 $\varepsilon_i = y_i - \hat{y}_i$ 尽可能小。用 Q 表示离差的平方和，则有

$$Q = \sum \varepsilon_i^2 = \sum (y_i - \hat{y}_i)^2 = \sum (y_i - a - bx_i)^2 \tag{11-3}$$

在式（11-3）中，Q 值越小，回归模型与实际情况的拟合程度越高，Q 值的大小依赖于参数 a、b 的取值。根据极值定理，必须满足偏导数为 0 的条件，即

$$\frac{\partial Q}{\partial a} = 0,\ \frac{\partial Q}{\partial b} = 0$$

因此，可得回归参数的求解公式为

$$b = \frac{n\sum xy - \sum x \sum y}{n\sum x^2 - (\sum x)^2} \tag{11-4}$$

$$a = \overline{y} - b\overline{x} = \frac{\sum y}{n} - b\frac{\sum x}{n} \tag{11-5}$$

3．检验回归方程的有效性

对于任何给定的一组因变量、自变量观察样本资料，可用最小平方法计算出回归参数，

建立回归方程。但是，这样建立的回归方程并非一定有实用意义，因此需要对回归方程的有效性进行统计检验。有效性检验包括两个方面：一是回归方程的准确性；二是方程参数的显著性。回归方程的准确性是指利用回归模型 $\hat{y}_i = a + bx_i$ 能在多大程度上解释以往观察值的变化情况。回归方程参数的显著性是指回归系数 a 和 b 是否显著地不等于零，通常用 t 检验来判定，即

$$t = \frac{b}{SE_b} \tag{11-6}$$

SE_b 表示 b 的标准误差，其计算公式为

$$SE_b = \frac{SE}{\sqrt{\sum (x - \bar{x})^2}} \tag{11-7}$$

式中　$\bar{x}$——x 的平均数；

SE——标准误差。其计算公式为

$$SE = \sqrt{\frac{\sum (y - \hat{y})^2}{n-2}}$$

在自由度为 $n-2$，给定的显著性水平为 α 时，查 t 检验临界值表得 $t_{\alpha/2}(n-2)$，当 $|t| > t_{\alpha/2}(n-2)$ 时，回归效果显著；当 $|t| \leqslant t_{\alpha/2}(n-2)$ 时，回归效果不显著。

对回归方程总体效果的准确性判断，科学和精确的判定方法是用 F 统计量，即 F 检验，这里不做介绍。此外，也可以直接用 $|r|$ 来判别。为了保证回归方程具有最低程度的线性关系，要求 r 的计算值大于相应的最低临界值，这个临界值就是相关检验的标准。

相关系数 r 表示变量之间的线性相关程度，其计算公式为

$$r = \frac{n\sum xy - \sum x \sum y}{\sqrt{n\sum x^2 - (\sum x)^2}\sqrt{n\sum y^2 - (\sum y)^2}} \tag{11-8}$$

在式（11-8）中，相关系数 $-1 \leqslant r \leqslant 1$ 或 $|r| \leqslant 1$。当 $|r|$ 越接近 1 时，变量间的线性相关程度越高；当 $|r|$ 越接近 0 时，变量间的线性相关程度越低。当 $r>0$ 时，变量间的相关关系为正相关；当 $r<0$ 时，变量间的相关关系为负相关。

根据回归模型的自由度 $n-m$（n 为样本空间，m 为参数个数，一元回归有两个参数，则 m 值为 2）和给定的显著性水平 α，从相关系数临界值表中查出临界值 r_α。若 $|r| \leqslant r_\alpha$，回归方程不可以用来预测，这时要对回归模型进行重新处理，重新选择自变量或增加自变量，建立新的回归模型；若 $|r| > r_\alpha$，表明两变量之间的相关关系显著，通过检验，可以用回归方程进行预测。

4. 根据模型进行预测，并估计置信区间

如果通过检验认为回归方程的效果显著，则说明模型有效。然后，根据自变量的取值，代入模型即可得到预测值。而这个预测值只不过是一个大概值，往往更希望能给出一个预

测范围，因为给出一个预测范围比只给出一个具体值更可信。这个问题也就是对于给定的显著水平 α 的前提下，即在 $1-\alpha$ 的概率保证下来确定预测目标未来真实值的一个区间范围，这个区间称为置信区间。

在样本容量 n 较大的情况下，预测精度较高。因此，在数据资料比较完备且数据比较多的情况下，采用置信区间预测更具科学性。其近似公式为

$$置信区间 = \hat{y} \pm t_\alpha SE \tag{11-9}$$

在式（11-9）中，t_α 表示显著水平为 α、自由度为（$n-2$）的 t 分布（因为只有 x、y 两个变量，故减 2）。

例如：某企业研究广告支出对销售额的影响，2013—2024 年的销售额和广告费用支出统计资料见表 11-1，试分析企业广告支出费对销售额有无显著作用，如果企业 2025 年准备支出广告费用为 249 万元，估计企业销售额将为多少，并估计当置信度为 0.95 时的预测区间。

表 11-1　某企业 2013—2024 年的销售额和广告费用支出统计资料

年份 / 年	销售额 y / 万元	广告费 x / 万元	xy	x^2	y^2
2013	195	20	3 900	400	38 025
2014	210	20	4 200	400	44 100
2015	244	26	6 344	676	59 536
2016	264	35	9 240	1 225	69 696
2017	294	52	15 288	2 704	86 436
2018	314	56	17 584	3 136	98 596
2019	360	81	29 160	6 561	129 600
2020	432	131	56 592	17 161	186 624
2021	481	149	71 669	22 201	231 361
2022	567	163	92 421	26 569	321 489
2023	655	232	151 960	53 824	429 025
2024	704	202	142 208	40 804	495 616
合计	4 720	1 167	600 566	175 661	2 190 104

解：（1）根据资料绘制散点图（略），由散点图可看出，两者存在着比较密切的相互关系，大致呈直线趋势，可以用一元线性回归来表示两个变量间的变化关系。

（2）建立一元线性回归模型：

$$y=a+bx$$

应用最小平方法估计回归参数 a、b。根据参数公式，得

$$b=\frac{12\times600\,566-1167\times4\,720}{12\times175\,661-1167^2}\approx2.276\,7$$

$$a=\frac{4\,720-2.276\,7\times1167}{12}\approx171.924\,3$$

因此，回归预测模型可表示为

$$y = 171.924\,3 + 2.276\,7x$$

（3）对预测模型进行检验，根据相关系数 r 的计算公式可得

$$r = \frac{12 \times 600\,566 - 1167 \times 4\,720}{\sqrt{12 \times 175\,661 - 1167^2} \times \sqrt{12 \times 2\,190104 - 4\,720^2}} \approx 0.982\,9$$

当显著水平 $\alpha = 0.5$、自由度为 10（12−2）时，查相关系数临界值表，得 $r_\alpha = 0.576$，则

$$|r| > r_\alpha$$

故在 $\alpha = 0.05$ 的显著水平上，检验通过，说明两变量之间相关关系显著。

（4）利用回归模型进行预测，并估计置信区间。

当广告费用为 249 万元时，代入回归模型得 y 的估计值为

$$y_{2025} = 171.924\,3\text{万元} + 2.276\,7 \times 249\text{万元} = 738.822\,6\text{万元}$$

则预测区间为

$$SE = \sqrt{\frac{11\,306.08}{12-2}} \approx 33.624\,5$$

$$\hat{y} \pm t_{0.05} SE = 738.822\,6\text{万元} \pm 1.860 \times 33.624\,5\text{万元} = 738.822\,6\text{万元} \pm 62.541\,6\text{万元}$$

即广告费用支出为 249 万元时，销售额在 676.281 万～ 801.364 2 万元的概率为 95%。

第三节　多元线性回归预测

一元线性回归研究的是两个变量之间的回归问题。然而，客观事物之间的联系是复杂的，许多现象的变动都涉及多个变量之间的数量关系。例如，商品的需求除了自身价格的影响外，还要受到消费者收入、其他商品的价格、消费者偏好等因素的影响。因此，在很多情况下，只考虑单变量的影响是不够的，还需要考虑多变量对因变量的影响，这样才能得出较真实的结果。把包括两个或两个以上自变量的回归称为多元回归。多元回归是研究一个因变量与多个自变量之间相互关系的理论和方法。由多个自变量的最优组合共同来预测或估计因变量，比只用一个自变量进行预测或估计更有效、更符合实际。因此，多元线性回归比一元线性回归的实用意义更大。

一、多元线性回归的数学模型

多元线性回归分析是对一元线性回归分析的扩展。除了有多个自变量之外，多元线性回归与一元线性回归没有本质区别。所用术语仅在某些方面有较小的区别，统计量要考虑多方面因素，但在大部分的概念上，多元线性回归与简单的一元线性回归类似。但由于自变量

个数多，计算相当麻烦，一般在实际应用时都要借助统计软件。多元线性回归模型的一般形式为

$$y=a+b_1x_2+b_2x_2+b_3x_3+\cdots+b_mx_m \tag{11-10}$$

式中 y——因变量或预测变量；

x_m——第 m 个自变量；

a——截距；

b_m——第 m 个自变量的斜率或称为偏回归系数，表示在其他自变量均固定不变时，改变一单位 x_m 引起预测值 y 的变化；

m——自变量的个数。

由此可见，自变量的增加只是以 bx_m 的形式加在等式中而已，最基本的回归公式还是 $y=a+bx$。只是现在有多个 x 变量，每一个都加在等式中，通过各自的斜率来改变 y 值。模型中回归参数的估计与一元线性回归参数的求解方法相同。

图 11-1 提供了一种适合许多营销研究情况的多元回归分析理论模型。该模型区分出了自变量和因变量，并表明它们之间的基本关系。在图 11-1 中，可以看到购买行为、购买倾向和购买偏好位于核心位置，意味着它们是因变量。周围的概念是可能的自变量，也就是用来预测因变量的变量。例如，购买汽车的倾向可能依赖于收入水平，也可能依赖于朋友的推荐（口碑效应）、对该品牌汽车的态度以及驾驶该品牌汽车的经历等。

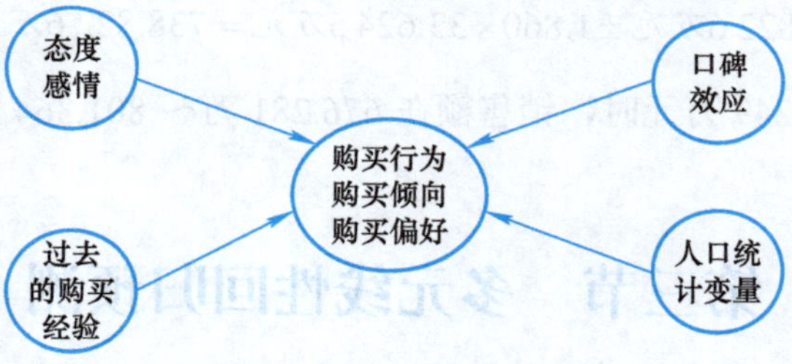

图 11-1 多元回归分析理论模型

实际上，顾客的偏好、倾向和行为受大量的因素影响。在问题定义阶段，研究人员和管理人员根据手头的问题确定和测量变量。假设某品牌汽车购买倾向研究结果如下：

某品牌汽车购买倾向 = 2 + 1.0 × 对该品牌汽车的态度 − 0.5 × 负面评价 + 1.0 × 收入水平

在多元线性回归方程中，如果知道三个变量：对该品牌汽车的态度、朋友的负面评价和收入水平，就可以预测消费者购买该品汽车的倾向程度。多元线性回归分析是一种强有力的工具，它告诉哪些因素会影响因变量，每个因素影响因变量的方向，每个因素影响因变量的程度。

二、多元线性回归的统计检验

根据观察资料估算出多元线性回归方程的参数，建立预测模型后，同样要借用数理统计方法进行有效性检验。常用的检验方法有拟合优度检验、F 检验、t 检验和 DW 检验。关

于四种统计检验的数学公式这里不做介绍，许多统计软件如SPSS等都会给出这四种检验的结果。

1. 拟合优度检验

回归方程的拟合优度检验就是要检验样本数据源聚集在样本回归直线周围的密集程度，从而判断回归方程对样本数据的代表程度。回归方程的拟合优度检验一般用判定系数R^2实现。R^2越接近于1，表明回归直线的拟合程度越好；反之，R^2越接近于0，回归直线的拟合程度越差。

2. *F* 检验

*F*检验是指用来判定回归方程显著性的整体检验，若在给定的显著水平α下，$F>F_\alpha(m-1, n-m)$，认为一组自变量与因变量y之间的回归效果显著，即对因变量与所有自变量之间的线性关系是否显著的一种假设检验。如果已达显著水平，说明上述拟合优度检验具有统计意义。

3. *t* 检验

拟合优度检验和*F*检验是将所有的自变量作为一个整体来检验它们与因变量y的相关程度及回归效果，这些检验并不能保证回归方程中不包含不能较好解释说明因变量变化的自变量。而t检验是用来判定每一个回归系数的显著性问题。若$|r|>r_{\alpha/2}(n-m)$，则说明x_i对y有显著的影响。在一元线性回归分析中，回归方程的显著性检验可以替代回归系数的显著性检验，但在一般多元回归条件下，两种检验要说明的问题不同、作用不同，不能互相替代。

4. *DW* 检验

*DW*检验是用来判定自相关问题的。回归分析要求每一个观察值之间是彼此独立的，也就是说，观察值之间不具有相关性。当回归分析利用纵向资料时，会由众多原因引起回归分析中误差项随时间显示出某种规律性形态，此即自相关问题。如果存在自相关问题，回归方程的预测会出现估计偏高或偏低的现象。利用*DW*统计量检验，得出回归模型自相关统计量是否具有显著性。

三、逐步多元回归

当营销人员在理论模型中遇到大量的自变量需要通过多元回归来检验时，可以将多元回归分析作为筛选工具，挑选出对因变量具有统计显著意义的自变量。使用逐步多元回归，可以确定统计上显著且可以解释因变量大部分变化的自变量，最终将这种自变量放入多元回归方程。根据显著程度，所有的非显著自变量被排除出多元回归方程，最终的结果仅包含在统计上显著的自变量。当营销人员面临大量竞争性自变量时，就需要使用逐步多元回归分析，消减自变量，建立一套在统计上显著的自变量体系。SPSS软件会自动进行逐步多元回归分析。

第四节 非线性回归预测

前面所讨论的是自变量与因变量的线性关系，有时各因素之间的关系不一定是线性的，而是某种非线性关系，因此必须建立非线性回归模型。非线性回归模型通过数学处理转换为线性回归模型，再用最小平方法估计回归参数并进行统计检验和预测。

通常，在选择模型之前需绘制散点图，确认其属于哪种类型的曲线模型，再选择并比较，最后根据转换后模型的特点选择适当的方法求解未知参数，并建立模型用于分析和预测。常见的非线性回归模型的转换方式见表11-2。

表11-2 常见的非线性回归模型的转换方式

	原模型	模型转换	转换后模型
双曲线	$y=a+b/x$	$x'=1/x$	$y=a+bx'$
二次抛物线	$y=a+bx+cx^2$	$x'=x^2$	$y=a+bx+cx'$
对数模型	$y=a+b\lg x$	$x'=\lg x$	$y=a+bx'$
三角函数模型	$y=a+b\sin x$	$x'=\sin x$	$y=a+bx'$
指数模型	$y=ab^x$	$y'=\lg y$ $a'=\lg a$ $b'=\lg b$	$y'=a'+b'x$
幂函数模型	$y=ax^b$	$y'=\lg y$ $x'=\lg x$ $a'=\lg a$	$y'=a'+bx'$

本章小结

因果分析预测法是指从分析事物变化的因果联系入手，通过统计分析和建立数学模型提示，预测目标与其他有关的经济变量之间的数量变化关系，据此进行预测。常用的因果分析预测方法有回归分析法、投入产出法和经济计量模型等。

回归分析法是指把事物之间存在的因果关系加以模型化，建立回归模型进行预测的一种方法。根据回归模型自变量的多少可分为一元回归和多元回归；根据因变量与自变量的关系，可分为线性回归和非线性回归。

回归分析预测的过程包括选择自变量、建立回归方程、检验回归方程的有效性、进行预测并估计置信区间。

多元回归分析中面对大量的自变量时，可以选择使用逐步回归分析，通过逐步回归分析进行筛选，确定统计上显著且可以解释因变量大部分变化的自变量，最终将这种自变量放入多元回归方程。

非线性回归模型可以通过转换化为线性回归模型，再用最小平方法估计回归参数并进行统计检验和预测。

重要概念

1. 因果分析（Causal Analysis）
2. 回归分析（Regression Analysis）
3. 一元回归分析（Bivariate Regression Analysis）
4. 自变量（Independent Variables）
5. 因变量（Dependent Variables）
6. 多元回归（Multiple Regression）
7. 逐步多元回归（Stepwise Multiple Regression）

自测题

一、单项选择题

1．在下列选项中不属于因果预测分析法的是（　　）。

A．投入产出法　　B．回归分析法

C．经济计量法　　D．趋势模型法

2．变量之间的因果关系形态可以分为（　　）。

A．函数关系与相关关系　　B．线性相关关系和非线性相关关系

C．正相关关系和负相关关系　　D．简单相关关系和复杂相关关系

3．假设某种产品的产量 X 与单位产品成本 Y 之间的回归方程为 $Y=278-2.5X$，这说明（　　）。

A．产量每增加一台，单位产品成本增加 278 元

B．产量每增加一台，单位产品成本减少 2.5 元

C．产量每增加一台，单位产品成本平均增加 278 元

D．产量每增加一台，单位产品成本平均减少 2.5 元

4．用一组有 30 个观测值的样本估计模型 $y_i=a+bx_i+\varepsilon_i$，在 0.05 的显著性水平下对 b 的显著性做 t 检验，则 b 显著地不等于零的条件是其统计量 t 大于（　　）。

A．$t_{0.05}$（30）　　B．$t_{0.025}$（30）

C．$t_{0.05}$（28）　　D．$t_{0.025}$（28）

5．在二元线性回归模型 $y_i=a+b_1x_{1i}+b_2x_{2i}+\varepsilon_i$ 中，b_1 表示（　　）。

A．当 x_2 不变时，x_1 每变动一个单位 y 的平均变动

B．当 x_1 不变时，x_2 每变动一个单位 y 的平均变动

C．当 x_1 和 x_2 都保持不变时，y 的平均变动

D．当 x_1 和 x_2 都变动一个单位时，y 的平均变动

二、计算题

1. 已知观察期数据资料见表11-3。

表11-3 观察期的自变量值和因变量值

x	2	3	5	6	7	9	10	12
y	6	8	11	14	16	19	22	25

试求：（1）建立一元线性回归方程模型。

（2）计算相关系数 r。

（3）计算标准误差 SE。

2. 某城市2015—2024年组合音响销售量与该市新婚户数量的资料见表11-4。

表11-4 某城市2015—2024年组合音响销售量与新婚户数量

时间/年	2015	2016	2017	2018	2019	2020	2021	2022	2023	2024
音响销售量/千套	70	74	80	84	88	92	100	110	112	116
新婚户数/万户	200	215	235	250	275	285	300	330	350	360

试求：（1）建立一元线性回归方程模型。

（2）对回归模型进行显著性检验（$\alpha=0.5$）。

（3）预计2025年该市新婚户数为430万户，试预测该市组合音响的销售量。

（4）估计2025年该市组合音响销售量的置信区间（$\alpha=0.5$）。

参考文献

[1] 阿尔文·C伯恩斯，安维克．营销调研 [M]．9 版．于洪彦，金钰，译．北京：中国人民大学出版社，2021．

[2] 阿尔文·C伯恩斯，罗纳德·F布什．基于 Excel 的营销调研 [M]．3 版．于洪彦，金钰，译．北京：中国人民大学出版社，2014．

[3] 纳雷希·马尔霍特拉．营销调研基础：结合社会化媒体 [M]．4 版．王学生，杨安良，译．北京：清华大学出版社，2015．

[4] 弗洛德·J福勒．调查问卷的设计与评估 [M]．蒋逸民，等译．重庆：重庆大学出版社，2010．

[5] 小卡尔·麦克丹尼尔，罗杰·盖茨．当代市场调研 [M]．8 版．李桂华，等译．北京：机械工业出版社，2012．

[6] 柴庆春，陈宏威，宋琛．市场调查与预测 [M]．3 版．北京：中国人民大学出版社，2014．

[7] 陈启杰．市场调研与预测 [M]．4 版．上海：上海财经大学出版社，2014．

[8] 陈文沛，张挺．市场营销研究与应用：基于 SPSS[M]．北京：电子工业出版社，2013．

[9] 龚曙明，朱海玲．应用统计学 [M]．3 版．北京：中国水利水电出版社，2010．

[10] 胡祖光，王俊豪，吕筱萍．市场调研预测学：原理、方法和应用 [M]．2 版．杭州：浙江大学出版社，2013．

[11] 简明，胡玉立．市场预测与管理决策 [M]．5 版．北京：中国人民大学出版社，2014．

[12] 简明．市场研究定量分析 [M]．2 版．北京：中国人民大学出版社，2015．

[13] 林根祥．市场调查与预测 [M]．4 版．北京：人民邮电出版社，2014．

[14] 徐国祥．统计预测和决策 [M]．4 版．上海：上海财经大学出版社，2012．

[15] 庄贵军．市场调查与预测 [M]．2 版．北京：北京大学出版社，2014．

[16] 郑宗成，张文双，黄龙，等．市场研究中的统计分析方法：基础篇 [M]．广州：广东经济出版社，2012．

[17] 郑宗成，张文双，黄龙，等．市场研究中的统计分析方法：专题篇 [M]．广州：广东经济出版社，2012．

[18] 涂平．市场营销研究：方法与应用 [M]．4 版．北京：北京大学出版社，2022．

[19] Amandeep Takhar-Lail，Ali Ghorbani．Market Research Methodologies：Multi-Method and Qualitative Approaches[M]．Pennsylvania：Business Science Reference，2014．

[20] David A Aaker，V Kumar，Robert P Leone，et al．Marketing Research [M]．12th ed. New Jersey：Wiley，2016．

[21] Edward F McQuarrie．The Market Research Toolbox：A Concise Guide for Beginners [M]．4th ed. California：SAGE Publications，Inc，2015．

[22] Naresh K Malhotra．Marketing Research：An Applied Orientation [M]．6th ed. New Jersey: Prentice Hall Inc., 2009．